현대 문화의 근본 관점들

현대 문화의 근본 관점들

한상연 지음

서광사

이 저서는 2023년도 가천대학교 교내연구비 지원에 의한 결과임.
(GCU-202400040001)

현대 문화의 근본 관점들

한상연 지음

펴낸이 | 이숙
펴낸곳 | 도서출판 서광사
출판등록일 | 1977. 6. 30.
출판등록번호 | 제 406-2006-000010호

(10881) 경기도 파주시 회동길 77-12 (문발동)
대표전화 (031) 955-4331 팩시밀리 (031) 955-4336
E-mail: phil6060@naver.com
http://www.seokwangsa.co.kr | http://www.seokwangsa.kr

제1판 제1쇄 펴낸날 ― 2024년 12월 30일

ISBN 978-89-306-2227-1   93100

창조적 정신의 함양을 위한
현대 문화 이야기

『현대 문화의 근본 관점들』은 본래 현대 문화의 바탕에 깔린 핵심 사상들을 비교적 쉽게 설명하는 학술서로 기획되었다. 학술적 성격이 분명하면서도 입문서 정도의 난이도를 지닌 책을 쓰는 것이 필자의 목적이었다. 아마 이런 설명이 의아하게 여겨지는 독자도 있을 것이다. 왜 그냥 입문서라고 하지 않는가? 입문서 정도의 난이도를 지닌 학술서라니, 입문서는 학술적 성격이 없는 책이라는 말인가?

입문서란 기본적으로 다루고자 하는 학문과 사상에 대한 교과서적인 설명을 제시하는 책이다. 그 때문에 입문서를 읽는 독자는 책의 내용을 무비판적으로 수용하기 쉽다. 학교공부를 하는 학생들이 교과서 내용에 의문을 품기 어려운 것과 같은 이유로 말이다. 그런데 책의 내용을 무비판적으로 수용하는 습관이 들면 창조적 정신을 함양하기 어렵다. 물론 새로운 학문을 접할 때 먼저 좋은 입문서를 사서 읽는 것은 나쁘지 않은 일이다. 그런데 입문서에 적혀 있는 내용을 절대시하거나, 입문서 성격의 책을 지나치게 많이 읽는 것은 최악의 결과로 이어지기 쉽다. 인문학과 예술에 정답 같은 것은 없다. 중요한 것은 자기 고유의 관점을 세워서 창의적으로 사유하고 해석할 역량을 기르는 것이다. 그런데 자꾸 입문서만 읽으면 다양한 관점들을 이해할 힘을 잃어버리게 된다.

유감스럽게도, 우리나라에서는 입문서 성격의 책이 너무 많이 유통된다. 이런 상황에서 또 한 권의 입문서를 출판하는 것은 필자에게 도무지 내키지 않는 일이었다. 바로 그 때문에 필자는 입문서 정도의 난이도를 지닌 학술서를 기획했다. 교과서처럼 다루고자 하는 학문과 사상에 관한 표준화된 지식을 나열하는 책이 아니라, 비판적이고 학문적인 성찰을 담고 있는 책을 쓰고자 한 것이다.

*

책을 쓰는 사람이 가장 경계하는 것은 무엇일까? 아마 자신의 생각에 대한 독자의 오해와 비판일 것이다. 불필요한 오해와 비판을 피하려고 저자는 대개 많은 노력을 기울인다. 특히 학술적 성격이 강한 책을 쓰는 경우, 저자는 자기의 학문적 역량을 최대한 발휘해서 비판의 여지가 없는 완벽한 글을 쓰려 최선을 다하기 마련이다. 『현대 문화의 근본 관점들』을 기획할 때, 필자 역시 당연히 그렇게 할 마음이었다.

그런데 본격적으로 글을 쓰기 시작한 지 얼마 지나지 않아, 필자는 한 가지 의문을 품게 되었다. 이렇게 만든 책은 대개의 독자에게 표준적인 지식을 담은 교과서처럼 읽히지 않을까? 학자가 자기의 이론을 꼼꼼하게 체계화하며 쓴 글을 일반 독자가 읽으며 비판적인 문제의식을 지니기는 어렵지 않을까? 이러한 문제를 해결하기 위해 필자는 성찰의 결과가 아니라 과정을 드러내기로 마음을 먹었다. 달리 말해, 『현대 문화의 근본 관점들』은 완성된 이론 체계를 담고 있지 않다. 이 책은 다만 다루고자 하는 학문과 사상에 대한 필자의 비판적 성찰의 과정을 담고 있을 뿐이다.

　사실 이러한 책을 출판하는 것은 필자에게 매우 부담스러운 일이다. 거칠고 설익은 생각이 담겨 있을 수 있기 때문이다. 학자에게 자신의 글이 거칠고 설익은 생각이 담긴 글이라는 인상을 주는 것보다 자존심 상하는 일은 없다. 그 때문에 학자는 되도록 비판의 여지가 없는 글을 쓰려고 많은 공을 들이기 마련이다. 그럼에도 필자가 성찰의 결과가 아니라 과정을 담은 글을 출판하기로 결정한 가장 커다란 이유가 하나 있다. 바로 인공 지능이다.

　우리는 지금 인공 지능의 시대를 살고 있다. 그런데 인공 지능의 시대에는 누구나 표준화된 이론과 정보를 손쉽게 얻을 수 있다. 심지어 글쓰기의 목적이 표준화된 이론과 정보의 전달인 경우, 어지간한 학자 이상으로 인공 지능이 더 잘 쓸 수도 있다. 이러한 시대에 가장 필요한 것은 창의적이고 비판적인 사고 능력의 함양이다. 물론 창의적이고 비판적인 사고 능력을 함양하려면, 성찰의 결과가 아니라 과정을 살펴보는 것이 훨씬 더 유리하다.

　사실 동서양을 막론하고 고대의 위대한 사상가들은 체계적 이론이 아니라 성찰의 과정 자체를 보여준 이들이었다. 그들은 대개 대화하며 생각했고, 대화 속에서 즉흥적으로 드러나는 자신의 사상에 누군가 문제를 제기하면, 장황하게 이론적 설명을 하기보다 다시 대화를 이어가며 문제 해결의 과정 자체를 보여주는 편을 택했다. 고대의 위대한 사상가들은 자기의 자존심을 세우는 것보다 다른 사람들을 깨우

쳐 스스로 생각할 힘을 기르도록 하는 것을 더 중요하게 여겼던 것
이다.

*

필자가 성찰의 결과가 아니라 과정을 드러내려 결심한 두 가지 이
유가 더 있다. 첫째, 필자 본인이 도스토옙스키, 니체, 하이데거 등이
남긴 각종 작가 일기, 강의 노트 등을 읽으며 그들의 사상을 이해하는
데 매우 큰 도움을 받았다. 물론 작가 일기, 강의 노트 등은 대개 성찰
의 과정을 여과 없이 드러낸다. 둘째, 『현대 문화의 근본 관점들』은
다양한 소설, 시, 영화 등 다양한 예술 작품들을 예시로 삼아 현대 문
화의 주요 사상들을 소개하는 책이다. 그런데 탁월한 예술 작품들은
결코 이론적으로 체계화될 수 없다. 중요한 것은 작품을 이론의 한계
를 넘어서는 고유한 삶과 존재의 표현으로 이해하고 해석할 힘을 기
르는 것이다. 그러니 사실 성찰의 결과를 보여주는 것은 이 책과 원래
맞지 않는 일인 셈이다. 고유한 삶과 존재의 표현에 대한 성찰은 완결
될 수 없는 것이기 때문이다.

*

『현대 문화의 근본 관점들』과 비슷한 취지로 필자가 쓴 책이 하나
더 있다. 바로 『현대미술의 근본 관점들』이다. '현대 문화' 와 달리, 띄
어쓰기 없이 '현대미술' 이라고 적은 것은 '현대미술' 을 일종의 고유
명사로 보기 때문이다. 필자는 두 책을 공백 기간 없이 연달아 썼고,
둘 다 서광사에서 출판하기로 결심했다.

  필자가 서광사에서 출판하기로 결심한 가장 커다란 이유는 서광사
가 영리만을 좇지 않는 출판사라는 것이다. 출판 시장이 어렵기 때문
이겠지만, 대중적이지 않은 책은 되도록 출판하지 않으려는 출판사가
점점 늘어나는 상황이다. 그 때문에 저자가 자기 소신대로 글을 쓰기
가 갈수록 어려워진다. 그런데 필자가 경험한 서광사는 매우 어려운
학술서도 내용이 훌륭하면 흔쾌히 출판하는 출판사이다. 필자는 이러
한 출판사가 꼭 잘되기를 바란다. 영리만 추구하는 출판 시장은 사상
과 문화가 죽을 위기에 처해 있다는 명백한 징후이기 때문이다.

현대 문화의 데카당스적 본질에 대한 도스토옙스키와 니체의 경고

처음 이 책을 기획할 때 필자가 원했던 것은 현대 문화의 이해에 도움이 될 주요 철학적 사상들을 개괄적으로 소개하는 책을 만드는 것이었다. 이 목적은 여전히 유효하다. 이 책의 독자는 현대의 다양한 문화 현상들을 이해하고 해석하는 데 필요한 주요 철학적 사상들을 알게 될 것이다. 또한 각각의 장마다 위대한 시와 소설, 영화 등에 대한 철학적 해석이 포함되어 있어서 철학과 문학, 예술 사이의 역동적 관계를 구체적이고 직관적으로 파악하는 경험도 반복해서 하게 될 것이다. 그러나 현대 문화와 철학의 관계에 대해 구체적으로 성찰해 나가는 가운데 필자는 이 책에 보다 근본적이고 긴요한 목적을 하나 더 부여하게 되었다. 그것은 현대 문화의 데카당스적 본질에 대한 도스토옙스키와 니체의 비판적 통찰의 의미를 다양한 문화 현상을 예시로 삼아 명료하고 철저하게 드러내는 것이다.

*

데카당스란 무엇인가? 니체가 말하는 데카당스는 삶을 약화하는 방향으로 작용하는 모든 경향을 가리키는 말이다. 니체가 데카당스의 사례로 가장 빈번하게 언급하는 것은 바로 기독교와 플라톤의 형이상학이다. 니체의 관점에서 보면, 영원불변하는 신의 존재 및 내세에서의 지복, 초월적인 이데아의 질서 등을 내세워 현세적 삶의 세계를 무화하고 부정하는 모든 경향은 본질적으로 데카당스적이다. 니체에게 현세적 삶의 세계란 무상하고 역동적인 비규정적 힘의 표현인 것이다.

도스토옙스키의 경우는 어떨까? 니체와 도스토옙스키는 거의 상극처럼 보이기 쉽다. 특히 도스토옙스키를 신의 무한한 사랑을 예찬한 매우 보수적인 작가로 기억하는 사람에게는 그러할 것이다. 기독교를 일종의 노예 종교로 규정하고 세차게 비판한 니체는 신의 무한한 사랑을, 그리스도를 통해 구현된 무조건적인 희생의 덕을, 열렬히 예찬한 도스토옙스키와 대립적인 철학자로 규정되어야 하지 않을까? 물론 니체가 『우상의 황혼』에서 도스토옙스키를 자기에게 무언가 가르쳐 준 유일한 심리학자로 높게 평가했다는 것은 잘 알려진 사실이다. 하지만 도스토옙스키의 심리학적 능력에 대한 평가와 그 사상 자체에 대한 평가는 구분되어야 하지 않을까? 마르크스와 엥겔스, 그리고 루카치가 발자크를 높게 평가했다고 해서 마르크스주의와 발자크의 왕당파 보수주의가 본질적으로 같다고 주장할 수는 없는 노릇 아닐까?

일단 이렇게 생각해 보자. 니체처럼 도스토옙스키 역시 현세적 삶의 세계를 무상하고 역동적인 비규정적 힘의 표현으로 보았다. 도스토옙스키가 니체와 다른 점은 기독교가 아니라 과학의 이름으로 절대화된 무신론에서 현세적 삶의 세계를 무화하고 부정하는 현대 세계의 근본 경향을 보았다는 점이다.

무신론은 기독교와 달리 초월적 존재의 이념을 부정하는가? 이 문제에 관해서는 세밀하고 철저하게 따져 볼 필요가 있다. 무신론이란, 적어도 과학의 이름으로 절대화된 것인 한에서, 신의 존재에 대한 단순한 부정만을 가리키지 않는다. 무신론이 우리에게 궁극적으로 가리키고자 하는 것은 과학적 이성의 절대화이다. 과학적이고 이성적인 개념들의 체계는 무상하고 역동적인 비규정적 힘의 표현인 삶을 넘어서는 것이라는 믿음, 삶이란 본래 우연적 현상에 불과한 것이고 바로 그러한 점에서 무에 불과한 것이라는 믿음, 참으로 실재적인 것은 삶의 세계를 넘어서는 물리적 법칙일 뿐이라는 믿음 등이 무신론의 진정한 본질이다. 적어도 도스토옙스키가 비판한 무신론은 바로 이러한 것이었다.

기독교에 대한 도스토옙스키의 찬사 역시 곧바로 그가 니체와 대립적인 성향의 사상가였다는 결론으로 이어지는 것은 아니다. 니체에게 기독교는 민중을 위한 플라톤주의였고, 그런 점에서 이성 및 이성적 질서에 대한 은밀하거나 공공연한 절대화의 산물일 뿐이었다. 그런데 이러한 기독교는 도스토옙스키에게 진정한 의미의 기독교일 수 없다. 도스토옙스키가 말하는 신은 이성의 이름으로 합리화될 수 없는 존재이고, 그런 점에서 그 자체로 부조리한 존재이기 때문이다.

*

현대 문화의 본질이 데카당스라는 것은 무엇을 뜻할까? 니체와 도스토옙스키의 관점에서 보면, 무상하고 역동적인 비규정적 힘의 표현인 현세적 삶의 세계를 부정하고 무화하려는 경향이 현대 문화의 근본 경향이라는 것을 뜻한다. 달리 말해, 현대 문화란 근본적으로 삶을 약화하는 방향으로 작용하는 경향성을 띤다는 것이다.

그런데 1881년 사망한 도스토옙스키나, 그로부터 8년 뒤인 1889년에 정신발작으로 백치가 된 니체가 자기 시대에 볼 수도 없었고 말할 수도 없었던 것을 오늘날의 우리는 보아야 하고 또 말해야 한다. 그것은 바로 세계의 근본적 혁신에 대한 현실적 전망 없이 자본주의 체제에 대한 저항의 몸짓 자체를 맹목적 물신숭배의 대상으로 만드는 경향이다. 필자의 관점에서 보면, 이러한 경향 역시 실은 데카당스적이다. 유감스럽게도, 이러한 위험으로부터 니체의 사상도 자유롭지 못하다. 오늘날에는 데카당스적 경향에 대한 니체의 비판적 관점을 맹목적 물신숭배의 대상으로 만드는 경향이 크다는 뜻이다.

물론 데카당스적 경향은 이데올로기적으로 매우 다양할 수 있다. 급진 좌파에서 파시즘에 이르기까지, 오늘날의 모든 정치적 이데올로기는 데카당스의 혐의에서 벗어날 수 없다. 그 이유는 간단하다. 지금의 시대는 인간 자신이 능동적이고 자주적으로 실현할 근본적 혁명과 혁신에의 전망이 실질적으로 부재하는 시대이다. 그렇기에 이러한 진실에 대한 고백 없이 저항의 이데올로기를 유통시키는 행위는 일종의 지적 야바위일 뿐이다. 수많은 데카당스적 경향 가운데 우리가 가장 주목해야 하는 것은 니체의 이름으로 생성되는 데카당스이다. 니체의 이름을 빌린 데카당스는 삶의 부단한 증진을 가능하게 해야 할 사상의 힘을 도리어 교묘한 방식으로 삶을 부정하고 무화하는 방향으로 작용하게끔 할 위험성을 안고 있기 때문이다.

*

흔히 니체주의로 통칭하는 데카당스적 경향은 미술 경매 시장에서 고가에 팔리는 다다이스트 작품을 연상케 한다. 다다이즘이란 본래 반예술, 반문화, 반자본주의의 기치를 내걸고 시작되었다. 그러나 오늘날 다다이스트 작품은 자본주의적 상품의 하나일 뿐이며, 전통 사회에서는 찾아볼 수 없는 자본주의 사회 특유의 문화적 유산으로 취급될 뿐이다. 투기의 방편으로 다다이스트 작품을 사들이는 부유한 투기꾼들, 그리고 투기꾼들과 똑같이 명성과 부를 추구하는 예술가들이 다다이즘을 들먹이며 준엄하게 자본주의를 비판하는 제스처를 취한다.

예술가들의 진정성을 의심하고 싶지는 않다. 또한 예술가들을 비난하고 싶지도 않다. 성인군자가 아닌 한에서, 가난하고 소박한 삶이 최상의 삶이라고 진심으로 믿어도 부와 명예를 향한 욕망을 완전히 버리기는 어려운 법이다. 진실하지 못한 예술가도 있겠지만, 진실한 예술가도 분명히 있을 것이다. 그렇다고 그들의 모든 말과 행위, 그들이 만들어 내는 모든 작품 및 작품을 둘러싼 모든 담론과 의미의 유통이 자본주의적 상품의 논리에 포섭되어 버렸다는 진실을 외면해서는 안 된다.

오늘날의 니체주의에 대해서도 같은 말을 할 수 있다. 필자는 니체주의자로 통하는 사상가들의 진정성을 의심하지는 않는다. 아마 필자 역시 그들과 같은 운명일 것이다. 필자의 모든 말과 행위, 그리고 필자의 저술 및 저술을 둘러싼 모든 담론과 의미의 유통 역시 결국 자본주의적 상품의 논리에 포섭되어 버릴 것이다. 그러나 그렇다고 오늘날의 니체주의가, 반자본주의적 기치를 높이 쳐든 바로 그러한 것으로서, 자본주의적 상품의 논리에 포섭되어 버렸다는 진실을 외면해서는 안 된다.

오늘날 니체주의가 유통되는 과정은 찰리 채플린의 〈모던 타임스〉

가 극장가에서 유통되는 과정과 유사하다. 대체 누가 채플린의 진정성을 의심할 수 있을까? 대체 누가 〈모던 타임스〉가 고발하는 자본주의의 비인간적 본질을 부정할 수 있을까? 그러나 〈모던 타임스〉를 둘러싼 모든 문화 현상은 이미 자본주의적 상품의 논리에 포섭되어 버렸다는 씁쓸한 진실 역시 부정하기 어렵다. 그것은 물론 〈모던 타임스〉 자체의 문제가 아니라 세계의 혁신에 대한 실질적이고 구체적인 전망을 잃어버린 현대라는 시대 자체의 문제이다.

*

　세계의 근본적 혁신에 대한 현실적 전망 없이 데카당스적 경향에 대한 니체의 비판적 관점을 맹목적 물신숭배의 대상으로 만드는 경향은 기본적으로 니체주의 역시 오늘날에는 자본주의적 상품의 논리에 포섭되어 버렸다는 진실을 직시하지 않는 데서 기인한다. 전복을 부르짖고, 해체를 노래하지만, 그저 소규모의 지식인과 예술인 사이에서 신화적 서사 구조를 지닌 게임처럼 소비될 뿐이다.
　그 게임 안에서 낡은 세계는 기어이 몰락하고, 낡은 세계의 폐허 위에서 새로운 세계는 기어이 탄생한다. 어쩌면 이러한 게임이 광범위하게 유통함으로써 낡은 세계의 이데올로기적 근거로 작용해 온—예컨대 외디푸스 콤플렉스로 대변되는—상징적 질서들이 수많은 사람의 의식과 생활 속에서 실질적으로 해체될지도 모른다. 그런데 자본의 관점에서 보면, 자본의 근본 토대만 흔들지 않는다면, 가부장적인 사회질서의 강화를 꾀하든, 반대로 해체를 꾀하든, 별로 대수롭지 않다. 아무튼 돈만 되면 된다. 가족을 부양하기 위해 고생하며 일하는 어느 아버지의 일생을 감상적인 드라마로 만들어서 남성 중심의 사회

질서를 강화해도 좋고, 폭력적이고 자기중심적인 아버지를 등장시켜 남성 중심의 사회질서의 모순을 고발함으로써 그 해체를 꾀해도 좋다. 아무튼 중요한 것은 이익을 창출하는 것이다. 전자의 서사 구조가 이익의 창출에 유리하면 전자의 서사 구조를 지닌 드라마를 만들고, 후자의 서사 구조가 이익의 창출에 유리하면 후자의 서사 구조를 지닌 드라마를 만든다. 자본주의의 냉혹성을 최고도로 신랄하게 비판하는 〈모던 타임스〉마저 결국 상품으로 만들어 버리는 자본의 속성을 아는 자에게 오늘날의 니체주의는 솔직히 사소할 뿐이다.

오해는 하지 말라. 필자는 필자의 사상이 예외라고 여기지는 않는다. 필자의 사상 역시 자본의 속성을 아는 자에게는 사소하게 여겨질 것이다. 그래도 한 가지 작업은, 혹시 이 작업의 결과가 세계의 근본적 혁신을 가능하게 할 새로운 사상의 단초로 작용할지 모른다는 막연한 희망에 몰아세워진 마음으로, 반드시 하고 싶다. 그것은 현대 문화의 데카당스적 본질에 대한 도스토옙스키와 니체의 경고 속에 담긴 가장 근본적이고 실질적인 의미를 드러내는 일이다.

*

경고라는 말에 주목해 주길 바란다. 도스토옙스키와 니체의 사상을 잘 이해하려면 무엇보다도 우선 그것이 인류를 향한 일종의 경고라는 것을 분명히 해야 한다. 경고란 무엇인가? 경고의 의미는 두 가지로 나뉠 수 있다. 하나는 위험을 알리는 것이다. 나머지 하나는 위험을 피하거나 극복할 결의를 품을 것을 요청하는 것이다. 누가 이러한 결의를 품어야 하는가? 물론 경고를 받은 자 모두이다. 경고하는 자가 위험을 피하거나 극복해야 할 자로 상정한 자 모두가 실질적으로 위험을 피하거나 극복할 결의를 품어야 한다. 그렇다면 도스토옙스키와 니체의 사상은 인류 전체를 향해 결의를 품으라고 요청하는 셈이다. 그 사상에 담긴 경고의 근거가 인류 전체가 이미 맞닥뜨리고 있거나 장차 맞닥뜨리게 될 위험이기 때문이다.

　필자가 도스토옙스키와 니체의 사상이 일종의 경고라는 것을 강조하는 까닭은 도스토옙스키와 니체의 사상에서 결정적인 것은 이론이 아니라 능동적이고 자유로운 실천이라는 것을 드러내기 위해서이다. 오직 능동적이고 자유로운 실천의 주체를 향한 경고만이 유의미할 수 있다. 이 말은 곧 도스토옙스키와 니체의 사상을 적확하게 이해하려면 우리가 어떠한 의미로 자유로운 실천의 주체일 수 있는지 고민해 보아야 한다는 뜻이다.

　물론 두 사상가가 전통 철학적 자유의 이념을 거부한다는 것은 분명하다. 그러나 전통 철학적 자유의 이념을 거부하는 것은 자유로운 선택과 결단의 가능성 자체를 거부하는 것과 엄밀하게 구분되어야 한다. 도스토옙스키와 니체가 전통 철학적 자유의 이념을 거부하는 것은 숙명론적 인생관을 지지하기 때문이 아니라 전통 철학적 자유의 이념이 자유에 대한 거짓 관념만을 퍼트려 왔다고 보기 때문이다. 예컨대, 소위 이성적 자유란, 적어도 이성을 절대적이고 보편타당한 사유의 근거로 해석하는 한에서는, 구체적이고 경험적인 주체로서 살고 있는 우리에게는 일종의 형용모순일 뿐이다. 절대적이고 보편타당한 사유의 근거인 이성은 단지 우리의 복종을 요구할 뿐이다. 우리는 이성이 제시하는 완전한 관념들의 세계를 구체적이고 감성적인 경험의 세계 대신 선택하도록 요구받고, 이러한 요구는 곧 우리 스스로 자기 자신을 우연적이고 무에 불과한 가상의 존재로 받아들이라는 요구와 같다.

물론 이성적 자유의 이념에 대한 거부는 두 가지 상반된 관점의 표현일 수 있다. 하나는 자유란 환상에 불과하다는 관점으로, 모든 종류의 자유의 가능성을 부정하는 것이다. 또 다른 하나는 자유란 실제적이어야 한다는 관점으로, 이성적 자유의 이념 대신 구체적이고 경험적인 주체의 삶의 자유를 실현해야 한다는 관점이다. 도스토옙스키와 니체의 관점은 분명 후자이다. 그렇지 않다면 우리 모두에게 그들이 던지는 경고는 결국 공허하고 무의미한 것에 불과할 뿐이다.

*

1877년 4월에 작성된 어느 일기에서 도스토옙스키는 다음과 같이 밝힌다.

"우리가 우리의 가장 신성한 것으로 여기는 것이 수치스럽고 흠결 있는 것이라면, 우리는 자연이 주는 벌로부터 달아날 수 없을 것이다. 수치스럽고 흠결 있는 것은 그 안에 죽음을 간직하고 있고, 조만간 자기 자신에게 벌을 가하게 될 것이다. 만족시킬 수 없는 주식 시장의 요구에 따라 부를 획득하려 벌이는 전쟁은 모든 국가에 공통된 국가적 개체성의 발전을 지배하는 동일한 법으로부터 생기는 것일 수 있다. 그러나 이러한 발전에도 넘어서는 안 될 한계가 있고, 이 한계를 넘은 획득과 발전은 모두 과잉을 뜻한다."[1]

---

1   WD2(F. Dostoevsky, *A Writer's Diary 2*. 1877–1881, translated and annotated by K. Lantz, Evanston, Illinois: Northwestern University Press, 1994), 935.

도스토옙스키의 주장은 단순하고 분명한 의미를 담고 있다.

첫째, 자본주의 국가들끼리 벌이는 전쟁은 모든 개별 국가의 발전을 지배하는 어떤 동일한 법칙에 의해 발생하는 것일 수 있다. 둘째, 그러나 이러한 발전 역시 넘어서는 안 될 한계를 넘어서까지 진행되어서는 안 된다. 셋째, 그러한 발전과 그 결과 생긴 획득은 모두 일종의 과잉이다.

여기서 우리가 주목할 지점은 바로 '과잉'이라는 말이다. 대체 어떤 의미의 과잉인가? 일견 도스토옙스키의 주장은 이익을 위해 벌이는 전쟁을 합리화하는 것처럼 보인다. 만약 이익을 위해 벌이는 전쟁이 모든 개별 국가를 지배하는 동일한 법에 의해 생기는 것이라면, 전쟁의 발생은 필연적인 것이고, 따라서 도덕적으로 비난할 수 없는 일이 아닐까? '전쟁으로 이어질 발전에도 넘어서는 안 될 한계가 있다'라는 말은 곧 전쟁을 벌여도 괜찮지만, 자기파멸적인 결과가 생기지 않게끔 적당한 정도로만 벌이라는 뜻이 아닐까?

*

솔직히 도스토옙스키의 일기는 그의 소설만큼이나 장황하고 혼란스럽다. 조국 러시아에 대한 도스토옙스키 특유의 맹목적인 절대화와 신성화는 인용문을 담은 일기에서도 발견된다. 도스토옙스키의 입장을 한마디로 정리하자면, 이익의 실현을 위해 전쟁마저 불사하는 유럽의 국가들과 달리 조국 러시아는 신성한 목적의 실현을 위해 전쟁을 벌인다는 것이다. 결국 '수치스럽고 흠결 있는 것은 그 안에 죽음을 간직하고 있고, 조만간 자기 자신에게 벌을 가하게 될 것'이라는 도스토옙스키의 주장은 유럽의 자본주의 국가들을 향한 일종의 경고인 셈이다. 이익의 실현을 위해 수많은 사람의 비참한 고통과 죽음을 초래할 전쟁을 벌이는 것은 분명 수치스럽고 흠결 있는 것이며, 바로 그러한 것으로서 자기 안에 죽음을 간직하고 있다. 유럽의 자본주의 국가들은 결국 죽음이라는 벌을 자신에게 내리게 될 것이다. 그 이유는 그 국가들 안에 수치스럽고 흠결 있는 것이 지배적인 발전 동인으로 작용하고 있기 때문이다.

필자의 이러한 해석이 맞는다면, 예의 '과잉'이란 적당한 전쟁을 넘어서는 지나친 전쟁의 결과로 생기는 것일 수 없다. '과잉'은 이미 발전의 시초부터 자본주의 국가들의 내부에 감추어진 일종의 치명적인 흠결로서 존재해 왔다. 발전 자체가 이익의 실현을 위해 타자의 고통과 죽음마저 경시하는 비인간적 태도의 발로로 시작된 것이고, 이러한 태도는 수치스럽고 흠결 있는 것이며, 따라서 그 안에 죽음을 장차 반드시 부과될 형벌로서 숨기고 있다.

비유적으로 말하자면, 도스토옙스키가 말하는 '과잉'은 치명적인 암으로 발전해 가도록 하는 과잉이다. 암세포란 무한한 분열의 기능만 남은 돌연변이 세포이다. 정상적인 세포의 분열은 무한하지 않다. 가능한 분열의 횟수가 정해져 있고, 정상적인 세포의 이러한 특성 때문에 생명체는 노화와 죽음을 피할 수 없다. 달리 말해, 정상적인 세포는 노화와 죽음의 운명을 받아들이는 세포이고, 노화와 죽음의 과정을 통해 자기가 극복되도록 하는 세포이다. 이와 달리 암세포는 자기가 극복되도록 내버려 두지 않는다. 물론 암세포의 이러한 성향은 역설적이다. 자기가 극복되도록 내버려 두지 않는 암세포의 발전과 성장으로 인해 암세포의 삶의 터전인 신체 자체가 결국 때 이른 죽음을 맞이하기 때문이다. 물론 신체가 죽으면 암세포도 함께 죽는다. 자기가 극복되는 것을 거부하고 자기 개체만의 영원과 무한을 지향함으로써 결국 자기 개체의 때 이른 소멸을 자초하게 되는 것이다.

*

도스토옙스키에게 죽음이란 무엇을 뜻하는 말인가? 두 가지이다. 하나는 자연적인 신체의 죽음이다. 나머지 하나는 정신 혹은 영혼의 죽음이다.

정신은 어떻게 죽음을 맞이하게 되는가? 정신은 "자기의 행복을 타인의 불행 위에 세우려" 하는 성향이 생겨남으로써 죽음을 맞이한다. "단 하나의 인간"일지라도, 쓸모없는 "늙은 인간일지라도," 그의 "희생"과 "눈물" 위에 세워질 "건축물의 설계자"가 되려 해서는 안 된다. "설령 사람들이 결국 행복해지게 하려는 목적으로" 그 건축물을 세우려는 것이어도 말이다. 왜냐하면 정신의 죽음은 바로 자기의 행복이나 다수의 행복을 위해 우리 가운데 가장 하찮은 인간 하나쯤은 희생시켜도 좋다는 타산의 정신에서 비롯되는 것이기 때문이다.[2]

도스토옙스키의 독자라면 누구나 정신의 죽음에 대한 바로 이러한 단상이 도스토옙스키의 작품 속에서 가장 빈번하게 등장하는 단상임을 알고 있다. 『죄와 벌』의 주인공 라스콜리니코프로 하여금 전당포 노파의 살인을 결심하게 한 생각도, 『카라마조프 형제들』에서 스메르자코프로 하여금 친부를 살해하도록 부추긴 생각도, 『백치』의 주인공 미슈킨 공이 ―타락한 여인으로 낙인이 찍혀 멸시당하는― 나스타샤의 고통의 원인으로 발견한 세상 사람들의 사고방식도, 일종의 희생양 논리로서의 성격을 지닌다.

---

2   WD2, 1287-1288.

주의할 점은 도스토옙스키에게 결정적인 것은 '세상은 희생양 논리가 만연해 있다'라는 식의 객관적 인식이 아니라는 것이다. 그의 소설에서 객관적 인식을 추구하는 인간으로, 그리고 자신이 획득한 객관적 인식을 절대화하려는 성향에 빠진 인간으로 설정된 인물은 『죄와 벌』의 라스콜리니코프이고, 무신론자임을 자처하는 『카라마조프 형제들』의 이반이다. 전자의 정신은 희생양 논리를 긍정하고, 쓸모없고 해로운 한 인간을 희생양으로 삼음으로써 인류 행복의 증진에 기여하고자 하는 결의에 의해 움직인다. 반면 후자의 정신은 방관자가 되려는 체념적 결의에 의해 움직인다. 어차피 세상은 희생양 논리가 만연해 있기 마련이고, 또 영혼도, 천국도, 지옥도, 다 꾸며 낸 이야기에 지나지 않으니 희생양 논리가 나쁘다고 비난하는 것 자체가 부질없는 일이라는 식이다. 하지만 라스콜리니코프와 이반의 정신은 본질적으로 하나이다. 그들에게 삶이란 본래 우연적이고 허무한 것이며, 근본적으로 무가치한 것이다.

도스토옙스키가 끝없이 문제로 삼았던 것은 근대라는 이름의 새로운 시대에 이르러 바로 이러한 사고방식이 인류의 정신적 죽음을 초래할 크나큰 위기의 원인으로 작용해 왔다는 것이었다. 마치 암세포처럼, 타인의 희생과 죽음 위에 과잉의 행복을 실현하려는 마음, 자기의 행복과 번영을 무한정 늘리기 위해 타인의 무한정한 희생과 죽음을 초래할 전쟁도 불사할 수 있다는 마음은 인류 정신의 완전한 죽음이 임박해 있음을 드러낸다.

무엇을 어떻게 해야 하는가? 도스토옙스키의 해법은 간단하고 분명하다. 과연 세상은 희생양 논리가 만연해 있지만 그러한 진실을 빌미로 삼아 희생양 논리를 삶의 객관적 진실로 절대화하거나 삶의 본래적 무가치성을 자명한 것으로 치부하려는 경향에 빠져서는 안 된다. 중요한 것은 세상에 만연한 희생양 논리를 초월할 자유로운 선택과 결의의 가능성이 자기의 삶과 존재의 가장 탁월한 가능성으로서 주어져 있음을 긍정하는 것이다. 도스토옙스키가 무한한 경탄과 긍정의 대상으로 삼은 그리스도는 이러한 가능성을 완전하고 지고한 방식으로 실현한, 그리고 바로 그러한 점에서 무한히 성스럽고 탁월한, 인간을 가리킬 뿐이다.

도스토옙스키의 그리스도는 행복주의의 인간이 아니라 무한한 사랑의 힘으로 자기가 부단히 극복되도록 할 자유로운 결의의 인간을 상징한다. 그리스도의 자유는 물론 보편타당한 형식적 규범의 체계로 이어질 이성적 사유를 그 조건으로 지니지 않는다. 그것은 그저 세상에 만연한 희생양 논리에 얽매이지 않은 탁월한 인성의 함양이 구체적이고 현실적으로 요구하는 실천적 상황에서 늘 자기가 극복되도록 하는 방식으로 실현될 뿐이다. 그런 점에서 그것은 분명 소위 절대적이고 보편타당한 이성적 자유가 아니라 역사적 자유, 과정 속의 자유, 인간으로 하여금 인간 이상의 존재가 되도록 허용하는 시간적이고 무상한 삶을 그 자체로서 긍정하고 사랑함을 전제로 하는 그러한 자유다.

*

도스토옙스키는 적어도 두 가지 점에서 니체와 통한다. 하나는 유럽의 국가들에 대한 멸시이다. 나머지 하나는 행복주의에 대한 거부이다. 행복주의에 대한 거부는 두 가지 종류로 나뉘어 고찰될 수 있다. 첫째, 한 개인이 자기의 행복을 최우선시하면서, 자기의 행복을 실현하기 위해 타인의 희생을 가볍게 생각하는 유형의 행복주의를 거

부한다. 둘째, 공공의 행복을 실현하기 위해 열등하고 무가치한 인간
으로 판단될 만한 소수의 인간을 선별해 희생양으로 삼는 것은 정당
화될 수 있다는 유형의 행복주의를 거부한다.

　그런데 하나의 국가 안에서 이 두 가지 종류의 행복주의는 서로 긴
밀하게 맞물려 있다. 자기의 행복을 실현하기 위해 타인을 희생할 마
음이 있는 자가 사회의 다수인 경우, 공공의 행복을 실현하기 위해 열
등하고 무가치한 소수의 인간을 희생양으로 삼을 수 있다는 인식이
국가에 만연하게 될 것이다. 물론 이러한 국가는 자기의 행복을 최우
선시하는 개개인의 성향을 악용해서 국가의 번영과 발전을 위해 소수
의 희생쯤은 감수해야 한다는 논리를 부단히 생성하고 유포하는 권력
을 갖게 될 것이다.

　니체가 도스토옙스키의 '심리학'에서 배운 것은 무엇일까? 그것은
바로 행복주의를 부추기는 근대적 국가체제를 비판하고 또 거부할 그
근본 이유이다. 『우상의 황혼』에서 니체는 도스토옙스키를 만난 것은
"내 인생의 가장 아름다운 행운에 속한다"라고 고백한다. 니체에 따
르면, "이 심오한 인간[도스토옙스키]은 지극히 당연하게도 얄팍한
독일인들을 경멸했다." 독일인들이 얄팍하다는 말의 의미는 니체가
도스토옙스키를 언급하기 직전에 나온다. 니체는 "길들여지고, 평준
화되었으며, 거세된 우리의 사회 안에서는 산으로부터 왔거나 바다의
모험들에서 온 야성의 인간이 필연적으로 범죄자로 퇴화한다"라고 주
장한다. 즉 니체에게 독일인들은 길들여지고, 평준화되었으며, 거세
되어 버렸기에 얄팍한 인간들이다. 니체는 도스토옙스키가 남긴 유형
(流刑)의 기록에 기대어 평준화된 사회인들을 범죄자들과 대비시킨
다. 도스토옙스키는 "사회로 돌아갈 가능성이 없는 중범죄자들인 시
베리아 형무소의 수감자들 가운데서 오래 살았는데, 수감자들을 자신

이 예상했던 것과 매우 다르게 느꼈다. 대략 그들이야말로 러시아의 대지에서 자라는 것들 가운데 최상인 가장 단단하고 가치 있는 재목을 깎아서 만들어진 인간들이라고 말이다."[3]

니체가 도스토옙스키의 심리학에서 배운 것은 결국 사회란 정신적으로 거세된 인간들을 위한 곳이고, 야성적이고 비범한 인간들을 위한 곳은 아니라는 단순하고도 명료한 성찰이다. 얼핏 이러한 성찰은 『죄와 벌』의 라스콜리니코프가 전당포 노파를 살해하도록 한 생각을 정당화하는 것처럼 보이기 쉽다. 범죄자란 살인을 비롯한 각종 범죄를 금지하는 법과 도덕에 의해 범죄자로 규정된 자가 아닌가? 만약 이러한 법과 도덕이 정신적으로 거세된 인간들을 위해 마련된 것이고, 바로 이러한 법과 도덕에 의해 야성적이고 비범한 최상의 인간이 필연적으로 범죄자로 퇴화하게 되는 것이라면, 인간에게는 자신의 야성과 비범함을 지키기 위해 법과 도덕을 지키지 않을 어떤 자연적인 권리가 있는 것이라고 보아야 하지 않을까? 이러한 의심은 니체가 차라투스트라의 입을 빌어 다음과 같이 말한 것을 고려해 보면 더욱 짙어진다.

""빼앗지 말라! 살인하지 말라!" – 사람들은 일찍이 이런 말들을 신성하다고 일컬었다. 그 앞에서 무릎을 꿇고 머리를 조아리며 신발을 벗었다. 하지만 나는 너희에게 묻는다. 그러한 신성한 말들보다 더한 강도와 살인자가 세상 어디에 있었던가? 모든 삶 자체에 약탈과 살인이 있지 않은가? 그러한 말들을 신성한 것으로 일컬음으로써 진리 자체가 살해

---

3   DGD(F. Nietzsche, *Der Fall Wagner · Götzen-Dämmerung · Der Antichrist · Ecce homo · Dionysos-Dithyramben · Nietzsche contra Wagner (KSA 6)*, Berlin / New York: Deutscher Taschenbuch Verlag de Gruyter, 1988), 147.

되지 않았던가? 혹은 모든 삶을 반박하고 거스르는 것을 신성한 것으로
칭함은 일종의 죽음의 설교였던가? 오, 나의 형제들이여, 부숴버리라,
부숴버리라, 그 낡은 서판들을!"[4]

위의 의문을 풀려면, 우선 두 가지를 고려할 필요가 있다. 첫째, 니
체에게 범죄자란, 설령 최상의 재목으로 만들어진 비범한 인간이라고
하더라도, 결국 퇴화한 인간이라는 점이다. 둘째, 니체에게는 "빼앗지
말라! 살인하지 말라!" 같은 말들을 새긴 법과 도덕의 조판 자체가 최
악의 강도이자 살인자라는 점이다. 범죄자는 왜 퇴화한 인간인가? 자
기의 재능과 역량을 삶의 보존과 증진에 이바지하는 방향으로 사용하
는 대신 지엽적인 일탈의 행위를 저지르는 데 사용함으로써 도리어
최악의 강도이자 살인자인 법과 도덕의 조판을 정당화하고 강화하는
결과를 초래하기 때문이다. 법과 도덕의 조판은, 그 위에 강도질과 살
인을 금하는 명시적인 규범의 말이 새겨져 있음에도 불구하고, 왜 최
악의 강도이자 살인자인가? 거세되고 평준화된 인간들의 행복주의가
법과 도덕의 조판이 생기도록 한 원인이라는 것이 그 하나의 이유이
고, 거세되고 평준화된 인간들의 행복을 지킬 목적으로 야성적이고
비범한 인간들을 부단히 범죄자로 퇴화시킨다는 것이 또 다른 이유
이다.

결정적인 것은 아마 수는 아닐 것이다. 범죄자 가운데 야성적이고
비범한 인간들도 있겠지만, 반대로 철저하게 거세되고 평준화된 인간
으로서 자기의 행복을 지키려 무리수를 두다 범죄자가 된 인간들도

4 ASZ(F. Nietzsche, *Also sprach Zarathustra (KSA 4)*, Berlin / New York:
Deutscher Taschenbuch Verlag de Gruyter, 1999), 254.

분명히 있을 것이고, 심지어 전자보다 후자가 다수일 수도 있다. 결정적인 것은 삶의 운동의 방향성이다. 니체에게, 그리고 분명 도스토옙스키에게도, 인간이라는 말은 인간의 정태적이고 불변적인 속성이나 본질을 가리키는 말은 아니다. 인간은 도리어 과정을 뜻하는 말이며, 지금의 자기보다 더욱 고차원적인 존재가 되어야 할 이유 및 의무를 지닌 역사적 존재자를 가리키는 말이다.

지금의 자기보다 더욱 고차원적인 존재가 되는 것이 왜 인간에게는 의무가 되는가? 니체가 차라투스트라의 입을 빌어 거듭 밝히듯이, 시간적이고 역사적 존재인 인간에게는 퇴락의 길과 상승의 길이라는 두 가지 선택지밖에 없기 때문이다. 법과 도덕의 조판이 최악의 강도이자 살인자인 까닭은 그것이 거세되고 평준화된 인간들의 행복주의의 대변자로서 지금의 자기보다 더욱 고차원적인 존재가 될 인간 존재의 근원적 이유와 의무를 부단히 말살하기 때문이다.

*

도스토옙스키와 니체는 본질적으로 같은 사상을 지니고 있을까? 이러한 물음을 긍정으로 답하기는 쉽지 않다. 그 가장 커다란 이유는 연민 혹은 동정심에 대한 두 사상가의 관점이 상반된 것처럼 보이기 때문이다. 도스토옙스키는 곧잘 연민을 가장 아름다운 감정처럼 묘사하고, 종종 그리스도의 무한한 사랑을 인류를 향한 연민과 거의 동일시하는 것처럼 주장하기도 한다. 반면 니체는 연민 혹은 동정심에 대해 대체로 부정적인 평가를 한다.

『차라투스트라는 이렇게 말했다』에서 니체는 "모든 위대한 사랑은 자기의 모든 동정심을 극복한다. 왜냐하면 사랑은 사랑의 대상조차 창조하기 때문이다!"라고 밝힌다. 이 말은 실질적으로 기독교의 한계에 대한 비판이기도 하다. 비록 악마가 차라투스트라에게 들려준 말로 서술되기는 하지만, 니체는 신의 죽음을 초래한 것은 바로 동정심이라고 주장한다. "신은 죽었다. 인간에 대한 동정심 때문에 신은 죽게 되었다." 그런데 신이 인간에 대한 동정심 때문에 죽었다면, 신의 사랑은 위대한 사랑이 아니었다는 결론이 나온다. 모든 위대한 사랑은 동정심을 넘어서는데, 신의 사랑은 동정심을 넘어서지 못했으니 말이다. 동정심을 넘어서지 못하는 사랑은 어떠한 종류의 사랑일까? 물론 사랑하는 자를 죽음으로 이끄는 사랑이다. 악마에게 들은 것이라고 밝히며, 차라투스트라는 "신 역시 자기의 지옥을 가지고 있었다. 그것은 인간을 향한 신의 사랑이다"라고 진술한다. 결국 동정심을 극복하지 못하는 사랑은 위대하지 못한 사랑이고, 바로 그러한 한계로 인해 사랑하는 자의 심정을 지옥의 고통으로 채우게 된다는 것이다. 자신의 사랑으로 인해 지옥의 고통에 시달리게 된 자는 물론 사랑의 대상을 창조하기에 무기력하다. 사랑하는 자에게 사랑의 대상이란 본래 무조건적인 긍정의 대상이고, 순수하고 무한한 기쁨과 행복의 원천이어야 하기 때문이다.[5]

도스토옙스키가 창조한 모든 인물 가운데 인간을 향한 사랑으로 인해 지옥의 고통에 시달리게 된 신과 가장 가까워 보이는 인물은 바로 『백치』의 주인공 미슈킨이다. 미슈킨이 나스타샤를 사랑하는 것은 연민 때문이고, 거칠고 원초적인 로고진을 한 인간이자 친구로서 사랑하는 것 또한 연민 때문이다. 로고진은 나스타샤가 자기가 아니라 미슈킨을 사랑한다는 사실 때문에 질투심과 증오에 시달리다 미슈킨을

---

5   ASZ, 115-116.

죽이려 하기도 하고, 훗날 미슈킨을 죽이는 데 사용하려 했던 바로 그 칼로 나스타샤를 죽이고 만다. 로고진의 집에서 나스타샤의 시신을 보게 된 미슈킨은 비명을 지르지도 않고 로고진을 향한 증오심이나 분노조차도 내보이지 않는다. 미슈킨이 한 일은 로고진과 이야기를 나누는 것, 정신발작이라도 일으킬 것처럼 미친 듯이 고함을 치거나 웃기도 하는 로고진을 달래려는 듯 로고진의 머리와 뺨을 쓰다듬어 주는 것 등이었다. 미슈킨의 정신이 완전히 몰락해 버릴 즈음 그의 눈에서 눈물이 흘러나왔고, 그 눈물은 살인자 로고진의 뺨을 적셨다. 결국 연민이 미슈킨 공을 정신적 죽음으로 내몬 셈이다. 차라투스트라의 악마가 묘사한 신처럼, 미슈킨은 인간을 향한 연민 때문에 자기의 지옥을 지니게 되었고, 그 지옥 속에서 시달리다 결국 정신의 영원한 죽음을 맞이하게 되었다.

*

그러나 도스토옙스키의 사상이 니체의 사상과 매우 상반된 것이라고 느끼게 하는 『백치』의 주인공 미슈킨 이야기는 도리어 양자의 사상이 그 유례를 찾을 수 없을 정도로 닮았다는 것을 알린다. 우선 다음을 분명히 해 두자. 니체 번역서에서 흔히 동정심이라 번역되는 말은 독일어 'Mitleid'이고, 'Mitleid'는 연민으로 번역될 수도 있다. 그럼에도 미슈킨의 연민이 니체가 경멸하는 동정심과 완전히 같은 것이라고 볼 필요는 없다. 미슈킨의 연민은 연민의 대상을 포용하는 것이고, 긍정하는 것이며, 자기와 대상의 분별을 무화하는 방향으로 작용하는 것이다. 니체가 경멸하는 동정심은 이러한 의미의 연민과, 비록 완전히 반대는 아니라고 할지라도, 매우 다르다. 니체가 경멸하는 동

정심은 그 대상을 불쌍히 여김을 받을 만한 자로 규정하는 태도에서
나오는 것이고, 그러한 점에서 동정받는 자를 동정하는 자기보다 열
등한 자로서 분별하는 마음을 전제로 한다. 미슈킨의 연민이 그 대상
에 대한 절대적인 긍정과 사랑과 같은 것인 반면, 니체가 경멸하는 동
정심은 기본적으로 동정심의 대상에 대한 부정과 멸시가 뒤섞인 감정
이다. 바로 이러한 이유로, 동정심을 극복하지 못하는 사랑은 위대한
사랑이라 할 수 없다.

  우선 주목할 점은 미슈킨이 연민하고 사랑한 대상의 성격이다. 나
스타샤도, 로고진도, 거세되고 평준화된 인간들의 세상에서 자신의
야성과 비범함으로 인해 멸시의 대상이 된 인간이다. 그런 점에서 미
슈킨의 연민은 거세되고 평준화된 인간들의 세상을 지배하는 법과 도
덕의 한계를 넘어설 정신적 역량의 드러남이기도 하다. 니체에게는
'빼앗지 말라! 살인하지 말라!' 같은 말들을 새긴 법과 도덕의 조판
자체가 최악의 강도이자 살인자라는 점을 기억하자. 법과 도덕의 조
판이 최악의 강도이자 살인자인 까닭은 거세되고 평준화된 인간들의
행복주의에 해로운 모든 인간을, 비범하든 비루하든, 야성적이든 소
심하든, 반드시 제거해야 한다는 일종의 희생양 논리를 근거로 삼기
때문이다. 그러니 나스타샤와 로고진을 향한 미슈킨의 연민과 사랑은
행복주의에 대한 단호한 거부의 표현이기도 한 셈이다.

  자기의 행복만을 자기 삶의 목적으로 설정한다는 의미의 행복주의
든, 공공의 행복 실현을 목적으로 설정한다는 의미의 행복주의든, 희
생양 논리에 바탕을 둔 모든 종류의 행복주의는 미슈킨의 연민의 정
신 속에서 완전하고도 철저하게 부정된다. 물론 이러한 부정은 세상
에 만연한 행복주의로 인해 고난받는 모든 이와 함께하겠노라는 단호
한 선언으로서, 자신의 정신이 지옥과 같은 고통에 부단히 시달리게

될 것을 예고한다. 세상에서 고통과 멸시를 당하는 자를 연민하고 사랑하는 자는 자신이 연민하고 사랑하는 자의 고통과 멸시를 결국 자신의 고통과 멸시로서 받아들일 운명에 처해 있기 때문이다.

*

그러나 바로 그러한 고통의 한가운데서 가장 순수하고 아름다운 기쁨이 가장 위대하고 완전한 사랑의 증거로서 솟아오른다. 지옥의 고통 속에서도 연민하고 사랑하기를, 세상에서 고통과 멸시를 당하는 야성의 인간을 순수하게 긍정하기를, 그칠 수 없기 때문이다. 그렇다면 미슈킨의 연민과 사랑은 지옥과도 같은 고통에도 불구하고 삶을 사랑하기를, 거세되고 평준화된 인간들의 행복주의와 단호히 투쟁하기를, 세상 사람들이 기어이 세상의 주변부로 몰아내는 모든 야성의 존재를 그 자체로서 사랑하고 긍정하기를 결단하는 정신으로부터 비롯된 것인 셈이다. 이러한 결단은 순수하게 능동적이고 순수하게 주체적인 자유의 표현이고, 그 가능 근거는 자유를 실천하는 자가 그 자신의 운명과 완전히 하나인 것으로 이해하는 선택적 의지이다.

왜 미슈킨은 순수하게 능동적이고 순수하게 주체적인 존재인가? 연민의 대상과 어떤 외적 대립의 관계도 형성하지 않는 존재라는 것이 그 하나의 이유이고, 연민의 대상을 배척하는 세상의 행복주의로 인해 흐려지지 않은 정신의 존재라는 것이 또 다른 이유이다. 미슈킨의 자유는 미슈킨의 경험적 자아와 대립하는 어떤 이성의 명령에 대한 자발적 복종으로서의 자유가 아니다. 미슈킨에게 고난받는 야성의 인간을 외면해서는 안 된다는 규범적 명령은 미슈킨의 삶과 존재 그 자체의 표현일 뿐 미슈킨이 규범을 지키도록 몰아세우는 외적 힘이 아니라는 뜻이다. 또한 그것은 행복을 실현하고자 하는 욕망과 의지에 의해 제약된 자유도 아니다. 미슈킨은 그저 존재할 뿐이고, 살아갈 뿐이며, 그 자신의 존재와 하나인 무한하고 순수한 사랑의 힘을 야성의 인간을 향한 연민의 형태로 부단히, 행복을 원하는 그 자신의 존재가 극복되도록 내버려 두며, 드러낼 뿐이다.

바로 이러한 점에서, 미슈킨의 연민과 사랑은 니체가 말하는 동정심과 대척점에 있는 것으로 파악되어야 한다. 니체에게 동정심이란 기본적으로 행복주의를 극복할 수 없고, 극복하려 하지도 않는 종류의 인간을 향한 것이다. 즉, 끝물 인간(der letzte Mensch)이 그 대상이다. 이러한 동정심은, 자선의 행위를 통해 행복을 얻으려는 값싼 동정심이 아니라 순수한 사랑의 마음으로부터 비롯된 것인 경우, 동정심을 품은 자의 정신을 지옥의 고통으로 이끌기 마련이다. 그리고 그런 점에서는 미슈킨의 연민과 같다. 그러나 동정심은 오직 동정심의 극복을 통해서만, 동정심의 대상인 끝물 인간에 대한 단호한 거부와 비판을 통해서만, 온당할 수 있는 감정이다. 동정심의 대상인 끝물 인간이란 결국 거세되고 평준화된 행복주의의 인간일 뿐으로, 최악의 강도이자 살인자인 법과 윤리의 조판이 부단히 생산되고 재생산되도록 하는 그 원인이자 결과이기 때문이다.

*

어쩌면 이렇게 묻는 사람이 있을지도 모르겠다. 진정한 사랑의 정신은 거세되고 평준화된 행복주의의 인간 역시 사랑하고 긍정해야 하는 것이 아닐까? 니체의 관점에서 보면, 대다수 인간은 스스로 행복주의를 극복하지 못한다. 행복주의의 인간을 그 자체로 사랑하지 못

하는 자는 결국 지극히 편협한 사랑만을 할 수 있는 자가 아닌가? 그
러나 이러한 의문은 인간을 지금 당장 눈앞에 있는 인간, 정태적으로
존재하며 지금의 한계 안에 머무를 뿐 어떤 역사도 만들어 나가지 못
할 무능력한 존재로 미리 규정함을 그 전제로서 지닐 뿐이다. 모든 인
간을 사랑하고자 하는 자는 마땅히 희생양 논리, 배제와 죽임의 논리
에 기대어 행복을 추구하는 인간을 마땅히 거부하고 비판해야 한다.
오직 이러한 거부와 비판을 통해서만 희생양 논리를 넘어설 수 있고,
희생양 논리를 넘어서고자 하는 결의의 인간만이 인간의 삶을 지금
보다 더욱 고차원적인 것으로 고양시켜 나갈 힘을 지니고 있기 때문
이다.

　미슈킨은 야성의 인간, 세상에서 부단히 배제되고 멸시당하는 인간
을 향한 그 자신의 연민과 사랑으로 인해 지옥의 고통을 겪다 정신적
죽음을 맞이했다. 그의 죽음은 영구적이고 최종적인 것인가? 아마도.
결국 인간에게 죽음이란 자기의 삶과 존재의 궁극적인 무화를 뜻할
테니 말이다. 그러나 미슈킨의 삶이 되풀이된다면, 그의 정신이 되살
아난다면, 그리고 미슈킨에게 그 되풀이가 일회적 사건이 아니라 무
한히 되풀이될 영원적 사건이라는 것이 고지된다면, 미슈킨은 기꺼
이, 그리고 단호하게, 자기 삶의 영원회귀를 수용할 것이다. 자신의
연민과 사랑으로 인해 겪는 지옥의 고통이 그 자체로서 가장 순수하
고 아름다운 기쁨의 원천임을 아는 것이 그 하나의 이유이고, 지옥의
고통마저 거부하지 않는 정신만이 느낄 수 있는 가장 순수하고 아름
다운 기쁨을 통해서만 사랑이 위대할 수 있음을 아는 것이 또 다른 이
유이며, 그 자신의 삶과 존재 자체가 삶에 고통과 굴욕을 안겨 주는
모든 경향을 넘어서고자 하는 자유로운 결의의 힘과 같다는 것이 마
지막 이유이다. 이 마지막 이유는 다른 모든 이유의 가장 근원적이고

결정적인 근거이기도 하다.

간단히 말해, 미슈킨은 니체가 창조한 차라투스트라의 원형이다. 그는 무한한 인간 사랑 때문에 스스로 자신의 몰락을 선택하는 자이고, 몰락이 안겨 주는 고통조차 순수하고 아름다운 기쁨의 원천으로 받아들일 줄 아는 자이며, 행복주의를 거부하고 넘어선 자로서 지옥의 고통으로 점철된 삶의 영원회귀조차도 기꺼이 수용할 순수 긍정의 역량을 지닌 자이다.

＊

『차라투스트라는 이렇게 말했다』에서 니체가 가장 큰 적개심을 드러낸 대상들 가운데 하나는 성직자이다. 차라투스트라는 성직자들을 "인간을 십자가에 못 박는 것 외에는 달리 그들의 신을 사랑할 줄 모르는 자들"이라고 규정한다. 성직자들은 "잘못된 가치와 허황한 말의 끈"에 묶인 자이다. 누가 그들을 묶었을까? 바로 "그들이 구원자라고 부르는 자가 그들을 끈으로 묶었다."[6]

성직자들이 구원자라고 부르는 자는 누구인가? 예수인가? 명목상으로는 분명 예수일 수밖에 없다. 차라투스트라가 비판하는 성직자들은 기독교의 성직자들이니 말이다. 게다가 니체가 예수에 대해서도 곧잘 날카로운 비판의 말을 남겼다는 것을 고려해 보면, 성직자들을 잘못된 가치와 허황한 말의 끈에 묶은 자는 예수 외에 다른 자가 아닐 것이다.

그러나 예수에 대해 수많은 비판을 제기하면서도, 니체는 예수를

---

6 ASZ, 117-118.

망상에 빠진 설교자나 교활한 거짓 예언자로 여기지는 않는 듯하다.
예컨대, 차라투스트라는 '자유로운 죽음'에 관해 논하면서, 예수에
대해 다음과 같이 말한다. "나를 믿으라, 내 형제들이여! 그는 너무
일찍 죽었다. 그가 내 나이에 이를 때까지 살았더라면, 그 자신이 자
기의 가르침을 철회했을 것이다. 그는 [자기의 가르침의 오류를 깨닫
고 스스로 자기의 가르침을] 철회할 만큼 충분히 고귀했다."[7] 그러니
성직자들의 구원자는 거짓 예수인 우상이거나, 예수 사상의 역사적
성격을 이해하지 못하고 화석화된 교리로 만들어 버리는 성직자들에
의해 무시간적이고 비역사적인 존재로 변질되어 버린 그러한 예수일
것이다.

필자에게 성직자와 예수에 대한 차라투스트라의 이야기는 『카라마
조프 형제들』에서 차남인 이반이 셋째인 알료샤에게 들려준 '대심문
관' 이야기와 본질적으로 같은 이야기로 들린다. 잘 알려진 것처럼,
'대심문관' 이야기는 15세기 스페인의 세비야 지역에 예수가 인간들
의 일이 궁금해서 지상으로 내려온 적이 있다는 전제에서 출발하는
가상의 이야기이다.

예수가 발견한 것은, 그리고 그를 기다리고 있었던 것은 무엇이었
는가? 자신이 구원하고자 했던 인간들이 대개 구원받기에 적합하지
않다는 쓰디쓴 진실이었다. 공교롭게도 예수가 지상으로 내려온 날
폭압적인 대심문관은 백여 명의 이단자를 화형에 처했다. 화형의 높
은 불길을 본 예수는 현장을 찾아온다. 예수는 죽은 사람들 가운데 한
소녀를 부활시킨다. 그 모습을 본 대심문관은 예수를 붙잡아 감옥에
가두도록 한다. 늦은 밤 대심문관은 예수를 찾아와 심문을 시작한다.

---

7   ASZ, 95.

＊

결국 '대심문관' 의 '대' 는 그가 지상의 세계에서 인간뿐 아니라 구
원자인 예수도 심판할 큰 권한을 갖는다는 것을 암시하는 말인 셈이
다. 자기에게 심문받는 자가 예수라는 것을 알게 된 대심문관은 다음
과 같은 말로 예수를 비난한다.

"인간에게서 자유의 짐을 덜어주는 대신 당신은 자유를 더욱 늘렸소!
당신은 인간에게 평화가, 심지어 죽음마저, 선과 악을 알며 선택할 자유
보다 더 소중하다는 것을 잊었단 말이오? 실제로, 인간에게 양심의 자
유보다 매력적인 것은 없소만, 더 괴롭히는 것도 없소. 하지만 인간의
양심을 언제까지나 달래 줄 실질적인 근거를 마련해 주는 대신, 당신은
가장 기이하고, 가장 위선적이며, 가장 모호한 것 전부를, 사람들의 이
해력의 한계를 넘어서는 것 전부를, 택했소. 그러므로 당신은 사람들을
조금도 사랑하지 않는 것처럼 행동한 셈이오. 그런데 이 자는 대체 누구
란 말이오? 인류를 위해 자기 목숨을 주려고 온 바로 그 사람이라오! 인
간의 자유를 스스로 조종하려 하는 대신, 당신은 자유를 강화해서 인간
의 정신적 영역을 자유의 고통스러운 고문으로 영원히 짓눌러 놓았소."[8]

대심문관에 따르면, 교회가 지금까지 예수의 가르침과 어긋나는 행
위를 하며 민중을 억압하고 속일 수밖에 없었던 그 근본 원인은 광야
에서 악마가 예수에게 제시한 세 가지 요청을 수용하지 않았기 때문

---

8 F. Dostoevsky, *The Karamazov Brothers*, translated by I. Avsey, Oxford /
New York : Oxford University Press, 1998, 319.

이다. 그 세 가지 제안은 1. '이 돌들을 빵으로 만들라', 2. '성전의 꼭대기에서 뛰어내리라', 3. '내게 엎드려 경배하라. 그러면 세상을 다스릴 권세를 주겠다' 라는 것이었다.

표면적으로, 예수에 대한 대심문관의 비난은 민중에게 예수를 구원자로 믿고 절대적으로 복종하도록 할 실질적 근거를 보여 주지 않았다는 뜻이다. 돌들을 빵으로 만드는 기적을 행하면 구원자는 민중에게 물질적 풍요와 행복을 약속하는 자가 되고, 성전 꼭대기에서 뛰어내려서 살아남으면 죽음 앞에서의 불안과 두려움에서 벗어나도록 할 권위를 지닌 자가 되며, 악마에게 엎드려 경배함으로써 세상을 다스릴 권세를 받게 되면 민중을 지배할 예수의 힘이 단순히 민중의 믿음에 의해서만 유지되는 것이 아니라 절대적인 국가권력의 형태를 띠게 된다.

간단히 말해, 예수는 원래 민중에게 물질적 풍요와 행복, 죽음 앞에서의 불안과 두려움으로부터의 해방, 그리고 민중의 완전한 복종을 성취해야만 했다. 민중은 그래야 행복할 수 있고, 만족할 수 있으며, 행복과 만족을 위해서라면 기꺼이 자유를 포기하고 예속을 감내할 수 있다. 하지만 예수는 아무것도 성취하지 않았다. 예수는 다만 자유로이 존재하기를 요구했을 뿐이었다. 물론 그 자유는 예수가 악마의 자유를 성취했다면 생기지 않았을 실존적 상황에 민중이 처하게 한다. 악마의 제안에 대한 예수의 거부로 인해 민중은 예수처럼 물질적 풍요와 행복에의 유혹을 스스로 이겨 내도록 요청받았고, 죽음 앞에서의 불안과 두려움을 외적 권위의 힘을 빌려 제거할 유혹 역시 스스로 이겨 내도록 요청받았으며, 그럼으로써 절대적인 국가권력에 예속될 이유가 생기지 않게 하라고 요청받았다.

*

'대심문관' 이야기 속에서 예수는 자신에 대한 대심문관의 비난을 수용한다. 대심문관의 말이 끝나자, 예수는 가볍게 대심문관에게 입을 맞춘다. 대심문관은 예수를 풀어 주면서 다시는 이 세상에 돌아오지 말라고 당부한다. 예수의 사상은 이 지상에서의 삶과 어울리지 않는 것이기 때문이다.

이반은 왜 '대심문관' 이야기를 만들었을까? 이반 자신이 대심문관과 똑같은 입장을 지닌 데카당스이기 때문이다. 삶을 무의미하고 무가치한 것으로 보는 데카당스에게는 인간이란 대개 자기의 행복만을 추구하는 끝물 인간에 불과할 뿐이다. 선악이란 아무 실체도 없는 공허한 관념에 지나지 않기에 선을 추구하고 악을 멀리하려는 마음은 그저 자기기만에 사로잡힌 공허한 마음일 뿐이며, 따라서 삶에 대해 행사되는 어떤 잔혹한 폭력도 본래 죄로 규정될 수 있는 것은 아니다. 그럼에도 민중은 선악의 분별을 필요로 한다. 오직 이러한 분별을 통해서만 자기의 행복과 목숨을 위협하는 자들을 악인으로 분류할 수 있고, 처벌할 수 있기 때문이다. 그러한 분류와 처벌을 절대적이고 보편타당한 것으로 공고히 하는 것은 무엇인가? 바로 국가이다. 행복주의의 인간은 오직 국가권력에 의해 단호하고 확고부동한 방식으로 선악의 분별이 이루어지는 경우에만 안정된 삶을 살아갈 수 있다. 국가권력에 의해 형성되고 보증되는 선악의 관념만이 행복주의 인간의 행복 실현을 방해하는 모든 것을 악으로 규정해서 처벌할 수 있도록 하기 때문이다.

이반에게 인간이란 대개 적당한 행복주의의 거세되고 평준화된 대중에 불과할 뿐이다. 적당한 행복만을 추구하는 대중이 원하는 것은 국가권력에의 자발적 예속이고, 국가란 바로 이러한 대중의 성향에 기생하며 형성되는 잔인한 괴물에 지나지 않는다. 물론 이반의 관점에서 보면, 잔인한 괴물로서의 국가는 민중을 위한 일종의 필요악이다. 국가가 형성되지 않는 경우 거세되고 평준화된 대중의 행복주의가 공허해질 위기가 찾아오기 때문이다.

니체의 차라투스트라는 데카당스인 이반이 멈춘 바로 그곳에서 새롭게 인간의 삶을 긍정하고 사랑할 이유를 발견하려 긴 여정을 떠난 자이다. 바로 그 때문에 차라투스트라는 대심문관의 관점을 체념하며 받아들이는 이반의 예수와 달리 성직자를, 국가를, 틈날 때마다 비판한다. 차라투스트라에 따르면, "국가란 모든 냉혹한 괴물 가운데서도 가장 냉혹한 괴물을 칭한다." "국가의 징표"는 "선과 악의 언어적 혼란"이고, "진실로, 이 징표가 암시하는 것은 죽음을 향한 의지이다. 그것은 죽음의 설교자들에게 눈짓하는 것이다."[9]

*

현대 문화란 무엇인가? 국가와 행복주의 인간의 관계에 대한 도스토옙스키와 니체의 생각, 그리고 지금의 시대는 세계를 근본적으로 혁신할 전망이 부재하는 시대라는 필자의 생각이 다 옳다고 전제하면, 현대 문화란 삶을 약화하는, 본질적으로 데카당스적 문화라는 결론이 나온다.

이 말은 혁신을 주창하는 모든 사상가와 문인, 예술가가 다 위선자이거나 교활한 협잡꾼에 지나지 않는다는 뜻은 물론 아니다. 현대 문

9 ASZ. 61-62.

화의 데카당스적 경향의 근본 원인은 자신에 대한 최고도의 비판마저
도 기어이 상품화하고 마는 자본주의의 카멜레온적 본질 자체이다.
역설적인 말이지만, 오늘날의 자본주의 국가 안에서는, 자기의 모든
사상과 행위가 데카당스적 성격을 띠기 마련인 것을 부정하는 자야말
로 실은 혁신을 부르짖음으로써 도리어 현대 문화의 데카당스적 경향
을 가장 크게 강화하는 자이다. 이러한 자의 사상을 통해 세계의 혁신
이 이루어질지도 모른다는 기망이 사람들의 마음속에서 자라게 되기
때문이다.

  오늘날은 소위 국제화의 시대라 국가에 대한 비판은 시대착오적이
라고 생각하는가? 도스토옙스키와 니체가 비판하는 국가란 기본적으
로 단순히 자유무역을 증진하거나 여러 국가를 아우르는 거대 공동체
를 구성한다고 소멸하는 것이 아니다. 행복주의의 인간이 다수인 곳
에서는 개인의 행복이나 공공의 행복을 보장하기 위해 무가치한 소수
를 희생하는 것이 정당화될 수 있다고 보는 희생양 논리가 사라질 수
없다. 행복주의 인간의 행복을 보증하는 데 필요한 도덕과 법의 조판
이 기어이 만들어질 것이고, 그럼으로써 삶에 대한 사랑을 가장한 죽
음에의 의지가 행복을 위해 기꺼이 자유로이 존재하기를 포기하는 인
간을 지배할 권력을 형성할 것이다.

  도스토옙스키와 니체의 관점에서 보면, 행복을 위해 자유로이 존재
하기를 포기하는 인간은 인간 이하의 존재로, 짐승 이하의 존재로, 퇴
락할 위기에 처해 있다. 이 두 사상가에게 인간이란 자기가 극복되도
록 함으로써 인간 이상의 존재를 향해 나아가는 과정을 통해서만 인
간일 수 있는 역설적 존재이기 때문이다. 행복에 집착하는 자기를 넘
어 그 무엇을 향한 순수한 사랑의 힘으로 스스로 자기의 몰락을 선택
할 수 있는 자만이 참으로 인간일 수 있다. 즉, 인간은 오직 초인으로

서만, 초인이 되어 가는 과정을 통해서만, 인간일 수 있는 것이다.

현대 문화의 데카당스적 본질이 드러내는 것은 무엇인가? 그것은 바로 행복주의로 인해 각각의 개인이 자기의 행복이 영원하고 무한한 것이 되기를 바라도록 끝없이 몰아세워지고 있다는 우리 시대의 추한 진실이다. 비유적으로 말하자면, 이러한 경향은 우리가 일종의 암세포가 되게끔 하는 경향과 같다. 자기가 극복되는 것을 거부하고, 자기의 개체적 영원성을 추구하면서, 암세포는 건강한 세포를 차례차례 파괴하고, 그럼으로써 모든 세포의 공통된 삶의 터전인 몸 자체가 고통에 시달리다 결국 죽게 한다.

현대 문화의 데카당스적 본질을 밝힘이라는 이 책의 목적은 이러한 과정을 되돌릴 가능성을 찾기 위한 것이다. 이 책에서 다루어질 사상들과 작품들 역시 실은 대개 이러한 목적을 이루기 위해 만들어진 것이라고 볼 수 있다. 필자는 여러 위대한 사상들과 작품들을 철학적으로 해석하는 작업을 통해서 그 의의와 한계를 동시에 드러내고자 한다.

마르크스와 데카당스

J. E. 스타인벡의 소설 『분노의 포도』(1939)

마르크스는 현대 문화의 데카당스적 본질을 가장 먼저 꿰뚫어 본 인물이다. 물론 그 이전에도 근대 이후의 문화가 점차 삶을 약화하는 방향으로 발전해 갈 것이라 보고 우려한 사상가는 여럿 있었다. 대표적인 인물은 "자연으로 돌아가라!" 하고 일갈한 장 자크 루소이다.

　루소는 역사를 이성이 승리를 거두는 과정으로 보고 인간의 미래를 낙관한 계몽주의자들과 달리 문화와 제도의 발전에 인간의 예속을 심화하는 경향이 내재해 있음을 통찰해 냈다. 더 나아가 루소는 자기 시대의 계몽주의야말로 인간의 자유가 말살되도록 할 가장 커다란 위험 요인이라고 보았다. 루소에게 계몽주의가 약속하는 밝은 미래란 기망(欺罔)일 뿐이었다. 계몽주의란 근대 이후 자유롭게 살아갈 삶의 역량이 말살될 위험이 커지는 경향을 드러내기는커녕 머지않아 자유와 평등이 넘치는 세상이 도래하리라는 장밋빛 전망을 제시함으로써 교묘

존 스타인벡의 『분노의 포도』(1939)
초판 표지 그림[1]

하고 촘촘한 예속의 상태를 자유의 상태로 오인하게 할 자가당착적
사상이었다.

그러나 현대 문화에서 삶에 적대적인 경향이 생겨나도록 하는 그
근본 원인을 처음으로 밝힌 사상가는 바로 마르크스이다. 마르크스는
자본의 운동 자체가 문제라고 보았다. 국가의 경제적 토대가 자본주
의적 생산 체제인 한에서, 삶은 부단히 소외되고 무력화될 뿐이다.

*

J. E. 스타인벡의 『분노의 포도』(1939)는 1929년 미국을 기점으로
시작된 대공황이 시대적 배경인 소설이다. J. 포드 감독의 동명 영화

---

1 https://en.wikipedia.org/wiki/The_Grapes_of_Wrath#/media/File:The_
Grapes_of_Wrath_(1939_1st_ed_cover).jpg

〈분노의 포도〉(1940)의 원작이기도 하다. 주인공인 톰 조드는 실수로 살인을 저질러 4년을 복역하고 고향으로 돌아온다. 하지만 그의 가족은 이미 고향을 떠난 뒤였다. 가난한 소작농 조드 일가가 타지로 떠나게 된 요인은 가뭄 등 여러 가지였다. 가장 중요한 요인은 농기계의 발전으로 인한 농업 환경의 변화였다. 가석방되어 고향으로 돌아가던 조드 역시 도중에 트랙터가 소작농들을 몰아낸다는 이야기를 듣게 된다. 농기계가 발전하는 것은 그 자체로는 바람직한 일이다. 농기계가 발전하면 이전보다 적은 수의 노동 인력으로 농사일을 할 수 있게 된다. 그러나 자본주의 시장경제에서는 실업자가 증가할 이유로 작용하기도 한다.

생산성이 두 배로 높은 기계가 도입되면, 생산을 위해 100명의 노동자를 필요로 하던 공장은 이제 50명의 노동자만 있으면 된다. 결국 판매가 비약적으로 증가하는 등의 변화가 수반되지 않는 한에서, 절반의 노동자는 실업자가 될 운명을 피할 수 없다. 개별 자본들 사이에 벌어지는 경쟁의 논리가 아니라면 생산수단의 발전이 노동 시간의 감소 및 여가 시간의 증대라는 긍정적인 결과로 이어질 수 있다. 그러나 자본주의 경제체제에서 생산수단의 발전은 실업의 위험으로 이어지기 쉽다. 조드 일가가 처한 운명 역시 그 사례 중 하나였다. 생산성 좋은 농기계가 많이 만들어질수록, 그리고 그 성능이 좋아질수록, 고된 노동으로부터 해방되기는커녕 불필요한 인력이 되어 삶의 터전인 농지를 빼앗길 위험 역시 커진다.

아마 『분노의 포도』의 시대적 배경을 적확하게 이해하려면 마르크스가 『자본론 3』의 제3장에서 설명한 '이윤율의 경향적 저하의 법칙'을 조금 알아둘 필요가 있을 것이다. 흔히 이윤율의 경향적 저하의 법칙은 왜 자본주의 시장경제가 주기적으로 공황을 겪다 결국 붕괴할 수밖에 없는지 그 근거로서 제시된 개념으로 간주된다.

　엄밀히 말해, 이윤율의 경향적 저하의 법칙을 그 자체만으로 공황 발생의 원인이라고 간주하기는 어렵다. 이윤율의 경향적 저하의 법칙은 사회가 발전할수록 불변자본의 투하량이 늘어나 이윤율이 점차 하락하게 되리라는 것을 뜻할 뿐이다. 이윤율의 경향적 저하의 법칙이 공황의 원인이 되려면, 다른 요인이 더 필요하다. 예컨대, 자본의 입장에서는 이윤율이 높은 것이 유리하기 때문에 이윤율을 높이기 위해 여러 대책을 강구할 수밖에 없는데, 그중 가장 크고 직접적인 효과를 낳는 것은 노동 상품의 구매에 사용되는 자본의 액수를 줄이는 것이다. 노동 착취의 강도를 늘리거나 생산수단의 생산성을 높여서 필요한 노동 인력의 수를 줄이면 이윤율이 높아진다는 뜻이다.

　그러니 다른 변수를 고려하지 않는 경우, 생산수단의 발전은 필연적으로 실업자의 수를 늘리는 결과로 이어진다. 그런데 노동자는 노동해서 받은 임금을 소비하는 소비자이기도 하니 실업자의 증가는 소비자의 감소를 뜻하기도 한다. 소비자가 감소할수록 물건은 덜 팔리고, 물건이 덜 팔릴수록 망하는 공장의 수도 늘어난다. 그런데 공장이 망하면 실업자가 증가하고, 소비자 수가 감소해서 망하는 공장이 또 생기는 악순환을 피하기 어렵다. 간단히 말해, 이윤율의 경향적 저하의 법칙이란 이윤율을 늘리기 위해 자본이 부단히 노동 착취를 꾀하게 하는 그 원인과 이유이다. 자본에 의한 노동 착취는 자본이 제 무덤을 파는 것과 마찬가지다. 그리고 그 증거는 바로 공황이다.

*

　오늘날 마르크스의 이론을 곧이곧대로 받아들이는 경제학자는 거

의 없을 것이다. 사실 마르크스의 자본론에 대한 비판의 역사는 꽤 길
다. 자신의 자본축적론을 통해 자본주의의 궁극적 붕괴를 예측하면서
도, 제국주의적 식민지 침탈을 근거로 삼아 이윤율의 경향적 저하의
법칙에 의한 자본주의 붕괴란 비현실적인 가정이라고 지적한 로자 룩
셈부르크, 창조적 가치 파괴, 창조적 기업가 정신 등을 강조하며 아예
이윤율에 대한 마르크스의 기본적 관점 자체의 한계를 지적한 조지프
슘페터에 이르기까지. 마르크스에 대한 비판자들은 좌와 우를 가리지
않는다.

　그런데 마르크스에 대한 비판자들이 대개 간과하는 점이 하나 있
다. 그것은 마르크스 본인이 자신의 자본론이 복잡다단한 현실을 모
두 반영할 수 없음을 분명히 했다는 것이다. 『자본론 1』의 서문에서
마르크스는 물리학자가 두 가지 조건에서 "자연적 과정"을 관찰한다
고 지적한다. 하나는 실험실적인 조건이다. 나머지 하나는 실험실적
인 조건을 만들려면 배제해야 할 각종 변수들이 그대로 존재하는 실
제적 상황이다. 마르크스는 자신의 자본론이 전자에 가까운 조건을
상정해서 수행된 연구의 결과라는 것을 알린다. 마르크스에 따르면,
"자본주의적 생산방식과 그에 상응하는 생산 및 유통 관계"를 잘 관
찰하도록 할 "고전적 장소는 지금까지 영국"이고, 이러한 영국 자본
주의에 대한 관찰이 자기의 "이론적 발전에 기여하는" 그 "근거"이다.
간단히 말해, 자본주의 발전 양상의 가장 고전적이고 전형적인 사례
인 영국을 주로 참조해서 자본론을 기술했다는 것이다. 그러니 『자본
론』의 발표 이후에 전개된 세계 자본주의의 발전 과정이 마르크스가
예측했던 것과 많은 점에서 달랐다고 하더라도, 섣불리 마르크스의
이론이 엉터리였다는 식의 과격한 결론을 내릴 필요는 없을 것이다.[2]

　마르크스의 자본주의 비판의 핵심은 자본주의란 자본 자체의 논리

에 의해 움직이는 경우 자기 파멸적인 결과로 이어질 수밖에 없는 역
설적이고 모순적인 경제체제라는 말로 정리될 수 있을 것이다. 물론
마르크스의 예상과 달리 자본주의는 급격하게 붕괴하지 않았다. 자본
주의의 내적 모순이 불러일으킬 여러 문제에 대한 대비책과 보완책이
마련되었기 때문이다. 그렇다고 자본주의의 운동이 자기 파멸적인
운동이라는 진실이 바뀌는 것은 아니다. 1929년의 대공황이, 그 이전
과 이후 자본주의가 직면해야 했던 자본주의의 여러 위기가, 그 방증
이다.

*

자본주의에 대한 경제학적 분석은 이 책의 목적이 아니다. 마르크
스의 『자본론』이 경제학적으로 타당한지, 타당하지 않은지 등을 세세
하게 따지는 것은 이 책의 범위를 넘어서는 일이라는 뜻이다. 우리가
주목할 점은 자본주의의 자기 파멸적인 운동이 삶을 어떤 식으로 변
화시키는지, 그리고 삶에 일어난 이러한 변화가 자본주의적 사회의
형성과 변화를 위해 어떤 의미를 지니는지 성찰하는 일이다.

현대 문화의 데카당스적 본질에 대한 도스토옙스키와 니체의 성찰
은 행복주의 및 희생양 논리에 대한 비판에서 출발한다. 행복주의 및
희생양 논리의 발생 근거는 무엇일까? 그 목적이 개인의 행복이든 공
공의 행복이든, 행복주의는 기본적으로 원자적 개인주의에서 생겨나
는 것이다.

---

2 K. Marx, *Das Kapital. Kritik der politischen ökonomie 1*, Berlin: Dietz Verlag, 1962, 12.

아마 이러한 주장에 동의하기 어려워하는 독자도 있을 것이다. 원자적 개인주의를 전체주의와 대척점에 있는 것으로 이해하는 것이 일종의 상식이기 때문이다. 멀리는 고대 그리스 말기의 에피쿠로스주의와 스토아 철학에까지 거슬러 올라가는 원자적 개인주의는 기본적으로 희생양 논리를 거부한다. 각각의 개인에게는 자기 자신의 삶을 절대적인 자체 목적으로 상정할 권리가 있다는 것이 원자적 개인주의의 출발점 아닐까? 희생양 논리란 기본적으로, 비록 희생양 논리의 근거 위에서 움직이는 사회가 외면적으로는 개개인의 자유를 보증해 주는 법과 도덕의 체계를 갖추었다고 하더라도, 일종의 전체주의적 원리와 같은 것이라고 보아야 하지 않을까?

필자는 기본적으로 이러한 생각이 옳다고 본다. 원자적 개인주의란 전체를 내세워 개개인의 삶이 지니는 자체 목적으로서의 성격을 부정해서는 안 된다는 전제에서 출발하는 사상이라는 뜻이다. 원자적 개인주의의 관점에서 보면, 자기의 행복을 위해 타인을 희생할 마음을 품은 자는 설령 큰소리로 자유를 외쳐도 전체주의자에 불과하다. 대한민국에 가장 많은 전체주의자가 바로 이러한 유형이다. 틈날 때마다 자유를 부르짖고, 전체주의를 반대하지만, 소수의 희생을 요구하는 국가의 정책이 자기에게 유리하다고 판단하면 반대하기는커녕 도리어 반대하는 사람을 전체주의자라고 몰아세운다. 다수의 자유와 행복을 핑계로 삼아 국가권력이 소수의 인권을 유린하는 것을 정당화함으로써 국가가 자유주의를 명목적 이념으로 삼은 실질적 전체주의 국가가 되도록 적극적으로 조장하는 것이다.

그러나 원자적 개인주의란 기본적으로 이성적 개인이라는 추상적 개인의 이념을 표현하는 사상이다. 사회가 형성되기 이전의 자연 상태의 인간도 타인이 노동을 통해 획득한 것은 타인의 소유물로 인정

하는 것이 마땅하고 올바른 일임을 알았다고 전제한 존 로크의 개인
주의가 그 대표적 사례이다. 각각의 개인에게 자기의 행복을 현명하
게 추구할 힘이 있을 뿐 아니라 행복의 실현을 위해 올바르지 못한 일
을 하지 않도록 막아 줄 어떤 자연적 이성이 날 때부터 주어져 있다고
보는 것이다. 문제는 올바름의 근거를 각 개인의 소유권 보장에서 찾
는 경우, 올바름을 추구하는 과정 자체가 실질적으로 수많은 사람의
삶을 피폐하게 하는 결과로 이어지기 쉽다는 것이다. 『분노의 포도』
가 고발하는 자본주의 사회의 핵심적인 문제가 바로 이것이다.

*

　주인공 조드는 귀향길에서 짐 케이시를 만난다. 조드의 기억 속에
서 그는 전도사였지만, 케이시는 이미 목회를 포기한 상태였다. 두 사
람이 함께 고향에 돌아갔을 때 조드의 가족은 모두 이미 타지로 떠난
상황이었다. 조드의 가족뿐이 아니었다. 조드의 고향은 이미 사람이
살지 않는 불모지가 되어 있었다. 단 한 사람만이 고향을 차마 떠나지
못하고 방황하고 있었다. 옛 이웃인 멀리 그레이브스였다.
　멀리 그레이브스는 소작농들의 집이 어떻게 철거당했는지 조드와
케이시에게 들려준다. 트랙터를 몰고 와서 소작농의 집을 철거하러
온 자는 바로 마을 사람 조 데이비스의 아들이었다. 왜 자기 고향 사
람들을 괴롭히는 일을 하느냐고 묻는 소작농에게 그는 "일당 3달러"
가 그 이유라고 대답한다. 아내와 자식을 먹여 살리려면 이 일을 할
수밖에 없다는 뜻이다. 소작농은 그의 대답에 만족하지 못한다. 소작
농은 다시 트랙터 기사에게 다음과 같이 묻는다. "하지만 자네가 일당
3달러를 받으며 이 일을 하기 때문에 열다섯이나 스무 가족이 아무것

도 못 먹게 되지. 자네의 3달러 때문에 거의 백 명에 달하는 사람들이 집에서 쫓겨난 채 길거리에서 방랑하게 되는 거야. 그렇지?" 트랙터 기사는 그렇다는 것을 부정하지 않는다. "그것까지는 생각하지 못했어요. 내 자식을 우선 생각해야 했거든요. 일당 3달러가 매일 들어온다고요."[3]

소작농과 트랙터 기사의 대화는 자본주의에 일종의 원자적 개인주의를 부추기는 경향이 있음을 분명하게 드러낸다. 소작농에게 트랙터 기사는 여전히 고향 사람이고, 따라서 자기 혼자만의 이익을 위해 고향 사람에게 해를 끼치는 행동을 해서는 안 되는 인간이다. 하지만 이미 자본의 논리에 익숙해진 트랙터 기사에게 고향이란 이미 시대착오적인 개념일 뿐이다. 각 개인은 자기와 가족의 안위를 위해서 살면 된다. 타인을 위해 자기의 이익을 희생하는 일은, 설령 자기의 희생을 통해 수많은 고향 사람의 삶이 구제받는다고 해도, 생각할 수 없는 일이고 생각해서도 안 되는 일이다. 자기와 가족이 불행해지는 결과가 초래되기 때문이다.

달리 말해, 트랙터 기사가 대변하는 자본주의적 인간은 타인의 희생 위에 자기 행복의 집을 지을 준비가 되어 있는 존재이다. 자본주의적 법의 관점에서 보면, 그리고 존 로크의 노동 소유권의 관점에서 보더라도, 트랙터 기사의 행동은 법적으로나 도덕적으로나 비난할 행동이 아니다. 법을 어기는 것도 아니고, 일하지 않고 일용할 양식을 마련하는 것도 아니며, 그 누구의 재산권을 침해하는 것도 아니기 때문이다. 비난받을 자는 오히려 소작농들이다. 그들은 말 그대로 소작농

---

3 TGW(J. Steinbeck, *The Grapes of Wrath*, New York: Penguin Books, 2002), 37.

으로 존재할 뿐 자신들이 지키고자 하는 땅을 소유한 자는 아니다. 땅을 소유하지 않은 자가 땅을 소유한 자의 정당한 소유권 행사를 방해해서는 안 된다. 설령 그 땅이 조상 대대로 이어온 삶의 터전이어서 그 땅을 빼앗기면 살길이 막막해진다고 하더라도 말이다.

결국 자본주의 국가에서 행복주의 및 희생양 논리의 발생 근거는 원자적 개인주의라는 것이 『분노의 포도』를 통해 고발된 셈이다. 원자적 개인주의의 관점에서 제기되는 희생양 논리는, 법과 도덕의 근본 토대가 사회 구성원 개개인의 행복주의인 경우, 어떤 불법적이거나 비도덕적 행위도 전제할 필요가 없다. 우선 고향 사람들의 집을 부수는 트랙터 기사의 행위는 완전히 합법적인 행위이다. 땅 소유주의 정당한 재산권 행사를 방해하는 소작농들의 불법 행위에 맞선다는 점에서 보면 오히려 법적으로 권장할 만한 행위이기도 하다. 또한 그의 합법적 행위의 결과 수많은 사람이 불행해진다고 해도, 그에게 도덕적 책임을 물을 수 없다. 행복주의의 발생 근거인 원자적 개인주의의 관점에서 보면, 자기의 삶을 행복하게 만들지 불행하게 만들지는 각각의 개인이 혼자서 책임져야 할 문제이기 때문이다.

*

통념적으로 보면, 행복이란 누구나 바라는 것이다. 누가 강요해서 행복을 추구하게 되는 것이 아니라, 자발적으로 행복을 추구하게 된다는 것이다. 그런 점에서 행복을 향한 욕망과 의지를 지니고 살아가는 것은 내가 자유로운 주체라는 것을 뜻한다. 나의 자유와 주체성을 훼방하는 것은 행복을 향한 내 욕망과 의지의 실현을 훼방하는 것이고, 그런 점에서 나의 행복 실현은 내가 자유로운 주체라는 것을 드러낸다.

　마르크스의 탁월한 점 가운데 하나는 행복에 대한 이러한 통념이 아무 현실적 근거도 없는 것임을 의심의 여지없이 분명하게 밝혀 놓았다는 것이다. 마르크스적 관점에서 보면, 행복을 향한 강한 욕망과 의지야말로 자신이 행복을 추구하도록 강하게 몰아세워지고 있음을 드러낼 뿐이다. 『분노의 포도』 역시 이러한 진실을 매우 적확하게 잘 드러내고 있다. 일당 3달러를 받기 위해 고향 사람들의 집을 철거하는 일을 하게 된 트랙터 기사에 대해 생각해 보자. 그는 가난과 불행에서 벗어나기를 원하고, 더 나아가 행복해지기를 원한다. 그는 이러한 욕망과 의지를 자발적으로 지니게 된 것인가?

　사실 통념적 의미의 행복을 향한 욕망과 의지는 어느 시대 어느 나라에서나 자신이 행복을 추구하도록 몰아세워지고 있음을 드러낸다. 꼭 자본주의 국가에서만 그런 것은 아니라는 뜻이다. 이러한 진실을 이해하는 데 명민한 지성 같은 것은 필요 없다. 이미 행복한 자는 행복을 추구할 이유가 없고, 일부러 추구하지도 않는다. 행복이란 우리가 추구해야 할 목적을 뜻하는 말이 아니라 스스로 만족할 수 있는 삶을 살아갈 때 나타나는 마음의 상태를 뜻하는 말이기 때문이다. 살던 집을 철거당하고 고향을 떠나야만 했던 소작농들에 대해 생각해 보자. 농사가 잘되고, 이웃이나 가족과 사이가 좋아서 몸도 마음도 평안하면, 행복을 향한 강한 욕망이 생길 리 없고, 따라서 행복을 실현하고자 하는 강한 의지 역시 생길 리 없다. 하지만 고통과 불행이 찾아오면 고통과 불행에서 벗어나게 되기를, 더 나아가 행복해지기를 바라는 강한 욕망과 의지가 생겨난다. 간단히 말해, 행복을 향한 욕망과 의지란 자신이 불행한 인간임을 드러내는 그 표지일 뿐이다.

　자본주의의 특유한 점은 행복을 향한 욕망과 의지가 생존을 위한 필수 요소로 작용한다는 것이다. 자본주의의 구성원은 행복을 추구하

도록 부단히 몰아세워지는 존재이고, 바로 그러한 점에서 근본적으로
불행한 존재이다. 고향 사람들을 희생시키는 대가로 일당 3달러를 매
일 벌어들이는 트랙터 기사는 행복한 인간일까? 삶의 터전인 땅을 빼
앗긴 채 타지에서 일자리도 없이 방황하는 고향 사람들과 달리 그는
일자리도 있고, 고향에서 쫓겨나지도 않았으며, 굶주리지도 않는다.
그는 자신의 처지가 다른 사람들의 처지보다 낫다는 것을 안다. 그 때
문에 상대적 만족감을 느낄 수도 있고, 심지어 자신이 행복하다고 믿
게 될 수도 있다. 그러나 동시에 그는 또한 알고 있다. 그는 일당 3달
러를 벌기 위해 고향 사람들과 등지도록 몰아세워진 존재이고, 참혹
한 가난에 시달리게 된 고향 사람들을 향한 연민의 감정을 스스로 억
누르도록 애써야 하는 존재이며, 일당 3달러의 일자리를 잃을지 모른
다는 불안에 늘 시달려야 하는 존재이다. 일당 3달러를 향한 그의 강
한 욕망과 의지야말로, 일당 3달러를 벌어들여 참혹한 빈곤에 빠지는
일 없이 안락하게 살아야 한다는 그의 강박관념이야말로, 그 역시 실
은 불행한 존재에 지나지 않는다는 것을 드러내는 것이다.

*

　소외는 마르크스 사상의 핵심 개념 가운데 하나이다. 자본주의 사
회의 구성원은 행복을 향한 욕망과 의지를 지니도록 몰아세워진다는
것을 드러내는 것은 바로 이 소외 개념이다. 마르크스가 소외를 체계
적으로 다룬 저술은 1844년의 『경제학-철학 수고』이다. 보통 노동 및
노동자의 소외라는 뜻으로 해석된다. 노동자는 자신의 노동을 통해
생산된 생산물로부터 소외되고, 생산 활동인 노동 그 자체로부터 소
외되며, 자기의 유적 존재인 인간으로부터 소외된다. 하지만 이 모든

소외의 근본 원인이자 그 최종적 형태로 드러나는 것은 인간의 인간으로부터의 소외이다. 간단히 말해, 소외란 궁극적으로 인간이 자신의 사회적 활동을 통해 형성해 내는 모든 것에 의해 비인간적인 존재가 되게끔 몰아세워진다는 것을 뜻하는 말이다.

아마 『분노의 포도』는 소외 개념을 문학적으로 가장 탁월하게 형상화한 작품일 것이다. 고향을 떠난 조드 일가가 도착한 곳은 캘리포니아였다. 하지만 캘리포니아의 사정 역시 매우 열악했다. 일자리에 비해 너무 많은 노동 인력이 공급된 탓에 임금은 매우 낮았고, 그 때문에 하루 종일 고되게 노동해도 배고픔을 면하기 어려웠다. 열악한 것은 노동자들의 사정만이 아니었다. 소규모의 영세한 농가 역시 대기업 농가들과의 경쟁을 견디지 못하고 망하기 일쑤였다. 조드의 고향에서 한때 전도사였던 케이시는 노동조합을 결성해 파업을 주도할 계획을 세우고 있었다. 어느 날 밤 조드는 우연히 케이시와 조우하지만 케이시와의 만남은 오래 가지 못했다. 케이시는 파업을 막으려고 대기업 농가에서 고용한 자들에 의해 폭력을 당해 죽어 버렸다. 사건의 현장에 있었던 조드는 케이시를 구타한 자를 살해하고 결국 도망자 신세가 된다.

『분노의 포도』에서 가장 주목할 인간은 역시 주인공 조드이다. 조드는 살인자로 복역한 자였고, 그런 점에서 도스토옙스키가 『작가 일기』에서 언급한 거세되고 평준화된 인간과는 분명 다른 존재이다. 필자는 스타인벡이 주인공 조드를 살인자로 설정하면서 염두에 두었던 것은 인간이란 본래 행복주의의 인간들이 만든 법과 도덕의 한계 안에 있는 존재가 아니라는 생각이었다고 본다. 그러나 조드가 정말 야성의 인간인지는 소설의 끝부분에 이르기까지 불분명하다.

자본주의의 본질이 노동 소외를 넘어 인간 자체의 소외에 있음을

분명하게 깨달은 자는 케이시였다. 조드와 만났을 때 케이시는 자신
이 알게 된 여러 종류의 나쁜 인간들은 단지 절망적인 상황 때문에 그
렇게 되었을 뿐이라고 조드에게 들려준다.

"그 사람들은 원래 괜찮은 친구들이었어. 그들을 나쁘게 만든 건 그들
에게 먹고 살 것이 필요했다는 거였어. 난 깨닫기 시작했지. 꼭 필요한
것을 마련하기 힘들 때 온갖 말썽거리가 생긴다는 것을 말이야."[4]

케이시는 조드에게 파업에 참여할 것을 권유한다. 조드는 망설인
다. 시간당 5센트씩 받을 수 있기 때문에 먹고 살 수는 있다는 것이
그 이유였다. 그런 조드에게 농장의 노동자들이 모두 인간 이하의 취
급을 받아 왔음을 상기시켰다.

"우리는 함께 야영하려고 했었지. 그런데 그들은 우리를 마치 돼지처
럼 쫓아냈어. 우리를 흩어 놓았지. 아주 모질게 우리 동료들을 구타하더
군. 그들은 자네들도 돼지처럼 몰아넣잖아. 우린 오래 견딜 수 없어. 이
틀이나 굶은 사람들도 있지."[5]

이런 이야기를 듣고 나서도 조드는 적극적으로 파업에 동참할 뜻을
밝히지 않는다. 과수원으로 돌아가면 사람들에게 파업에 동참하도록
이야기를 전달해 달라는 조드의 부탁을 받고 그렇게 하겠노라고 대답
하기는 하지만 조드는 자기의 가족을 비롯해서 현재 과수원에서 일하

---

4   TGW, 382.
5   TGW, 383.

며 시간당 5센트씩 받는 사람들이 파업에 참여하지는 않을 것이라고
말한다.

　"우린 먹을 게 없었어요. 하지만 오늘 저녁에는 고기를 먹었죠. 많이
는 아니지만 아무튼 우리는 먹었어요. 아버지가 다른 사람들 생각해서
고기를 포기할 것 같아요? 그리고 로자샨은 우유를 마셔야 해요. 어머
니가 과수원 문밖에서 소리 지르는 몇몇 사람들 때문에 뱃속 아기를 굶
주리게 할 것 같아요?"[6]

　파업에 참여하기가 어려움을 호소하는 조드는 일당 3달러를 받으
려고 고향 사람들의 집을 철거한 트랙터 기사와 다르지 않다. 조드 역
시 행복주의에 사로잡혀 있는 것이다. 자기와 같은 처지에 놓인 수많
은 사람이 고통에 시달린다는 것을 알고 있지만, 부조리한 현실을 직
시하고 투쟁할 마음은 좀처럼 품지 못한다. 트랙터 기사처럼 조드 역
시 부양해야 할 가족이 있고, 자신과 가족이 조금이라도 덜 불행해지
기를, 가능하면 행복해지기를 염원하고 있는 것이다. 행복을 향한 욕
망과 의지란 불행의 표지일 뿐이라는 진실은 조드를 통해서도 드러난
다. 불행하기에, 삶이 부단히 고통과 굴욕을 안겨 주기에, 행복을 향
한 욕망과 의지를 품게 되고, 행복을 향한 욕망과 의지 때문에 굴욕과
예속을 감내하도록 스스로 마음을 다잡게 되는 것이다.
　조드의 인생은 소외에 대한 마르크스의 성찰의 의미를 명료하고 집
약적으로 드러낸다. 조드 역시 행복주의에 내몰리면서 부단히 노동하
지만, 자신의 노동을 통해 생산된 생산물은 그의 소유물이 아니다. 생

6　TGW, 384.

산적 노동을 통해 그가 받는 것은 간신히 끼니를 이을 정도의 적은 임금뿐이다. 또한 그는 생산 활동인 노동 그 자체로부터 소외될 위험에 부단히 시달리고 있다. 아니 그 위험 속에서 드러나는 것은 그가 노동 자체로부터, 지금 당장은 고용되어 일하며 살고 있음에도, 이미 소외되어 있다는 진실이다. 설령 노동하고자 하는 의지가 있어도 노동하는 삶을 그 자신이 직접 선택하지는 못한다. 그는 고용되어야 노동할 수 있고, 이는 일종의 상품, 즉 노동 상품이라는 것을 뜻한다. 물론 상품의 구매를 결정하는 것은 상품 자체가 아니라 구매자이다. 즉, 노동 상품의 구매자인 자본가가 한 인간이 노동자가 될지 안 될지를 결정하는 주체이다. 자신의 삶을 노동하는 삶으로 결정할 권한 자체가 자기에게서 소외된 채 살아가는 이러한 상황 속에서 조드는 자신의 존재를 유적 존재인 인간의 일부로서, 유적 존재인 인간과 공동의 운명을 지닌 그 구성원으로서, 인식할 가능성 및 권리조차 박탈당한다. 경쟁에 내몰리기 때문이다. 주위의 모든 인간은 일자리를 두고 자신과 다투는 경쟁자일 뿐이고, 불행을 면하기 위해서는 그 경쟁에서 이기는 수밖에 없다. 물론 자신을 유적 존재인 인간과 공동의 운명을 지닌 그 구성원이 아니라 무한 경쟁의 상황 속에서 반드시 승리해야 하는 원자적 개인으로 인지하도록 내몰리는 인간은 이미 인간으로부터 소외된 자이다. 인간의 인간으로부터의 소외는 이중의 성격을 지닌다. 하나는 자신의 인간성으로부터의 소외이다. 또 다른 하나는 동류의 인간으로부터의 소외이다.

*

그러나 주인공 조드는 완전히 거세되고 평준화된 인간은 아니었다.

조드는 케이시를 구타해서 죽인 자를 그 자리에서 살해했다. 조드에게는 행복주의의 법과 도덕에 구애받지 않는 무언가 야성적인 것이 아직 남아 있었던 것이다.

조드의 살인 행위는 정당화될 수 있는가? 이러한 물음에 대해 잘 답변하기 위해서는 정당화의 근거가 무엇인지 먼저 분명히 해야 한다. 정당화의 근거를 살인과 폭력을 금지하는 종교적 교리로 보면, 조드의 살인 행위는 정당화될 수 없다. 마찬가지로, 공권력에 의거하지 않은 모든 종류의 살인과 폭력을 금지하는 법과 도덕을 정당화의 근거로 삼아도 조드의 살인 행위는 정당화될 수 없다. 그러나 만약 살인과 폭력을 금지하는 법과 도덕의 근거가 행복주의 및 희생양 논리라면, 그래서 법과 도덕이 인간답게 살 권리를 박탈당하는 인간을 부단히 생산하고 재생산하는 배제와 소외의 기제로 작용하는 것이라면, 우리는 어떤 결론을 내려야 할까?

필자는 이런 경우에도 개인이 사적으로 행사하는 폭력은 정당화될 수 없다고 본다. 두 가지 이유 때문이다. 하나는 개인이 사적으로 행사하는 폭력을 용인하는 경우 개인들끼리 서로서로 자의적으로 폭력을 행사할 가능성이 높아지는 결과가 초래될 것이다. 둘째, 개인들끼리 서로서로 자의적으로 폭력을 행사할 가능성이 높아지면, 결국 사람들은 안정을 위해 공권력의 강화를 요청하게 될 것이고, 이 경우 개인이 국가권력에 지나치게 예속될 가능성이 커지게 된다.

한 가지 분명한 것은 조드의 살인 행위가 니체의 차라투스트라가 남긴 그 불가사의한 말을 떠올리게 한다는 것이다. 서문에서 살펴본 것처럼, 차라투스트라는 강도질과 살인을 금하는 신성한 말들보다 더한 강도와 살인자는 없다고 일갈한다. 즉, 행복주의 및 희생양 논리가 지배적인 곳에서 최고의 살인자는 언제나 법과 도덕 그 자체이다. 행복주의 및 희생양 논리가 법과 도덕의 근거로 작용하는 곳에서는, 법과 도덕에 의해 희생자가 되도록 내몰리는 인간들이 부단히 양산될 것이기 때문이다.

『분노의 포도』는 자본가 계급과 노동자·농민 계급 사이의 투쟁과 적개심을 부추기는 소설일까? 그렇게 생각하고 이 작품을 거부하거나 반대로 수용하는 자는 소설이 담고 있는 의미의 절반만을 이해했을 뿐이다. 조드는 『분노의 포도』의 명목상의 주인공일 뿐이다. 실질적인 주인공은 행복주의 및 희생양 논리로 인해 끊임없이 고난받는 인간성 그 자체이다.

자본주의가 끊임없이 생성해 내는 소외의 드라마는 일종의 희비극이고, 그 안에서 인간들은 승자와 패자로, 부유한 자와 가난한 자로, 군림하는 자와 지배당하는 자로, 확연하게 나뉜다. 그러나 어느 쪽이든 인간성을 완전히 상실할 위기에 처해 있기는 마찬가지이다. 이 드라마에서는 누구나 자신을 강한 의지의 주체라고 믿는다. 행복을 향한 강한 욕망과 의지를 지니고 있기 때문이고, 또 행복이란 자기가 직접, 자유롭고 주체적으로, 자기 자신을 위해 쟁취해야 할 미래의 소유물처럼 파악되고 있기 때문이다. 그러나 행복을 향한 욕망과 의지는 불행과 예속의 표지일 뿐이며, 행복을 추구하는 자가 자신을 원자적 개인으로 이해하는 경우 행복을 온전히 실현할 가능성도, 불행과 예속에서 온전히 벗어날 가능성도, 거의 존재하지 않는다. 원자적 개인이 행복으로 느끼는 것은 패배하지 않았다는 안도감일 뿐이다. 그 비루한 안도감이 크면 클수록 자신을 인생의 승리자로 여기는 자기기만 역시 크게 자란다.

타인의 희생 위에 참된 행복의 집을 짓기는 불가능하다는 도스토엡스키의 생각이 옳다면, 원자적 개인의 인생을 지배하는 행복주의는 그 자체로 행복의 무덤인 셈이다. 행복의 무덤인 행복주의의 토양에 서는 오직 인간 혐오의 씨앗만이 싹을 틔울 수 있다. 지배자의 편에 서서 죽이고, 피지배자의 편에 서서 죽인다. 케이시의 죽음 및 케이시를 죽인 자의 죽음은 무한정 반복될 그 사례의 하나일 뿐이다.

파시즘과 데카당스

A. 아메나바르의 영화 〈아고라〉(2009)

파시즘이라는 말은 현대인에게 매우 친숙하다. 그러나 파시즘이 무엇인지 명확하게 정의하기는 거의 불가능하다. 파시즘의 범위를 한정하는 데도 연구자들의 견해가 크게 갈리고, 심지어 그 이데올로기적 성격에 대한 이해도 매우 다양하다. 파시즘에 관한 초기 연구는 파시즘의 반근대, 반자본주의적 성격을 강조하는 경향이 강했다. 반면 사회주의 사상가들은 파시즘을 대자본의 지지를 받은 본질적으로 친자본주의적인 이데올로기로 간주하기도 한다.

그런데 한 가지 흥미로운 점은 파시즘이 사회주의와의 밀접한 연관속에서 생겨나고 또 발전한 정치사상이기도 하다는 것이다. 예를 들어, 무솔리니는 원래 혁명적 사회주의자로 분류되어 경찰의 조사를 받은 적이 있을 정도로 사회주의에 경도되어 있었다. 또한 무솔리니에게 큰 영향을 끼친 조르주 소렐의 혁명적 생디칼리즘은 사회주의,

민족주의, 반자본주의, 국가주의 등을 하나로 녹여 낸 사상이었다. 잘
알려져 있듯이, 무솔리니는 소렐을 파시즘의 정신적 지주라고 공언할
만큼 자신이 소렐의 영향을 크게 받았다는 것을 숨기지 않았다. 그러
니 파시즘과 사회주의가 서로 상극이기만 하다고 말할 수는 없을 것
이다. 비록 파시즘 운동이 전개될수록 반공주의적 성격이 강화되거나
자본과의 유착이 심화하는 경향이 있었다는 것은 사실이지만 말이다.

　필자는 파시즘을 조금 색다른 관점에서 고찰해 보고자 한다. 그것
은 바로 행복주의의 관점이다. 지난 세기의 역사 속에서 반복적으로
나타난 자본주의와 사회주의의 격렬한 대립과 충돌에도 불구하고, 자
본주의와 사회주의는 한 가지 공통점을 지닌다. 행복주의가 바로 그
것이다. 필자의 관점에서 보면, 파시즘이란 20세기 전반기의 불안정
한 세계 상황 속에서 생겨난 극단적 행복주의의 정치적·사회적 표현
이다. 이 말은 곧 파시즘이 니체의 초인 사상과 상극이라는 것을 뜻
한다.

　물론 파시즘이 니체의 사상에서 큰 영향을 받았다는 것은 거의 상
식에 속한다. 수많은 파시스트가 니체를 파시즘의 사상적 선구자로
높게 평가해 왔다. 그러나 그것은 마치 『카라마조프 형제들』의 대심
문관이, 한편 악마의 세 가지 유혹을 받아들이지 않았다고 예수를 비
난하면서, 다른 한편 자신은 신실한 성직자로서 예수를 충실히 따르
는 자라고 주장하는 것과 같은 꼴이다.

　그 방증은 국가에 대한 니체의 경멸이다. 파시스트들의 믿음과 달
리 파시스트 국가란 니체가 긍정하고 받아들일 만한 새로운 국가가
아니라 대중의 희생양 논리와 행복주의를 궁극에 이르기까지 밀어붙
인 가장 낡고 흉악한 형태의 국가이다. 우리는 서문에서 국가에 대한
니체의 경멸이 국가의 근본 토대가 행복주의 및 희생양 논리라는 생

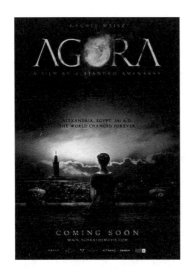

A. 아메나바르 감독 〈아고라〉(2009) 포스터[1]

각에서 비롯된 것임을 확인한 바 있다. 파시스트 국가는 행복주의 및 희생양 논리를 극복하는 사상적 혁신이 아니라 그 극단적 추구를 통해 형성된 국가이다.

*

A. 아메나바르의 2009년 영화 〈아고라〉는 파시즘의 행복주의적 본질을 꿰뚫어 보는 데 아주 유용한 이야기를 담고 있다. 영화의 주인공은 서기 350~370년경에 알렉산드리아에서 태어나 415년에 역시 알렉산드리아에서 죽은 최초의 여성 수학자이자 철학자, 천문학자인 히파티아다. 그러니 이 영화를 20세기에 생겨난 파시즘을 직접적으로 묘사하는 영화로 보기는 어렵다. 그래도 이 작품을 통해서 파시즘을

1　https://en.wikipedia.org/wiki/Agora_(film)#/media/File：Agoraposter09.jpg

이해하는 데 아주 중요한 삶의 진실을 하나 발견할 수는 있다. 그것은 자기와 전체를 완전히 동일시하면서 자기의 모든 것을 전체를 위해 바치려 애쓰는 자 역시 행복주의의 논리를 따르고 있을 뿐이라는 진실이다.

이 말은 곧 초인에 대한 니체의 정의, 즉 초인이란 그 무엇을 향한 지극한 사랑 때문에 스스로 자신의 몰락을 선택하는 자라는 정의를 자신이 속한 전체와 완전히 통합된 삶을 살라는 요청으로 받아들여서는 안 된다는 뜻이기도 하다. 참으로 초인이 되기를 원하는 자는 스스로 정신의 거인이 되기를 힘써야 하고, 그럼으로써 자신이 속한 전체가 강고한 체제를 이루며 절대화되는 대신 보다 고차원적인 존재를 향한 삶의 운동 속에서 부단히 변화하고 극복되도록 해야 한다. 초인이 지향하는 인간의 공동체는 제각각 스스로 정신의 거인이 되기를 힘쓰는 개별자들의 공동체라는 뜻이다. 이러한 공동체에서는 개체를 무화해 버리는 강고한 체계는 구성될 수 없다. 각각의 인간이 체계화될 수 없는 본질적으로 고유한 존재로서 부단히 자기 삶의 역사를 창발적으로 열어 나가기 때문이다.

〈아고라〉의 서사 구조는 기본적으로 매우 단순하다. 주인공 히파티아는 오직 진실만을 추구하는 청명한 정신의 소유자이다. 히파티아에 비해 그녀의 동시대 사람들은, 역시 수학자였던 그녀의 아버지 테온까지 포함해서, 전통과 편견의 굴레를 완전히 떨쳐 내지 못했다. 심지어 때로 충동적인 감정, 두려움 등에 사로잡혀 올바르지 못한 결정을 내리기도 한다.

물론 히파티아처럼 청명한 정신을 지닌 사람은 어느 시대 어느 나라에서나 드문 법이다. 그렇다고 늘 큰 문제가 생기는 것은 아니다. 세상은 청명하지 못한 정신을 지닌 사람들로 가득 차 있지만, 그래도 그런 사람들끼리 제법 조화롭게 공존하는 것이 보통이다. 극단적인 인간들만 없으면, 극단적인 인간들이 현실 세계에서 큰 힘을 발휘하지만 않으면, 부족한 사람들끼리 서로 다투기도 하고 화해하기도 하면서, 큰 문제없이 살아간다.

유감스럽게도 히파티아가 살던 시대의 알렉산드리아는 극단적인 인간들이 큰 힘을 발휘하는 상황이었다. 영화 속에서 극단주의자로 설정된 인간들은 대개 기독교인이다. 역사적으로 보면, 이는 꽤 타당한 설정으로 보인다.

불행의 발단은 서기 412년 알렉산드리아의 대주교였던 테오필루스가 공식적인 후계자 지명 없이 사망한 사건이었다. 그의 조카 키릴로스와 부주교 티모시 사이에 권력투쟁이 벌어졌고, 그 최후의 승자는 키릴로스였다. 티모시의 지지자들과 키릴로스의 지지자들이 거리에서 폭력적으로 투쟁한 결과 얻어진 승리였다.

키릴로스는 자신에 맞서다 패배한 자들의 재산을 몰수하는 등의 전횡을 저질렀는데, 그 때문에 당시 이집트 총독이던 오레스테스와 불화하게 된다. 문제는 히파티아가 오레스테스의 친구로 알려져 있다는 점이었다. 명성 높은 히파티아가 오레스테스의 친구라는 점 때문에 불만과 불안을 느낀 키릴로스의 지지자들은 히파티아에 대한 악소문을 퍼트리기 시작했다. 결국 415년 한 기독교인 집단이 집으로 돌아가던 히파티아를 마차에서 끌어내서 죽이게 된다.

영화 속에서 직접 묘사되지는 않았지만, 기독교인들은 히파티아를 매우 잔인하게 죽였다. 그녀의 머리카락을 다 뽑아 버렸고, 발가벗겼으며, 날카롭게 간 굴 껍데기로 피부를 벗겨 내는 고문을 가했다. 굴 껍데기로 번역된 말의 원어는 'ostraka'인데, 이 말은 기와를 뜻하기도 하고, 파편을 뜻하기도 한다. 그러니 굴 껍데기가 아니라 깨진 기와나 그릇의 날카로운 파편으로 그렇게 했을 가능성도 배제할 수 없다.

전해오는 이야기 중에는 폭도들이 그녀의 눈알을 도려냈다는 것도 있고, 그녀의 시신을 가리가리 찢어 조각냈다는 것도 있으며, 그녀를 불태워 죽였다는 것도 있다. 아무튼 한 가지는 분명하다. 히파티아는 종교적 광신의 희생자였다.

*

〈아고라〉는 종교가 일종의 유사 파시즘으로 변질될 수 있음을 보여준다. 사실 종교와 파시즘의 어원을 살펴보면, 왜 종교가 자칫 유사 파시즘으로 변질될 수 있는지 직관적으로 이해할 수 있다.

파시즘은 이탈리아어 파쇼(fascio)에서 나온 말이고, 묶음, 다발 등을 뜻한다. 또한 파쇼는 라틴어 파스케스(fasces)에서 나왔는데, 파스케스는 속간(束桿)의 뜻이다. 고대 로마에서 속간은 로마 공화정의 상징이기도 했다. 균일한 굵기로 깎인 자작나무 막대기를 붉은 가죽띠로 묶어서 만들었고, 보통 막대기 사이로 날이 선 청동 도끼를 하나 내지 둘 끼웠다.

종교의 어원에 대한 해석은 조금 더 복잡하다. 한자어 종교(宗敎)는 본래 불교 용어로, 으뜸가는 가르침을 뜻했다. 기독교, 불교, 이슬람교 등을 뜻하는 말로 종교가 사용된 것은 유럽어 'religion'의 번역 용어로 종교가 선택되었기 때문이다. 'religion'의 어원에 대한 주장은 크게 두 가지로 나뉜다. 하나는 라틴어 'relego'가 어원이라는 주장이다. 'relego'는 '숭배하다' 혹은 '다시 읽다', '주의 깊이 생각하고 다시 음미하다' 등의 뜻이다. 또 다른 하나는 '다시'를 뜻하는 접두어

're-'에 '묶다'를 뜻하는 'ligare'를 합한 형태로 '다시 묶다'를 뜻하는 'religare'가 어원이라는 주장이다.

어원적으로 보면 두 주장은 서로 이질적이다. 그러나 두 주장을 'religion'에 대한 한 가지 근본 해석에 대한 두 가지 서로 연결되는 관점의 표현으로 파악할 수 있을 것이다. 종교란 본래 서로 갈라져 있는 사람들을 큰 믿음의 힘으로 다시 하나가 되게 하는 것이다. 즉, 종교란 본래 '다시 묶음'의 뜻을 지니는 말이다. 그런데 '다시 묶음'이 가능하려면 숭배하는 마음, 그 어떤 성스러운 존재의 말씀을 다시 읽고, 주의 깊이 생각하며 다시 음미하는 태도가 있어야 할 것이다. 결국 참된 종교란 사적인 이해관계와 작은 사랑의 굴레에 묶인 채 가리가리 찢겨 있는 인간들을 큰 사랑의 가르침으로 다시 하나가 되게 묶어세우는 것을 가리키는 말이다.

*

사랑이란 무엇인가? 무엇이 큰 사랑과 작은 사랑을 나누는 기준인가? 사람들은 흔히 사랑은 보상을 바라지 않는 것이라고 말한다. 이 단순한 이야기 속에 사랑의 가장 심오한 진실이 담겨 있다. 그 무엇을 진정으로 사랑하면 아무 보상도 바라지 않으면서도 자신의 모든 것을, 심지어 목숨마저도, 아낌없이 희생할 수 있다. 그 가장 대표적인 사례는 자식을 향한 부모 사랑이다. 자식을 진정으로 사랑하는 부모가 자식을 위해 하는 모든 희생은 기본적으로 보상을 전제하는 것이 아니다. 그런데 유감스럽게도 아무 보상도 바라지 않는 진실한 사랑조차도 대개 모든 인간을 향한 것은 아니다. 그리고 그 때문에 진실한 사랑이 꽤 자주 무시무시한 증오와 폭력, 적개심의 원인으로 작용하기도 한다.

자식을 위해 자기의 목숨마저 버릴 준비가 되어 있는 부모는 행복주의와 무관한 사람일까? 언뜻 그렇게 생각하기 쉽다. 자식을 위해 극단적인 고통과 죽음마저 받아들이려 하는 부모가 자신의 행복을 위해 사는 것은 아닐 것 같다. 자신이 아닌 그 누군가를 위해 고통과 죽음을 감내함은 행복과는 완전히 다른 목적을 추구하는 사람이 아닐까? 하지만 그렇지 않다. 자식을 사랑하는 부모는 자식이 잘되는 것을 자기 행복의 원천으로 여기는 인간이다. 자식이 못되면 불행을 느낄 것이고, 잘되면 행복을 느낄 것이다. 그러니 자식을 위해 고통과 죽음을 감내하는 부모 역시 실은 자기의 행복을 추구하며 사는 사람일 뿐이다.

자식을 사랑하는 부모에게는 자식의 행복을 방해하는 모든 것이 증오의 대상이 되기 쉽다. 그런데 그 증오는 자식을 향한 자신의 사랑이 순수하고 아름다운 것이라는 믿음과 결합하는 경우 대번 악을 향한 증오로서의 성격을 띠게 된다. 나의 자식은 사랑스럽고 선하고 아름다운 존재이며, 그러한 자식을 향한 나의 사랑 역시 선하고 아름다운 것이어서, 나와 자식의 행복을 훼방하는 것은 분명 악한 것일 수밖에 없다는 식의 생각에 사로잡히게 되는 것이다.

사랑의 이러한 속성을 염두에 두면서 다시 〈아고라〉 이야기로 돌아가 보자. 영화 속에서 가장 잔혹한 폭력을 행사하는 자들은 파라발라니 혹은 파라볼라니로 불리던 초기 기독교 형제단의 구성원들이다. 파라볼라니 무리는 고난을 무릅쓰고 이웃사랑을 실천하는 자들이었다. 자발적으로 병든 사람을 돌보고, 죽은 자의 장례를 치르게 하는 데 도움을 주었으며, 심지어 치명적인 질병에 전염되어 그 자신이 죽을 위험이 있어도 그렇게 했다. 이 얼마나 역설적인 일인가? 보통 사

람은 하기 힘든 선행을 일삼던 자들이 보통 사람은 상상조차 할 수 없
는 잔혹한 고문과 학살을 자행했다니? 파라볼라니 무리가 죽인 것은
히파티아만이 아니었다. 기독교인들이 자신들의 신들을 공공연하게
조롱하는 것에 격분해 이교도들이 공격하자 그 공격을 되받으며 피의
복수를 행했고, 유대인들과 예수 신앙을 둘러싼 갈등을 겪게 되자 유
대인들을 잔인하게 학살하기도 했다. 게다가 영화 속에서는 묘사되지
않은 이야기지만 기독교인이 기독교인을 공격하는 일도 드물지 않았
다. 대주교였던 테오필루스의 후계자가 되기 위해 키릴로스와 부주교
티모시 사이에 벌어진 권력투쟁이 그 대표적인 사례였다. 파라볼라니
무리는 자신의 신앙생활을 방해하는 자가 없을 때는 이웃을 돕는 선
을 행하지만, 방해하는 자가 나타나면 무시무시한 적개심을 드러내며
잔혹한 폭력성을 드러내었다.

　파라볼라니 무리의 폭력성은 자식을 사랑하는 부모의 폭력성과 같
은 종류의 것일까? 아마 그런 측면 역시 분명히 있을 것이다. 파라볼
라니 무리를 자기 형제로 여기고 사랑하면, 파라볼라니 무리의 행복
을 방해하는 모든 것을 향한 증오와 적개심, 폭력성 등이 자랄 테니
말이다. 하지만 파라볼라니 무리의 폭력성과 부모의 폭력성 사이에는
차이가 있다. 하나는 파라볼라니가 속한 기독교 신앙과 교리의 완전
성과 무오류성에 대한 절대적 믿음이다. 파라볼라니 무리에게 기독교
신앙과 교리는 신의 뜻에 입각해 있는 것이기 때문이다. 또 다른 하나
는, 기독교 신앙과 교리의 완전성과 무오류성에 대한 절대적 믿음으
로부터 비롯되는 필연적인 귀결로서, 기독교를 받아들이지 않는 모든
인간의 근원적 악함에 대한 절대적 믿음이다. 절대적으로 완전하고
선한 존재인 신의 뜻에 어긋나는 모든 것은 근원적으로 흠결 있고 악
한 존재일 수밖에 없을 것이기 때문이다. 결국 파라볼라니의 삶은 기

독교적 사랑과 교리의 최종적이고도 궁극적인 승리를 위해 비기독교적인 모든 것과의 단호하고도 철저한 투쟁을 위한 삶인 셈이다.

아마 이러한 특성은 인간이란 본래 원죄로 인해 전적으로 타락한 채 태어나기 때문에 예수 그리스도를 통해서만 구원을 받을 수 있는 존재라는 기독교 특유의 구원론 때문에 더욱 강화되었을 것이다. 사실 자기 종교의 완전성과 무오류성에 대한 믿음이 반드시 자기 종교를 받아들이지 않는 사람들의 근원적 악에 대한 믿음으로 이어지는 것은 아니다. 인간을 포함하는 자연은 신의 작품이어서, 자연의 모든 것은 근원적으로 선하고 아름답다고 여기면, 그리고 그 때문에 교회를 다니지 않아도 인간은 선한 삶을 살 수 있고 또 구원받을 수 있다고 여기면, 자기 종교를 받아들이지 않는 사람을 적대시할 이유는 사실 없는 셈이다.

*

기독교는 본질적으로 배타적이고 폭력적인 종교인가? 필자는 이 책에서 이러한 물음에 관해 논할 생각은 없다. 오해는 하지 말라. 필자는 기독교를 기독교에 대한 통념적 관점과 완전히 다른 관점에서 봄으로써 기독교를 완전하고 무한한 사랑의 종교로 정당화할 가능성이 있을 수 있음을 부정하지 않는다. 분명 도스토옙스키는, 그리고 필자가 니체적 차라투스트라의 원형이라고 규정한 『백치』의 주인공 미슈킨은, 이러한 가능성을 긍정한 인물이라고 볼 수 있을 것이다.

우리에게 중요한 것은 왜 무한한 신의 사랑을 앞세우는 기독교의 이름으로 종종 무시무시한 폭력이 행사되는지 그 원인에 관해 생각하는 것이다. 모든 사람을 무한한 신의 사랑으로 사랑하는 기독교인이 있다고 해도, 그리고 그러한 사람의 기독교가 실로 완전하고 무한한 사랑의 종교라 하더라도, 기독교의 이름으로 폭력이 행사된 역사가 사라질 리는 만무하다.

크게 두 가지 원인이 있으며, 아마 기독교 외의 다른 종교에서도 이 두 가지 원인이 해당 종교의 이름으로 행사되는 폭력의 근본 원인일 것이다. 첫째, 자기 종교의 완전성과 무오류성 대한 믿음, 혹은, 적어도, 여타 종교에 대한 상대적 우월성에 대한 믿음 때문에 자기 종교의 발전과 그 구성원의 행복을 비종교인의 행복보다 우선시하는 성향이 생겨난다. 이 경우, 마치 자식의 행복을 훼방하는 모든 것을 부모가 증오하듯이, 자기 종교의 발전 및 그 구성원의 행복을 훼방하는 모든 것을 증오하는 마음 또한 자라게 된다. 둘째, 자기 종교의 전체 조직 과 세계 사이의 관계를 외적 대립의 관계로 이해하게 됨으로써, 종교 적 삶의 목적을 자기 종교의 전체 조직이 세계와의 투쟁에서 결정적 이고 최종적인 승리를 거두도록 이바지하는 것에 두게 된다.

'자기 종교' 및 '자기 종교의 전체 조직' 이라는 말을 '자기 국가' 라 는 말로 바꾸면, 이 두 원인은 곧바로 파시즘적 폭력의 근본 원인이 된다. 배타적이고 폭력적인 종교의 작동 원리는 파시스트 국가의 작 동 원리와 본질적으로 같다는 뜻이다.

*

현대 해석학의 창시자이자 현대 신학의 아버지로 통하는 F. 슐라이 어마허는 '종교의 본질은 무한한 우주에 대한 직관과 감정이다' 라는 유명한 명제를 남겼다. 이 말은 곧 참된 종교의 관점에서 보면, 인간 은 어떤 이론과 교리, 윤리적 규범 체계로도 한정될 수 없는 무한한 우주의 개별화된 서술과 표현이라는 뜻이다.

폭력적이고 배타적인 종교의 관점에서 보면, 종교 공동체 안의 개인은 종교적 교리와 규범 체계의 개별화된 서술과 표현으로 존재한다. 종교 공동체는 사랑의 공동체로 상정되어 있고, 모든 구성원은, 신실한 신앙심의 존재로서, 타의에 의해서가 아니라 순전히 자발적으로 종교 공동체의 모든 교리와 규범을 받아들이고, 또한 그 교리와 규범에 맞게 살아갈 것을 결의한다. 물론 종교 고유의 교리와 규범 체계가 모든 구성원에 의해 절대시되는 그러한 종교 공동체는 세계 전체와 외적 대립의 관계를 형성할 수밖에 없다. 결국 종교 공동체 밖의 세계란 종교 공동체 안의 교리와 규범 체계가 아직 받아들여지지 않은 세계인 것이다. 그런 점에서 폭력적이고 배타적인 종교 공동체는 세 가지 근본 특성을 지니게 된다.

첫째, 폭력적이고 배타적인 종교 공동체의 본질 및 작동 원리는 순수하게 정신적인 것으로서 상정되어 있다. 폭력적이고 배타적인 종교 공동체는 세계를 지배하는 전통적 가치관이나 세계관, 심지어 물리적이고 자연적인 법칙에도 구애받지 않는 완전히 별개인 독립체로 그자신을 구성하는 것을 목적으로 삼는다는 뜻이다.

둘째, 폭력적이고 배타적인 종교 공동체의 모든 구성원은 기본적으로 순수하게 자발적인 결의에 의해 자신의 삶의 목적과 종교 공동체 전체의 목적을 완전히 동일한 것으로 받아들인다. 즉 폭력적이고 배타적인 종교 공동체의 작동 원리는 내부적으로 민주주의적이면서 동시에 전체주의라는 기묘한 특성을 지니게 된다.

셋째, 폭력적이고 배타적인 종교 공동체는 그 작동 원리가 내부적으로 민주주의적이면서 동시에 전체주의적인 까닭에, 외부 세계와 대립적인 종교 공동체 특유의 존재 목적과 이유를 부단히, 그리고 단호하게, 관철해 나가는 것을 종교 공동체 전체의 근본적인 운동 방식이자 그 안의 모든 개별 구성원의 삶의 근본적인 운동 방식으로 상정한다.

여기서 민주주의적이라는 말은 개별 구성원의 완전히 자발적인 동의와 의지에 의해 종교 공동체의 목적과 운동 방식이 결정된다는 것을 뜻한다. 전체주의적이라는 것은 개별 구성원들 사이에서나 개별 구성원과 종교 공동체 전체 사이에서나 어떤 간극도 없다는 것을 뜻한다.

*

폭력적이고 배타적인 종교 공동체의 이 세 가지 특징은 파시즘의 아버지로 통하는 조반니 젠틸레가 생각한 파시스트 국가의 근본 특징이기도 하다. 젠틸레의 철학적 입장은 신헤겔주의였다. 그렇다고 젠틸레가 헤겔의 충실한 신봉자였던 것은 아니다. 젠틸레는 헤겔에 대한 단호한 비판자이기도 했다. 비판의 칼날은 주로 정신과 자연의 대립이라는 헤겔적 관념을 향해 있었다.

물론 헤겔의 자연은, 데카르트의 자연과 달리, 정신적인 것에 대한 완전한 대립물로 상정된 연장적 실체들의 세계가 아니다. 헤겔의 자연은 그 자체로 이성적이며, 비정신적인 것이 아니라 도리어 절대정신의 외화된 형태로서 존재하는 것이다. 그러나 정신적인 것이 개념들 사이의 내적인 연관성에 의해 특징될 수 있는 반면에, 자연적인 것은 기본적으로 개별 존재 사이의 외적 대립의 관계를 통해서 발견되는 것이다. 비록 논리적이고 이념적인 것이 그 근거로서 작용하고 있다고 해도 말이다.

젠틸레에 따르면, 실재하는 것은 오직 정신일 뿐이며, 자연이란 정신에 의해 구성된, 그리고 그러한 점에서는 이미 정신화된, 그러한 것으로서만 가능하다. 젠틸레의 이러한 정신주의는 정신의 자기실현 과정만이 실제적일 뿐 그 밖의 모든 것은 본래 공허하고 무가치한 것이라는 결론을 함축하는 것이었다. 젠틸레의 신헤겔주의는 일종의 절대적 유아론으로 파악될 수 있다. 젠틸레의 절대적 유아론에서 가장 중요한 개념은 정신의 '순수 행위' 혹은 '순수 행위'로서의 정신이다. 마치 쇼펜하우어가 개별 의지의 전체와 세계 일체를 표상된 현상의 세계에 속한 것으로 돌리면서 오직 맹목적이고 원초적인 의지만이 실제적이라고 여기는 것처럼, 젠틸레는 오직 자기 밖의 다른 어떤 존재에 의한 제약을 모르는 순수 행위의 정신만이 실제적이라고 생각한다.

젠틸레는 파시스트 국가가 완전하고 순수한 민주주의 국가라고 본다. 이 말은 곧 파시스트 국가는 민족주의 국가와, 비록 양자가 많은 점에서 공통점을 지니기는 하지만, 엄밀하게 분리되어야 한다는 뜻이기도 하다. 젠틸레는 민족주의 국가란 특권을 지닌 자의 주도 아래 민중에게 떠넘겨지고 또 민중에 의해 추후로 승인된 가치관을 사상적 토대로 지니는 국가라고 보았다.

한편 파시스트 국가와 민주주의 국가는 개인과 국가의 관계에서 국가를 절대적인 출발점으로 본다는 공통점을 지닌다. 젠틸레에 따르면, "민족주의와 파시즘은 모두 국가를 개인의 모든 가치와 권리의 근거 그 자체로 여긴다. 양자에게, 국가란 결과가 아니라 시초이다."[2] 그

---

2   ODF(G. Gentile, *Origins and Doctrines of Fascism*, translated and edited by A. J. Gregor, New Brunswick (U.S.A.) / London (U.K.): Transaction Publishers, 2007), 25.

러나 민족주의 국가는 기본적으로 귀족 중심이고, 비민주적인 데 반해, 파시스트 국가는 민중 중심이고, 순수하고 온전한 의미로 민주적이다. 젠틸레는 다음과 같이 밝힌다. "민족주의 국가는 귀족주의적 국가이고, 자신의 기원으로부터 물려받은 힘에 의지해 자신을 건설한 것이다. 또한 민족주의 국가는 [건설된 후 추후로] 대중에 의해 평가된 것이다. 다른 한편, 파시스트 국가는 일반인들의 국가이고, 그러한 의미에서, 탁월한 민주주의 국가이다."[3]

요약하자면, 젠틸레에게 파시즘은 국가를 개인의 모든 가치와 권리의 근거 그 자체로 여긴다는 점에서는 민족주의와 같다. 하지만 민족주의 국가는 귀족 주도로 건설된 것이고, 건설 이후에 민중의 평가를 받는 것인 반면, 파시스트 국가는 계급·계층적 구별 없이 국가의 모든 구성원과 본질적으로 하나인 국가라는 점에서 탁월한 민주주의 국가이다. 여기서 우리가 주목할 점은 왜 파시스트 국가가 그 모든 구성원과 본질적으로 하나인 국가가 되게 하는지의 이유이다. 그 이유는 국가를 개인의 모든 가치와 권리의 근거 그 자체로 본다는 말이 민족주의 국가와 파시스트 국가에서 제각각 어떤 의미를 지니는지 살펴보면 파악될 수 있다.

민족주의 국가는, 파시스트 국가와 달리, 왜 모든 구성원과 본질적으로 하나가 아닌가? 귀족주의 국가라 국가의 정당성이 귀족이 아닌 사람들의 평가에 달렸다는 것이 그 기본적인 이유이고, 사람들의 긍정적인 평가 이후에야 비로소 국가가 개인의 모든 가치와 권리의 근거가 된다는 것이 또 다른 이유이다. 그렇다고 개인이 국가의 건설 이전에 이미 가치와 권리를 가지고 있었다는 뜻은 아니다. 가치와 권리

---

3   ODF, 28.

란 기본적으로 국가권력에 의해 보증되는 경우에만 현실성을 가지는 것이기 때문이다. 그런 점에서, 민족주의 국가란 국가의 형성을 통해 비로소 개인이 될 가능성을 부여받은 인간들의 평가를 통해 민중 위에 군림할 권리를 위임받은 국가권력의 현시로서 형성되고 발전하는 국가인 셈이다.

파시스트 국가가 민족주의 국가와 다른 점은 전자가 국민 전체를 순수하게 파시즘적 정신을 지닌 개인의 집합으로 상정한다는 것이다. "그러므로 파시스트 국가는, 민족주의 국가와 구분되는 것으로서, 완전히 정신적인 창조이다."[4] 이러한 주장의 바탕에는 이성과 자연의 헤겔적 대립을 거부하고 주체적인 정신만을 유일하게 현실적인 것으로 받아들이는 젠틸레 특유의 유아론적 관념론이 깔린 것으로 보인다. 파시스트 국가도, 그 구성원으로서의 모든 개인도, 실은 파시즘적 정신에 의해 창조된 그 자체 순수하게 정신적인 것이다. 그리고 바로 이러한 이유로 파시즘적 국가와 그 구성원으로서의 개인 사이에는 어떤 간극도 있을 수 없는 것이다.

*

파시스트 국가의 이념은 일종의 행복주의로 파악될 수 있는가? 이러한 물음에 대한 답변은 행복주의적 신념을 지닌 개인의 범주를 어떻게 설정하느냐에 달렸다. 만약 행복주의를 개인이 자기만의 배타적 이익과 행복을 추구함이라는 뜻으로 이해하면, 파시스트 국가의 이념은 행복주의와 무관하다. 파시스트 국가의 모든 구성원은 기본적으로

---

4 ODF, 28.

전체로서의 국가를 위해 존재하는 자로 상정되어 있기 때문이다.

그러나 폭력적이고 배타적인 종교 공동체의 사례를 통해서 확인해 보았듯이, 행복주의의 문제는 그렇게 간단하지 않다. 자기만의 배타적 이익과 행복을 추구하는 인간만이 행복주의의 인간이라는 생각은 기본적으로 원자적 개인이라는 망념으로부터 비롯된 일종의 오류 추론의 결과이다. 인간은 기본적으로 관계의 존재이다. 인간의 존재 의미는 고립된 한 인간으로서의 나의 본질이 무엇인가에 대한 물음을 통해 파악될 수 있는 것이 아니라, 내가 무엇을 사랑하고 긍정하며, 또 자신이 사랑하고 긍정하는 것을 위해 어떤 선택과 결단을 하느냐의 물음을 통해 파악될 수 있는 것이다. 설령 가족을 위해 내 모든 것을 바칠 각오가 되어 있다고 하더라도, 내 사랑의 범위가 가족에 한정되어 있고, 그 때문에 내가 내 가족의 행복만을 바랄 뿐 그 밖의 타인의 고통과 희생에 무관심한 상태에 빠져 버렸다면, 나는 이미 행복주의의 인간이고, 나의 행복주의의 바탕에는 늘 희생양 논리가 깔려 있기 마련이다. 파시스트 국가에 대해서도 마찬가지 이야기를 할 수 있다. 설령 국가를 위해, 그리고 나와 같은 나라에서 사는 국민 전체의 행복을 실현하기 위해, 나의 전부를 바칠 각오가 되어 있다고 하더라도, 내 사랑의 범위가 내가 속한 국가에 한정되어 있다면, 나의 정신은 여전히 행복주의와 희생양 논리의 굴레에 매여 있는 셈이다.

보통의 자본주의 국가와 파시스트 국가 사이의 차이는 무엇일까? 보통의 자본주의 국가에서 기본 단위로 상정된 것은 각각의 개인 및 개별 자본이다. 개인도 자본도 모두 원자적인 존재로, 오직 자기의 이익이나 행복만을 추구할 뿐이고, 다른 인간이나 다른 자본과는 본질적으로 순수한 경쟁 상태에 놓여 있는 그러한 존재로, 상정되어 있다. 파시스트 국가에서 기본 단위로 상정된 것은 개별 국가 그 자체이다.

물론 파시즘의 관점에서 보면, 모든 국가는 원자적인 국가, 그 자신의 배타적 이익만을 추구할 뿐 다른 국가들과는 순수하게 배타적이고 경쟁적인 관계에 있는 그러한 존재로 상정되어 있다.

그런 점에서 파시스트 국가는 기본적으로 자본주의 국가들 사이에서 벌어진 제국주의적 투쟁의 산물이라고 볼 수 있다. 자본주의 국가들이 배타적이고 경쟁적인 관계 속에서 서로에 대해 가차 없는 투쟁을 벌여 나가는 과정에서 국가는 오직 국가 자체의 존속과 승리만을 지향해야 한다는 생각, 그리고 이러한 목적을 위해서는 모든 국민이 국가와 혼연일체를 이룰 필요가 있다는 생각 등이 파시스트 국가의 형성으로 이어졌다는 뜻이다. 바로 이러한 이유로, 파시스트 국가의 근본이념은 국가주의 이데올로기로 변질된 행복주의 및 희생양 논리라고 볼 수 있다. 국민 개개인의 사랑의 대상을 국가로 한정함으로써, 그리고 그렇게 해야 할 필요성을 국가들 사이에 벌어지는 치열한 투쟁의 현실로 제시하면서, 자신이 속한 국가의 승리만이 국민 모두의 최종적이고 궁극적인 목적이 되도록 한 것이 바로 파시스트 국가라는 뜻이다.

*

사회주의 국가에 대해서는 어떤 평가를 내려야 할까? 비록 파시즘의 선구자들이 사회주의 사상의 영향을 적지 않게 받았다는 것은 사실이지만, 아무튼 파시즘은 반공의 기치를 높이 들었다. 파시즘은 극단적인 반동의 이데올로기였으며, 실질적으로 대자본과 강하게 유착하는 성향을 보였다. 그렇다면 사회주의 국가에서 행복주의 및 희생양 논리를 극복할 어떤 가능성을 발견할 수는 없을까? 자본주의 및

파시즘과 치열하게 대립했던 사회주의는 행복주의 및 희생양 논리를
극복할 가능성을 우리에게 제시했을까?

　이러한 물음에 대해서는 각자 스스로 판단하기를 바란다. 자신의
가치관이나 인생관, 정치적 성향 등에 따라 제각각 다른 결론을 내리
게 될 것이다. 그러나 행복주의 및 희생양 논리의 극복은 단순히 사랑
의 대상을 확장함으로써 이루어지는 것이 아니라는 점은 짚고 넘어가
야 한다. 설령 자기가 속한 나라 전체를 사랑한다 해도, 자기가 속한
계급 전체를 사랑한다 해도, 아니 인류 전체를 사랑한다 해도, 삶의
목적을 행복으로 설정하는 한에서는 결코 행복주의를 넘어설 수 없
고, 희생양 논리 또한 넘어설 수 없다. 행복에 집착하는 정신에게서는
반드시 행복을 방해하는 것에 대한 증오와 적개심이, 행복의 실현을
위해 그 무엇을 희생해도 좋다는 폭력적 성향이, 자라나기 마련이기
때문이다. 바로 여기에 니체의 차라투스트라가 인간에게 행복을 약속
하는 대신 자기가 극복되도록 해야 한다고 충고한 근본 이유가 있다.

문화, 의식 그리고 시간: 의식의 흐름과 새로운 시간 이해 1

제임스 조이스의 소설 『젊은 예술가의 초상』(1916)

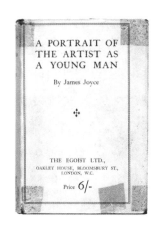

제임스 조이스의 『젊은 예술가의 초상』
(1916) 초판본 사진[1]

현대 문화의 특징 가운데 하나는 시간에 대한 새로운 이해이다. 시간
에 대한 새로운 이해를 통해 현대 문화는 그 자신의 데카당스적 본질

---

1 https://en.wikipedia.org/wiki/A_Portrait_of_the_Artist_as_a_Young_Man#/
media/File:A_Portrait_of_the_Artist_as_a_Young_Man.jpg

이 적나라하게 폭로되는 경험을 하게 되었다. 그런데 시간에 대한 새로운 이해를 가능하게 한 현대 문화의 데카당스적 본질에 대한 폭로는 그 자체로 매우 역설적이다. 그러한 폭로로 인해 현대 문화의 데카당스적 본질을 더욱 강화하려는 경향 역시 나타났기 때문이다.

시간이란 무엇인가? 이러한 물음은 엉뚱하게 들리기 쉽다. 시간을 모르는 사람이 대체 어디 있을까? 시간의 의미가 정확하게 무엇을 뜻하는지 설명하기는 어려울 수 있다. 그러나 우리가 당연하게 아는 것 중 시간만 설명하기 어려운 것은 아니다. 예컨대, 지독한 바보가 아니라면, 물이 무엇인지, 풀이 무엇인지, 꽃이 무엇인지, 하늘이 무엇인지, 삶이 무엇인지 모를 수는 없다. 그렇지 않을까? 그러나 알면서도 그 정확한 뜻을 말로 표현하기는 어렵다. 대체 물이라는 말의 정확한 뜻은 무엇인가? 그것은 H_2O인가? 아니면 마실 수 있는 것으로서 생명의 근거가 되는 것? 우리에게 물은 그냥 물일 뿐이다. 몇 마디 말로 물에 대한 완전한 정의를 내릴 수 없다. 몰라서 그런 것이 아니라 물에 대한 직관적 이해 자체가 세상에 대한 다른 모든 앎의 기본이 되는 것이기 때문에 그렇다.

설명이란 기본적으로 모두가 다 알 만한 것을 당연한 전제로 삼아서 이루어지는 것이다. "어제 비가 너무 많이 내려서 물난리가 난 곳이 많아!"라고 누가 이야기하는 것을 듣고는, "그런데 비가 뭐야?", "물이란 대체 무엇일까?", "어제와 오늘은 대체 어떻게 다른 거지?"라고 물을 수는 없는 노릇이다. 비와 물이 무엇인지, 또 어제와 오늘이 어떻게 다른지 모두 알고 있다는 것을 당연한 전제로 삼아 서로 묻기도 하고 대답도 하는 것이다. 보통 사람의 기준으로 보면, 모두가 당연히 아는 것에 대해 묻는 것은 이상한 일이고, 심지어 어리석기까지 한 일이다.

하지만 살다 보면, 때로 모두가 당연히 아는 것에 대한 의문이 생기기도 하는 법이다. 젊고 건강해서 먼 미래의 일을 꿈꾸는 것이 당연한 일로 여겨졌는데, 주위의 누군가가 사고를 당하거나 병에 걸려 죽으면 우리는 불현듯 깨닫게 된다. 우리가 당연하다고 여기는 것 중에는 결코 당연하지 않은 것도 있다는 진실을 말이다. 하루하루 바쁘게 살 때의 나에게 시간이란 그저 하루에 24시간씩 매일 지나가는 강물 같은 것이었다. 그러나 과거에 겪었던 어떤 충격적인 일이 머릿속에 갑자기 떠올라 내 마음이 과거의 기억에 새삼 얽매이게 될 때, 우리는 문득 이미 지나가 사라져 버린 것도 실은 여전히 내 삶의 한 부분으로 남아 있는 것이라는 불가사의한 상념에 사로잡히게 된다.

*

소설 작법의 하나로 '의식의 흐름'이라는 것이 있다. 1910년대의 영국 문학에서 처음 시도된 실험적 소설 작법을 가리키는 말이다. '의식의 흐름'이라는 말을 처음으로 사용한 사람은 미국의 심리학자이자 철학자인 윌리엄 제임스이다. 제임스가 1814년에 처음 사용한 말은 '사고의 흐름'이었다. 하지만 1892년부터 '의식의 흐름'이라는 말을 사용하기 시작했다. '의식의 흐름'이란 본래 생각, 의식, 감정 등이 한 순간 속한 것으로 개별화될 수 없는 연속적 흐름이라는 뜻을 담은 심리학적 용어였다.

필자는 '의식의 흐름' 기법을 적용한 소설의 하나인 『젊은 예술가의 초상』(1916)을 예로 삼아, 현대 문화에서 시간에 대한 이해가 어떻게 바뀌었는지 분석해 보고자 한다. 이 작품을 선택한 가장 큰 이유는 '의식의 흐름' 기법을 적용한 작품 가운데 비교적 주제 의식이나 줄

거리가 선명하게 드러나 있어서 설명하기 편하다는 점이다. 버지니아 울프, 마르셀 프루스트, 윌리엄 포크너 등 '의식의 흐름' 기법을 적극적으로 사용한 작가는 적지 않다. 또한 제임스 조이스의 작품 중에서도 『율리시즈』(1922)나 『피네건의 경야』(1939) 등이 '의식의 흐름' 기법을 더 원숙하고 정묘한 방식으로 사용한 작품이라고 볼 수 있다. 그럼에도 필자가 『젊은 예술가의 초상』을 선택한 것은 현대 문화의 새로운 시간 이해와 데카당스의 관계를 설명하는 데 가장 적합한 작품이라는 판단 때문이었다.

*

의식의 흐름이라는 용어에는 우리의 의식 자체를 하나의 연속적인 흐름으로 이해해야 한다는 뜻이 담겨 있다. 하지만 엄밀히 말해, 이 용어는 의식의 본질과 존재 방식을 올바로 드러내는 말이라고 보기 어렵다.

의식이 대체 어떻게 흐른다는 것일까? 의식은 강물처럼 흐르는 것인가? 강물을 이루는 물은 높은 곳에서 낮은 곳으로 흐르다 결국 바다와 합쳐질 뿐이다. 어제 흐른 물과 오늘 흐르는 물은 같은 물이 아니고, 부단한 물의 흐름이 만들어 낸 선형적 지대 위에서 무수한, 그러나 결국 제각각 존재할 뿐인, 물의 원소들이, 한 줄기로 합쳐져 있다가 결국 바다와 만나며 흩어져 버리는 것이다. 그러나 의식은 그런 방식으로 흐르지 않는다. 의식 안에는 제각각 존재하는 원소 같은 것은 없다. 또한 의식의 흐름 속에서 포착될 수 있는 어떤 경험과 기억의 순간들도 의식이 아닌 그 어딘가로 흐르다 사라지는 것이 아니다.

『젊은 예술가의 초상』의 주인공 이름은 스티븐 디덜러스다. 제임스 조이스의 또 다른 자아라고 할 수 있는 인물로 형상화되었다. 디덜러스는 고대 그리스 신화에서 미노스 왕의 미궁을 만든 천재적 장인의 이름인 다이달로스에서 따온 것이다. 다이달로스는 밀랍으로 붙인 날개를 달고 태양을 향해 너무 높이 날아올랐다가 밀랍이 녹아 날개가 몸에서 분리되는 바람에 떨어져 죽은 이카로스의 아버지이기도 하다.

의식이란 그 안에서 자기를 발견하려고 어떤 선형적 길을 상정해서 따라가다 보면 결국 길을 잃고 헤매게 되는 미로와 같은 것이다. 의식이 그 자체로 미로와 같은 것이어서 그런 것이 아니라, 어떤 선형적 분별도 불가능하게 하는 절대적 지속성과 연속성이 의식의 본래적이고도 근본적인 존재 방식이기 때문에 그렇다. 그런 점에서 의식이란 그 자체로 바다와 같고, 그 안에서 감지되는 모든 역동적 운동과 흐름은 바다가 되기 이전의 선형적 흐름 같은 것이 아니라 아무 밖도 지니지 않는 바다의 절대적으로 내면적인 지속체 안에서 순간순간 일어나는 힘의 흔적일 뿐이다.

필자는 '의식의 흐름'에서의 흐름이란 실질적으로 앙리 베르그송의 '순수 지속으로서의 시간'을 가리키는 말이라고 생각한다. 베르그송은 과거에서 미래를 향해 무한히 강물처럼 흐르는 선형적 시간 개념은 시간을 공간화함으로써 얻어진 것이라고 본다. 베르그송의 시간론을 이해하려면, 시간이란 우리의 구체적 체험 연관 속에서 알려지는 것이지 순수하게 객관적이고 물리적인 것으로서 알려지는 것이 아니라는 점을 우선 분명히 할 필요가 있다.

시간이란 무엇인가? 한 가지 분명한 것은 시간이란 과거와 미래, 그리고 과거와 미래를 가르는 분기점인 현재라는 세 가지 계기로 구성된 것으로서만 사념될 수 있다는 것이다. 과거는 물론 현재에 이르기까지 지나간 시간이고, 미래는 현재에서 시작될 아직 오지 않은 시

간이다. 그렇다면 현재란 무엇인가? 현재의 정해진 때는 없다. 현재
란 생각의 그때마다 그 무엇의 지금을 가리키는 말일 뿐이다. 예컨대,
지금 눈앞에 서 있는 묘목을 보며, 묘목의 지난 과거를 생각하고, 또
장차 우람해질 묘목의 미래를 생각한다. 지금 거울에 비친 내 얼굴을
바라보며, 나의 지난 과거를 생각하고, 또 아직 오지 않은 나의 미래
를, 그때가 언제인지 알 수는 없지만 결국 도래하고야 말 내 죽음의
때를 생각한다. 지구촌 어느 곳에서 터진 천재지변의 소식을 접하면
서 지구 온난화 현상을 초래하기까지의 인류의 과거 문명사를 생각하
고, 또 결국 파국을 맞이할 수도 있고, 혹시 천운이 따른다면 그럭저
럭 명운을 이어갈 수 있는, 세계와 인류의 위태로운 미래를 생각한다.
결국 선형적 흐름으로서의 시간이란 그 무엇을 개별적인 대상으로 삼
아 주목함으로써 표상되는 것이다. 마치 하나의 대상이 공간 속에서
운동하는 모습을 기술하듯이, 지금까지의 존재의 운동의 궤적과 앞으
로의 존재의 운동의 궤적을 슬쩍 시간 이미지로 삼아 버림으로써 선
형적 흐름으로서의 시간이라는 개념이 만들어진 것이다.

　이제『젊은 예술가의 초상』이야기에서 '의식의 흐름'이 구체적으
로 뜻하는 바가 무엇인지 생각해 보자. 소설의 서막을 여는 것은 디덜
러스의 어린 시절에 관한 이야기이다. 디덜러스의 삶에 모종의 영향
을 끼친 말들, 그 의미가 디덜러스가 자라면서 변화해 가는 과정, 디
덜러스 본인의 것이 아니면서도 디덜러스에게 미묘한 감정의 울림을
남기는 목소리에 관한 회상으로 소설이 시작된다.

　두 가지를 우선 확인하자. 첫째, 소설의 서막을 여는 이야기는 기억
의 이미지에 해당하는 것으로, 지금 기억하는 자의 현재와 분리 불가
능한 하나의 전체를 이루고 있다. 간단히 말해, 과거를 회상하는 자에
게 과거의 시간은 이미 지난 시간으로서가 아니라 지금의 자기와 하

나의 절대적인 연속성의 관계를 이루고 있는 그러한 시간으로서 기억된다. 둘째, 소설의 서막을 여는 이야기 속의 디덜러스는 고립된 대상처럼 개별화될 수 있는 존재로 표현되지 않는다. 그는 이야기를 듣는 자이고, 노래를 듣는 자이며, 자기에게 이런저런 감정의 흔적을 남기는 그 누군가의 목소리를 통해 자기에게서 일어나는 부단한 변화를 자각하는 자이다. 그런 점에서 소설의 서막에 등장하는 어린아이는 이미 디덜러스이기도 하고 아직 디덜러스가 아닌 미지의 존재이기도 하다.

그는 지금의 디덜러스가 자신의 자아로서 발견하고 긍정할 만한 것의 불완전하고 위태로운 시초일 뿐이고, 그런 점에서 지금까지의 시간을 선형적으로 거슬러 올라가 발견할 수 있는 그러한 자기와 근본적으로 다른 존재이다. 물론 이 근본적 다름은 그 어린아이가 지금의 디덜러스와 아무 상관없는 완전하고도 전적인 타자라는 것을 뜻하지 않는다. 그것은 다만 자아의 발견을 가능하게 할 자기동일성의 완전한 부재를 가리킬 뿐이다.

*

스티븐 디덜러스의 회상 속에서 타자의 음성은 어떤 의미를 지닐까? 지금의 자아의 불완전하고 위태로운 시초로 존재하면서, 타자의 음성을 통해 자기에게서 일어나는 부단한 변화로서의 감정과 감각을 자각하는 본질적으로 불안정한 삶의 표현으로서 파악되는 그러한 어린 시절의 나를 회상함은? 이러한 물음에 대한 대답은 아마 디덜러스의 삶의 궤적 자체가 지금의 자아의 불완전하고 위태로운 시초의 부단한 지속이라는 점을 분명히 할 때 비로소 가능해질 것이다. 타자의

음성은 디덜러스에게 하나의 고정된 자아를 지니라고 압박하는 힘이
었다. 조국 아일랜드를 향한 아버지의 음성은, 열정과 분노가 뒤섞인
것으로서, 아일랜드인으로서의 자아 정체성을 확립하라고 압박하는
힘이었고, 쾌락주의에 빠져 사창가를 전전하던 시기의 여성의 음성은
신체적 쾌락의 감각에 자기를 개방하고 내려놓는 그러한 인간이 되라
고 압박하는 힘이었으며, 금욕주의자가 되어 가톨릭에 귀의하려던 시
기의 신부의 음성은 신에게 온전히 헌신하는 참 신앙인이 되라고 압
박하는 힘이었다.

   그런데 이 모든 압박하는 힘은 고정된 자아가 확립되지 않은 그러
한 정신의 상태를 일종의 고통의 상태로 받아들이도록 압박하는 힘,
그럼으로써, 반드시 하나의 고정된 자아를, 고통으로부터의 해방을
가능하게 할 유일한 출구로서, 확립하라고 압박하는 힘이었다. 그런
점에서 지금의 자아의 불완전하고 위태로운 시초에 압박을 가하는 타
자의 음성은 기만적이다. 자기의 정신 속에서 고정된 자아로서 확립
된 어떤 실체적인 존재를 찾아 나서라고 압력을 가함으로써, 미로 아
닌 정신을 미로로 만들고, 미로 속을 헤맬 이유가 없는 정신으로 하여
금 고정된 자아가 존재한다는 타자의 기만적 음성이 만들어 낸 정신
안의 미로 속에서 헤매게 하기 때문이다. 또한 그것은 동시에 자기기
만에의 은밀한 청유이기도 하다. 아직 형성되지 않은 자아를 지금의
자아로, 필연적이고 숙명적인 그러한 삶의 주체로, 받아들이도록 유
혹하는 것이기 때문이다.

                              *

   현대 문화의 데카당스적 본질에 대한 통찰의 측면에서 보면, 자신

의 또 다른 자아인 스티븐 디덜러스를 묘사하는 제임스 조이스의 방식은 매우 탁월하다. 조이스는 자아의 이념 자체가 삶에 대한 데카당스적 관점의 표현이라는 것, 그렇기에 자신의 정신 속에서 스스로 발견할 어떤 자기동일적 자아를 형성해 내라는 모든 종류의 압박은 그 자체로 삶의 퇴락으로 이어질 데카당스적 힘에 불과하다는 것을 섬세하고도 분명하게 드러낸다. 자아를 향한 정신의 여정이 정신이 그 자신 안에 스스로 미로를 만들고 헤매도록 하는 영원한 방랑과 같다는 것이 디덜러스의 의식의 흐름을 통해 밝혀지는 것이다.

『젊은 예술가의 초상』 서막에서 어린 시절의 디덜러스는 "그"(He)라고 표현된다. 아버지는 "옛날 옛적 움머움머 울던 암소가 귀여운 다크와 만나는 이야기"를 들려주고, '그'는 암소 이야기에 나오는 노래를 따라 부른다. '그'는 주체가 아니라 감각에 그때마다 반응하는 자이고, 디덜러스가 지금의 자기의 불완전하고 위태로운 시초로 기억하는 '그'의 기억이란 본래 이불에 오줌을 싸면 처음엔 따스하다가 차가워지는 기억, 그 퀴퀴한 냄새와 어머니가 풍기던 좋은 냄새의 기억, 어머니가 선원들의 혼파이프 소리를 흉내 내며 연주하면 "트랄라라라라, 트랄라 트랄라라디" 흥얼거리며 춤을 추던 기억으로부터 시작되었다. 간단히 말해, 지금의 자아의 불완전하고 위태로운 시초란 감각의 부름에 수동적으로 응답하던 그러한 자기, 능동적이라기보다는 오히려 수동적이어서, 자기에 대한 기억 자체를 오직 자기에게서 일어나는 변화로서의 감각에 대한 즐겁거나 불쾌한 반응으로만 형성해 내는 그러한 자기이다.[2]

2   POA(J. Joyce, *A Portrait of the Artist as a Young Man and Dubliners*, New York: Barnes & Noble Classic, 2004), 3.

지금의 자아의 불완전하고 위태로운 시초에 대한 디덜러스의 묘사
는 기본적으로 G. 플로베르에 의해 처음 시작된 자유간접화법을 사용
한 것이다. 조이스의 '의식의 흐름' 기법과 결합하면서 자유간접화법
은 자아의 존재의 근원적 무근거함을, 본질적으로 삶에 적대적인 자
아 이념의 자가당착성을, 시원적 감각에의 기억 속에서 드러나는 자
기의 수동성을, 그리고 그 수동성 속에서 드러나는 순수 지속으로서
의 정신의 본질을 드러내는 결정적인 기법이 된다.

그런데 기이한 것은 지금의 자아의 불완전하고 위태로운 시초에 압
박을 가하는 타자의 음성은 그 압박이 형성해 내려 시도하는 자아의
반(反)-자아로서의 자아를 자발적으로 형성해 내려는 성향의 출발점
이 되기도 한다는 점이다. 왜 그러한가? 압박이란 본래 압박하는 자
의 의지에 거스르는 자에게 초래될 고통과 따르는 자에게 선사될 기
쁨 및 쾌감의 실현 가능성을 보여 주는 것이기 때문이다. 압박하는 자
의 의지에 거스르든, 아니면 반대로 따르든, 압박하는 자와 외적 대립
의 관계를 형성하는 자아의 존재에 대한 의식은, 그러한 자아를 형성
해 냄으로써 주체적으로 선택하고 결단해야 한다는 강박관념을 수반
하면서, 필연적으로 생성된다.

지금의 자아의 불완전하고 위태로운 시초에게 부과되는 이러한 실
존적 상황이 무엇을 의미하는지는 매우 분명하다. 자아의 이념이 정
신이 자신 안에 스스로 만들어 내는 미로의 시발점인 한에서, 지금의
자아의 불완전하고 위태로운 시초는 결국 타자에 의한 기만과 자기기
만이 마치 뫼비우스의 띠처럼 돌며 역전하고, 다시 또 역전하기를 거
듭하며 부단히 자아내는 미로의 시초이기도 하다. 간단히 말해, 지금
의 자아의 불완전하고 위태로운 시초란 압박하는 타자의 힘에 맞서거
나 순응하며 스스로 자기의 미로를 창조할 자기기만적 정신의 시초를

뜻하고, 이러한 정신의 자기기만은 정신이 자기를 능동적으로 기만함을 뜻하는 것이 아니라, 자신을 타자와의 외적 대립의 관계 속에 머무는 자로 이해하도록 몰아세워짐으로써 수동적으로 생성된 자아의 이념을 삶의 시간적 운동의 중심점이자 시발점으로 파악하는 오류에 빠지게 되었다는 것을 뜻한다.

*

지금의 자아의 불완전하고 위태로운 시초가 필연적으로 빠지게 되는 이러한 오류로부터 벗어나기 위해서는 무엇을 어떻게 해야 할까? 『젊은 예술가의 초상』은 우리에게 두 가지 방식을 제시한다. 하나는 자신의 삶에서 기쁨이 사라지게 하는 모든 경향에 맞서는 방식이다. 나머지 하나는 아름다움의 힘에 순응함으로써 자기의 삶을 고통과 쾌락, 슬픔과 기쁨의 대립쌍이 부단히 자아내는 자아 형성의 악순환에서 벗어나도록 하는 방식이다.

첫 번째 방식은 자아 발전의 유사(類似)-변증법적 과정을 통해 묘사된다. 우선 특정한 유형의 자아를 압박하도록 몰아세우는 힘이 쾌락과 같은 좋은 감각의 부름에 순응하지 못하도록 하는 일종의 금욕적 삶에의 요구라는 깨달음 속에서 쾌락에 탐닉하는 삶을 선택한다. 그다음, 쾌락에 탐닉하는 삶을 쾌락에의 욕망과 유혹을 이기지 못하는 자기의 무기력을 드러내는 것으로 받아들이고 쾌락을 멀리하는 금욕주의적 삶을 선택한다. 죄책감에 부단히 시달리는 형태로 진행되는 이 금욕주의적 삶의 과정에서 죄책감은 그 자체로 이중의 의미를 지닌다. 하나는 쾌락에의 욕망과 유혹을 이겨 낼 강하고 독립적인 정신을 함양할 책임을 자기 자신에 대한 책임으로서 떠안을 역량의 결여

에 대한 자기비하적 통찰이다. 또 다른 하나는 쾌락에의 욕망과 유혹
을 이겨 낼 역량이 결여하도록 하는 그 근본 원인인 육체 중심의 삶을
완전히 지양하고, 순수하게 정신적인 삶을 살아갈 의지를 실현하기
위해, 종교적 믿음의 관점에서 자기의 육체적이고 현세적인 삶을 스
스로 완전히 부정해야 한다는 일종의 강박관념이다. 간단히 말해, 디
딜러스는 우선 고통에 대한 반발로 쾌락을 선택했고, 쾌락에 대한 반
발로 죄책감이라는 이름의 고차원적 고통을 선택했다. 그러나 죄책감
을 선택한 디딜러스는 자기에게 신부가 되기를 권유하는 교장의 얼굴
에서 "기쁨이 사라진(mirthless) 저문 하루의 잔영이 어려 있음을 보
고는"[3] 성직자로서의 삶에 회의를 느끼기 시작한다. 즉, 그는 다시 죄
책감이라는 이름의 고차원적인 고통에 대한 반발로 다시 기쁨이라는
이름의 고차원적인 쾌락을 선택한 것이다.

디딜러스의 이러한 정신적 성장 과정은 왜 유사-변증법적 과정인
가? 성장의 모든 단계에서 디딜러스의 자기는 자기에게 긍정적이거
나 부정적인 감각 및 감정에 수동적으로 반응하는 존재였고, 그럼으
로써 부단히 정신이 자기 안에 만들어 낸 미로 속에 갇힌 자기로 남았
기 때문이다. 즉, 디딜러스의 자기는 자기 외의 그 무엇과도 진실한
의미의 종합을 이루지 못한 것이다.

*

필자가 『젊은 예술가의 초상』에 담긴 조이스의 인생관을 잘 이해했
다면, 조이스 역시 디딜러스의 정신적 성장 과정을 진실한 의미의 종

---

3   POA, 139.

합과는 거리가 먼 일종의 유사-변증법적 과정으로 이해했다. 그렇다면 진실한 의미의 종합을 가능하게 하는 것은 무엇인가? 조이스의 선택은 아름다움이었다.

어느 날 디덜러스는 돌리마운트의 해변가에 서 있는 아름다운 한 소녀를 보고 자신이 완전한 아름다움의 존재를 찾았다고 믿게 되었다. 성직자의 길을 포기하고 예술의 길을 고민하던 디덜러스에게 소녀와의 이 만남은 일종의 에피파니였다. 그녀는 어느 초월적인 세계로부터 내려온 한 마리 새와도 같았고, 무언의 몸짓으로 그 무엇과의 외적 대립의 관계 속에서 경험되는 자아의 구속을 떨쳐 내고 순수한 아름다움의 존재와 하나가 되라고 속삭이는 천사와도 같았다.

디덜러스의 그러한 발견과 깨달음을 조이스는 다음과 같이 묘사한다.

"그녀의 이미지는 그의 영혼 안으로 영원히 들어와 버렸으며 어떤 말도 그 황홀경(ecstasy)의 성스러운 침묵을 깨트리지 않았다."[4]

소녀와의 만남이 가능하게 한 발견과 깨달음은 주인공 디덜러스에게 다음과 같은 결의를 품도록 한다.

"나는 백만 번이라도 체험의 현실과 만나 내 영혼의 대장간에서 아직 창조되지 않은 내 종족의 양심을 벼려 내리라."[5]

---

4   POA, 150.
5   POA, 225.

아마 디덜러스가 말하는 양심은 자아의 망념이 자아내는 정신 안의 미로에서 벗어나 진실로 아름다운 존재가 되어야 한다는 존재론적 청유의 방식으로 작용할 것이다. 아름다움은 디덜러스로 하여금 자아라는 이름의 음습한 감옥에서 벗어나도록 했고, 그럼으로써 자아의 망념이 자아내는 정신 안의 미로에서 벗어날 가능성을 제시했다. 도스토옙스키와 니체의 관점에서 보면, 디덜러스는 아름다움의 발견을 통해 데카당스적 경향에 빠져 있는 자기의 삶을 진실한 것으로, 아름다운 존재에게 자기를 넘겨주고 자신의 몰락을 스스로 선택함으로써 그 자신을 순수하고 절대적으로 긍정해 나가는 그러한 삶으로 갱신할 가능성에 눈뜬 셈이다.

*

디덜러스는 자신이 발견한 그 순수한 삶에의 가능성을 실현할 수 있는 존재일까? 필자는 디덜러스가 아직 그러한 존재의 단계에 이르지 못했다고 본다. 그는 자기를 정신의 미로에 가두려 하는 타자의 음성의 압박하는 힘에서 벗어나려 아름다움의 부름에 순응했을 뿐이다. 디덜러스의 자기는 자기 밖의 세계와 여전히 외적 대립의 관계를 형성하고 있고, 디덜러스가 발견한 아름다움이란 본질적으로 세계-초월적인 성격의 것으로서, 아름다움에 이끌린 자로 하여금 부단히 세계로부터 멀어지도록, 아름다움에 이끌린 자가 자신을 부단히, 그리고 결정적이고도 절대적으로, 세계와 외적 대립의 관계 속에 머무는 존재로 발견하도록 함으로써 디덜러스의 정신이 자아의 망념으로부터 벗어남과 동시에 다시 자아의 망념으로 회귀하도록 몰아세우는 그 자체 압박하는 힘일 뿐이다.

조이스는 소녀와의 만남이 디덜러스에게 일깨운 양심의 부름의 의미를 다음과 같이 묘사한다.

"그녀의 눈이 그를 불렀고, 그의 영혼은 그 부름에 응답해 뛰어올랐다. 살기 위해, 헤매기 위해, 승리하기 위해, 삶으로부터 삶을 되살리기 위해!"[6]

이러한 다짐은 분명 니체적 초인의 다짐과 닮았으며, '아직 창조되지 않은 내 종족의 양심을 벼려 내리라!' 라는 디덜러스의 또 다른 다짐을 떠올려 보면, 디덜러스의 인간관 역시 영락없이 차라투스트라의 인간관을 닮았다는 생각마저 들게 한다. 차라투스트라는 눈앞의 이웃을 사랑하는 자가 아니라 먼 미래의 인간을 사랑하는 자이기 때문이다. '아직 창조되지 않은 내 종족의 양심을 벼려 내리라!' 라는 디덜러스의 다짐은 그가 현세의 인간들이란 아직 온전한 의미의 양심을 지니고 있지 못하다는 것, 그리고 장차 그 자신이 벼려 낼 양심을 지니게 될 먼 미래의 인간만이 참된 의미의 인간이라는 것을 뜻할 것이다.

필자는 조이스가 창조한 조이스의 또 다른 자아인 디덜러스가 분명 초인을 향한 도상에 서 있는 존재라고 본다. 그러나 그 존재는 지금의 자아의 불완전하고 위태로운 시초에서 온전히 벗어나 있지 않다. 아름다움은 긍정적인 감각이고, 성직자로서의 미래가 암시한 기쁨이 없는 삶과 달리 기쁨으로 충만한 삶으로 이어지는 것이며, 아름다움을 양심의 부름으로 받아들인 디덜러스의 정신은 여전히 자기를 배려하

---

6 POA, 150.

는 정신, 온전히 몰락되고 또 극복되기를 거부하는 그러한 정신으로 남았다. 아름다움을 존재론적 양심의 근원적 계기로서 발견한 이후에 이르기까지 디덜러스의 자아는 유사 – 변증법적 성장 과정을 따라 변해 온 것이다.

아직 창조되지 않은 자기 종족의 양심을 벼려 내겠다는 디덜러스의 결의에도 불구하고, 디덜러스의 삶 역시 실은 행복주의의 삶일 뿐이라고 말한다면 지나친 논리 비약일까? 어쩌면 『젊은 예술가의 초상』이 출간된 당시의 상황에서는 디덜러스의 삶 자체가 행복주의에 대한 단호한 비판의 의미를 지니고 있었을지도 모른다. 개인의 행복이나 공공의 행복이 아니라 순수한 아름다움을 향한 부단한 상승의 운동을 삶의 목적으로 삼으라는 청유로서의 의미를 말이다.

그런데 그 의미가 오늘날에도 여전히 유효하다고 볼 수 있을까? 오늘날의 세계에서는 이런저런 자아가 되라는 세계로부터의 모든 압력을 떨쳐 내고 오직 순수한 아름다움을, 자유를, 정의를, 지금의 인류에게서 발견되지 않는 더욱 고차원적인 양심을 지향하는 아름다운 인간의 이야기가 팔기에 가장 훌륭한 이야기로 이미 상품화되어 있다. 하지만 이러한 이야기가 오늘날의 세계에서 현대 문화의 데카당스적 본질을 드러내는 이야기의 하나인 이유는 그것이 상품화되었다는 사실 자체에 있는 것은 아니다. 결정적인 것은 이러한 이야기가 전체로서의 세계와 외적 대립의 관계를 부단히 형성해 내는, 달리 말해 그 자신을 부단히 원자적 개인으로 만들어 나가는, 그러한 인간의 이야기로서 상품화된다는 것이다.

물론 그러한 인간의 이야기를 좋은 상품으로 여기고 사들이는 자는 자기도 모르게 자아 망집의 오류가 자기의 정신 안에 자아낸 미로 안으로 발을 들이게 되는 셈이다. 아니, 실은 이러한 자는 대개 언제나

이미 미로 안에서 헤매는 존재일 뿐이다. 그런 존재에게 자신이 좋은
상품이라 여기고 사들이는 이야기는 자아 망집에 사로잡힌 그 자신을
예술적 삶의 이상적인 주체로 미화하는 이야기이기도 하다.

문화, 의식 그리고 시간: 의식의 흐름과 새로운 시간 이해 2

S. 달드리 감독의 영화 〈디 아워스〉(2002)

과거와 현재, 미래의 세 가지 시간 계기 중 가장 중요한 것은 무엇일까? 논리적으로만 보면, 이러한 질문은 거의 난센스에 가깝다. 세 가지 계기 중 없어도 시간이 성립하는 것은 없고, 다른 두 가지 계기에 의존하지 않고 독립적으로 존재하는 특별한 계기도 없다. 과거가 없으면 현재와 미래도 없고, 현재가 없으면 과거와 미래도 없으며, 미래가 없으면 현재와 과거 역시 없다. 설령 세계의 종말이 와도 시간의 계기 중 과거와 현재만 남고 미래가 사라진다고 보기는 어렵다. 사라지는 것은 세계의 미래일 뿐이다. 과거와 현재가 있는 한 미래 또한 있고, 이미 종말을 맞은 세계의 미래는 없을지라도, 아무튼 시간은 부단히 미래로 흐를 뿐이다. 그렇지 않을까?

그렇다면 구체적인 삶의 관점에서 생각해 보자. 기억하는 나에게 세 시간 계기 중 가장 중요한 것은 과거이다. 기억은 늘 과거에 관한 것이고, 기억에 대한 나의 탐색은 과거의 경험과 기억이 나 자신에 의해 어떻게 해석되고 받아들여지느냐에 따라 나의 현재와 미래가 달라질 것임을 암시한다. 하지만 세상과 몸으로 부닥치며 살아가는 나에게 가장 중요한 것은 현재이다. 매 순간 즉각 결정을 내려야 하고, 몸에 익은 대로 자연스럽고 신속하게 행동해야 하며, 그러려면 과거에 대한 생각도, 미래에 대한 구상과 기획도, 일단 뒤로 미루어야 한다. 생각할 틈이 없기 때문이다.

그렇다면 미래가 가장 중요한 시간 계기인 상황은 없을까? 기억에 대한 탐색의 과정에서 자신의 자아가 자신의 주체적 의지와 무관하게 형성된 것이라는 점이 드러나면, 나는 미래에 대해서도 확신할 수 없게 된다. 지금처럼 살다 보면 결국 도래하게 될 미래가 정말 자신이 원하는 미래인지 판단할 수 없게 되는 것이다.

예컨대 법조인이나 의사가 되려는 내 인생의 목적 자체가 부모에 의해 일방적으로 결정된 것임을 새삼 깨닫고 고민하는 경우를 생각해 보라. 지금의 내 자아는 내 안에서 특정한 유형의 자아를 형성해 내려고 강압적으로 몰아세우는 부모의 음성을 차마 거스르지 못해 순응하며 살다 보니 형성된 것이다. 이제 나는 계속 순응하든지, 아니면 삶의 목적을 새롭게 찾든지 선택해야 한다. 계속 순응하기로 결정하면 내 인생의 시간에서 미래를 결정하는 것은 과거이고, 현재란 과거의 시간 속에서 침전된 습관과 충동의 시간을 가리킬 뿐이다. 하지만 미래를 향한 시간의 물길에 새로운 방향을 주어야 한다는 생각이 나의 정신을 지배할 때, 나는 장차 도래할 미래의 자아란 지금의 자아와 달라야 한다고 결심한 것이다. 이 경우 나에게 가장 중요한 시간 계기는 바로 미래이다.

물론 그러한 믿음은 지금의 나를 형성해 온 과거의 전 역사를 굴욕의 시간으로 받아들이게 한다. 자신의 자아 자체를 진실한 자아가 못되는 것으로 스스로 부정해야 할 만큼 나는 지금까지 타인의 의지대로 살아온 것이다. 결국 그러한 나에게 과거와 현재는 무화되어야 할 것으로 파악된 것이고, 바로 이러한 의미에서 오직 미래만이 결정적이고 유의미한 시간 계기가 된다. 물론 그렇다고 해서 과거와 현재가 정말 아무것도 아니게 되는 것은 아니다. 과거와 현재의 무화 역시 오직 무화되어야 할 과거와 현재와의 관계 속에서만 가능한 것이기 때문이다. 결국 자신의 과거를 스스로 부정하기로 결심한 자는 자신의 존재에 대한 근본적 불확실성을 떠안고 살아야 하는 셈이다. 과거란 연필로 쓴 글씨를 지우개로 지우듯 말끔히 무화될 수 있는 것이 아니기 때문이다.

자신의 진실한 자아의 발견과 실현이 과거와 현재의 무화를 통해 새롭게 열릴 미래로 부단히 유예된다. 그 유예의 시간은 침전된 습관으로 남아 새로운 자아의 형성을 방해할 자신의 과거와의 부단한 투쟁의 시간이기도 하다. 새로운 미래를 원하는 자에게 시간이란 자기 자신과의 투쟁의 과정 외에 다른 아무것도 아니다.

*

스티븐 달드리 감독의 2003년 영화 〈디 아워스〉는 세 가지 이야기가 번갈아 가며 진행되는 방식으로 구성되었다. 셋 다 여자의 삶에 관한 이야기다. 첫 번째 이야기는 1923년 영국 리치몬드 교외에서 살면서 소설 『댈러웨이 부인』을 집필하고 있는 버지니아 울프의 이야기다. 둘째 이야기는 1951년 미국 LA에 사는 로라 부인의 이야기다. 로라 부인은 『댈러웨이 부인』을 읽으며 자신의 삶에 대한 고민과 회의

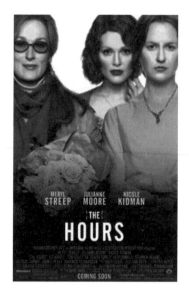

S. 달드리 감독의 영화 〈디 아워스〉(2002)
포스터[1]

에 빠지게 되었다. 셋째 이야기는 2001년 미국 뉴욕에 사는 출판 편집
자 클래리사 이야기다. 그녀는 옛 애인인 리처드의 문학상 수상을 기
념하는 파티를 준비하고 있다. 리처드는 두 번째 이야기의 주인공 로
라 부인의 아들이기도 하다.

버지니아 울프는 '의식의 흐름' 기법의 선구자 중 하나이다. 〈디 아
워스〉는 서로 다른 시대를 산 세 여자의 이야기를 하나로 엮어내면서,
'의식의 흐름' 기법에 일종의 역사성을 부여한 영화라고 볼 수 있다.
'의식의 흐름' 기법을 사용한 소설들은 대개 주인공 한 사람의 의식
과 기억, 체험 등을 자유분방하면서도 집약적인 서술 방식으로 표현
한다. 여러 인물의 의식을 소재로 삼는 경우도 있지만, 이 경우에도

---

1 https://en.wikipedia.org/wiki/The_Hours_(film)#/media/File:The_Hours_
poster.jpg

각자의 의식을 각자의 의식으로 분류해서 따로 다루는 가운데 전체 이야기 속에서 각각의 주인공의 이야기가 느슨하거나 긴밀하게 연관되도록 한다. 심지어 매우 짧은 기간 동안의 의식의 흐름만을 표현하기도 한다. 예컨대, 제임스 조이스의 소설 『율리시스』(1922)는 매우 방대한 분량임에도 불구하고, 1904년 6월 16일 아침에서 다음 날 오전까지의 이야기를 담고 있다. 버지니아 울프의 『등대로』(1927) 역시 비슷하다. 이 소설은 10년을 사이에 둔 이틀 동안의 이야기를 담고 있다.

〈디 아워스〉의 원작은 마이클 커닝햄의 동명 소설이다. 버지니아 울프의 『댈러웨이 부인』을 향한 일종의 오마주다. 필자가 원작 소설이 아니라 영화를 중심으로 글을 쓰기로 마음먹은 것은 주연을 맡은 세 여성 배우의 탁월한 연기력을 존중하기 위해서다. 버지니아 울프 역은 니콜 키드맨이, 로라 부인 역은 줄리앤 무어가, 클래리사 역은 메릴 스트립이 맡았다. 세 여성 배우의 연기를 통해서 세 가지 이야기가, 심지어 로라 부인과 클래리사의 허구적 이야기조차도, 실제 이야기 이상의 현실성을 획득했다. 그들의 표정과 몸짓을 통해 보통 선형적 흐름처럼 파악되는 실제 세계의 이야기가 순수 지속이라는 원형적 시간의 이미지로 전환되었다.

*

우리는 『젊은 예술가의 초상』의 주인공 스티븐 디덜러스 이야기가 오늘날의 우리에게는 일종의 데카당스적 경향을 부추기는 이야기일 수 있음을 확인한 바 있다. 현대 문화의 데카당스적 경향은 크게 두 가지로 나뉘어 고찰될 수 있다.

첫째, 모든 사회 구성원의 자아를 일상적이고 비본래적인 자아로 획일화하는 경향이다. 이러한 경향을 가장 심오하고 명확하게 드러낸 사상가는 바로 20세기 최대의 철학자 하이데거다. 하이데거는 자신의 주저 『존재와 시간』(1927)에서 일상세계는 도구적 의미연관이 지배하는 세계라는 것을, 그리고 그 때문에 일상세계에서 삶에 필요한 것을 마련하며 분주히 살다 보면 모든 것을 삶을 위해 쓸모 있거나 쓸모 없는 것으로 파악하는 경향에 빠진 일상적이고도 비본래적인 자아가 형성된다는 것을, 역설한다. 이 말이 무슨 뜻인지 잘 이해가 되지 않으면, 다른 사람에게 자신이 쓸모없는 인간으로 비치는 것이 얼마나 두렵고 싫은 일인지 생각해 보면 된다. 나의 삶은 자체 목적이고, 이는 나의 삶을 도구에 불과한 것으로 여겨서는 안 된다는 것을 뜻한다. 하지만 쓸모 있는 자가 되어야 한다는 강박관념에 시달리는 나는 이미 자기의 삶을 일종의 도구로 여기고 있다. 일상세계에서 살다 보면 자기 자신조차 일종의 도구적 존재자로 해석하는 경향에 빠지게 되는 것이다.

둘째, 이러한 경향에 대한 일종의 반(反)-경향으로서, 평준화되고 획일화된 인간들의 세계에서 동떨어져 나와 자기만이 고유한 삶을 살아갈 결의를 품는 한 개인의 이야기를 신화화하고 상품화하는 경향이다. 평준화되고 획일화된 의식으로 살아가기를 거부하는 창조적 소수의 이야기가 신화화되고 상품화되면서, 전체 세계와 외적 대립의 관계를 형성하는 원자적 자아를 형성해 내는 것이 바람직하고 올바른 일이라는 사상이 만연하게 된다.

오해는 하지 말라. 필자는 『젊은 예술가의 초상』을 매우 탁월한 작품으로 여긴다. 평준화되고 획일화된 인간들의 세계에서 동떨어져 나와 자기만의 고유한 삶을 살아갈 결의를 품는 것은 삶을 약화하는 데카당스적 경향을 극복하기 위해 반드시 거쳐야 하는 과정이기도 하다. 니체의 차라투스트라 역시 이러한 과정을 거쳤을 뿐만 아니라 지극한 인간 사랑 때문에 다시 지상으로 내려온 뒤에도 이러한 과정을 다시 거쳐야만 했다.

그러나 차라투스트라는 지극한 인간 사랑을 가슴에 품은 자였고, 따라서 평준화되고 획일화된 인간들의 세계로부터 동떨어진 삶을 살고자 하는 차라투스트라의 결의 역시 자기만의 삶을 위해 내린 것은 아니었다. 사랑을 아는 자는 반드시 사랑의 대상이 있는 곳으로 회귀하기 마련이다. 그리고 그 회귀는, 사랑이 진실한 것인 한에서, 자기의 개인적 삶을 위한 것이 아니다. 사랑 때문에 사랑의 대상이 있는 곳으로 회귀하는 정신은 사랑의 대상을 위해 자기의 몰락을 감내할 준비가 되어 있다. 원자적 개인으로서의 삶을 추구하는 정신이 아니라, 오직 자기의 몰락을 감내할 준비가 되어 있는 정신만이 진실로 아름답고 고차원적인 삶의 길을 열어 나갈 수 있음을 알기 때문이다.

그런 점에서 『젊은 예술가의 초상』은 이중의 가능성을 지닌 작품인 셈이다. 평준화되고 획일화된 인간들의 세계에서 동떨어져 나오는 데 성공한 디덜러스의 이야기는, 그가 자기의 몰락을 감내할 준비를 갖추며 다시 세계로 복귀하는 이야기로 이어지는 경우, 현대 문화의 데카당스적인 경향을 극복하는 데 이바지할 이야기로 자리매김될 수 있다. 하지만 원자적 개인의 신화로 이어지는 경우, 현대 문화의 데카당스적인 경향을 더욱 부추기는 이야기로 전락할 뿐이다.

물론 결정적으로 중요한 것은 세계로의 복귀 자체는 아니다. 세계로의 복귀는 행복주의의 극복을 위한 것인 경우에만 데카당스적인 경향을 극복할 가능성으로 이어진다. 평준화되고 획일화된 인간들의 세계에서 동떨어져 나옴이 데카당스적 경향을 부추길 위험의 온전한 극

복일 수 없는 까닭은 그것이 동떨어져 나오는 정신의 고통으로부터의
해방 및 행복을 위한 것이기 때문이다.

유감스럽게도, 행복주의의 극복이라는 관점에서 보면, 〈디 아워스〉
역시 한계를 지니는 것으로 보인다. 〈디 아워스〉의 세 주인공 가운데
행복주의를 온전히 극복한 인물은 없다는 뜻이다.

*

〈디 아워스〉의 세 주인공 가운데 버지니아 울프는 자살로 생을 마
감하고, 로라 부인과 클래리사는 사랑하는 사람의 자살을 겪는다. 로
라 부인과 클래리사가 사랑한 자는 같은 사람이다. 다만 사랑의 성격
은 다르다. 로라 부인은 어머니로서 그를 사랑했고, 클래리사는 연인
으로서 그를 사랑했다. 버지니아 울프처럼 자살로 생을 마감한 사람
은 바로 리처드였다.

버지니아 울프는 왜 자살을 감행했는가? 〈디 아워스〉만 놓고 보면,
그 이유는 관점에 따라 달리 대답될 수 있다.

버지니아 울프는 언니의 방문을 받았다. 언니는 아들 둘과 딸 하나
를 함께 데리고 왔다. 하지만 동생의 말과 행동은 매우 이상하다. 언
니네 가족과 함께 있으면서도 그들과 친밀한 대화를 나누는 대신 『댈
러웨이 부인』에 관한 구상에 골몰하는 모습을 보였다. 심지어 어린 딸
에게 죽음에 관한 이야기를 넋 나간 표정으로 늘어놓는 버지니아 울
프를 보고 그녀의 언니는 딸이 받게 될 정서적 충격을 우려해서 곧바
로 집으로 되돌아갈 결심을 한다. 결국 버지니아 울프는 언니조차도
견딜 수 없을 만큼 세상 사람들에게 자신이 이상한 존재로 비친다는
사실을 확인한 셈이다. 그녀는 세상과 어울리기에는 자기 고유의 삶

과 존재에 대한 의식이 너무 강한 인간이었다.

언니가 떠나고 나서 얼마 뒤, 버지니아 울프는 남편 몰래 집을 나가 기차역으로 간다. 그녀는 혼자서 런던으로 가려 했지만, 버지니아 울프의 의도를 눈치챈 남편 레너드가 기차역까지 쫓아온다. 플랫폼에서 두 사람은 큰 소리로 다툰다. 두 사람이 나누는 이야기를 통해서, 버지니아 울프가 런던에서 이미 두 번이나 자살을 시도했다는 것, 정신과 의사의 권면에 따라 레너드가 화려한 런던 생활을 포기하고 오직 버지니아 울프를 위해 리치몬드 교외에서 살기로 결정했다는 것 등을 알 수 있다.

아마 정신의학의 관점에서 보면, 버지니아 울프의 자살은 오래전부터 예정된 것에 지나지 않을 것이다. 타고난 병리적 기질 때문이든, 아니면 지나치게 예민한 기질 때문이든, 한 가지 분명한 것은 버지니아 울프가 스스로 삶을 마감하려 할 만큼 큰 정신적 고통에 시달리고 있었다는 것이다. 살고자 하는 의지가 아무리 강해도, 치명적인 상처를 입은 몸은 결국 죽기 마련이다. 정신에 대해서도 마찬가지 이야기를 할 수 있다. 치명적인 상처를 입은 정신은 살려고 몸부림쳐도 결국 죽게 된다. 정신의학의 관점에서 보면, 버지니아 울프의 자살은 그녀의 정신이 입은 치명적인 상처의 결과일 뿐이다. 이 경우 자살은 자유로운 선택과 결단의 결과일 수 없다. 치명적인 상처가 원인으로 작용해서 필연적으로 생겨난 그 결과일 뿐이다.

하지만 버지니아 울프의 작가 정신에 비추어 보면, 그녀의 자살은 인과율적으로 설명될 수 있는 것이 아니다. 기차역에서 레너드는 자신은 오직 아내인 당신을 향한 사랑 때문에 희생을 감내해 왔다고, 그럼에도 당신이 나를 떠나려는 것은 배은망덕한 일이라고, 거의 울부짖듯 버지니아 울프에게 외친다. 하지만 버지니아 울프는 자신이 배은망덕하다는 레너드의 말을 어이없는 말로 받아들인다.

"나는 내 인생을 도둑맞았어!"라고 그녀는 항변한다. 그녀는 한 번도 한적한 교외 생활을 원한 적이 없었다. 그녀는 도시에서의 격렬한 삶을 원했으며, 그것은 지금도 마찬가지다. 그런데도 자신이 한적한 교외 생활을 해야 한다고 의사와 남편 레너드가 제멋대로 결정해 버렸다. 자기에게서 자기 인생을 스스로 살아갈 모든 인간의 기본적인 권리를 의사와 레너드가 앗아가 버렸다는 것이다.

레너드는 아내의 이야기를 들은 뒤 그녀의 뜻에 따라 다시 런던으로 이사하겠노라고 말한다. 그렇게 말하는 그의 얼굴에는 고통과 좌절감이 역력히 어려 있었다. 하지만 곧 아무렇지도 않은 듯한 표정을 지어 보이며, 레너드는 버지니아 울프에게 배고프지 않은지 묻는다. 그의 음성은 '이 모든 고통에도 불구하고 나는 다시 힘을 내서 당신과의 삶을 기어이 견뎌 내겠어!'라는 다짐이 어려 있는 듯했다.

그런 레너드를 보며 버지니아 울프는 두 가지를 깨달았다. 하나는 자신과 레너드가 이 세상 그 누구보다도 진실하고 아름다운 사랑을 하고 있다는 사실이었다. 또 다른 하나는 그럼에도 자신의 존재는 레너드에게 견디기 힘든 고통의 원인이자 이유가 된다는 사실이었다.

버지니아 울프가 결국 자살을 감행한 것은 바로 이 두 가지 깨달음 때문이었다. 가장 진실하고 아름다운 사랑조차도 자신에게 구원이 될 수 없다는 깨달음, 구원이 되기는커녕 도리어 자신의 존재로 인해 자신에게 가장 소중한 사람이 끝없이 상처를 입게 되는 참혹한 상황에 처하게 한다는 깨달음이 그녀로 하여금 자신의 존재를 스스로 무로 되돌릴 결의를 품게 한 것이다.

*

로라 부인의 아들이자 클래리사의 옛 애인인 리처드는 왜 자살했을까? 역시 사랑 때문이었다. 리처드의 기억 속에서 어린 시절은 원래 행복했다. 아버지는 자상하고 성실한 남자였고, 어머니는 현모양처였으며, 리처드 자신은 사랑스럽고 총명한 아이였다. 게다가, 비록 큰 부자는 아니지만, 리처드 가족은 경제적으로도 꽤 유복한 편이었다. 리처드의 행복이 언제부터 흐려지기 시작했는지 정확하게 알 수 없다. 그러나 아마 어머니가 『댈러웨이 부인』을 읽으면서 자신의 삶에 대한 회의와 번민에 휩싸이기 시작한 때부터였을 것이다. 로라 부인은 아들 리처드를 아는 사람 집에 맡기고 혼자 호텔로 가서 약을 먹고 자살하려 한다. 하지만 때마침 그녀는 둘째를 임신한 상태였다. 그 때문인지 로라 부인은 차마 자살을 감행하지 못하고 다시 집으로 돌아간다. 하지만 그녀의 결심은 이미 서 있었다. 아기가 세상에 나오고 나면, 가족을 버리고 새로운 삶을 시작하겠다는 결심이었다.

리처드는 어머니에게 버림받은 상처를 극복할 수 없었다. 그 역시 버지니아 울프처럼 광기에 시달렸고, 끝없이 환청을 들었으며, 자신이 세상 그 누구와도 어울릴 수 없는 이상한 존재라는 무서운 진실을 직면해야 했다. 자살을 감행하기 전 그가 클래리사와 나눈 대화는 작가인 그의 삶이 버지니아 울프의 삶과 매우 유사하다는 것을 드러낸다. 그 역시 자신과 클래리사의 사랑보다 아름답고 진실한 사랑은 없다는 것을 알았고, 그럼에도 자신의 삶은 결코 고통에서 벗어날 수 없다는 것 또한 알았다.

하지만 리처드가 버지니아 울프처럼 그 자신의 자유로운 선택과 결의로 자살을 감행했는지는 불분명하다. 그는 클래리사가 자신의 존재를 필요로 한다는 생각 때문에 삶을 견뎌 왔을 뿐이었다. 그러나 마침내 더 이상 견딜 수 없게 되었다. 옛 애인인 클래리사의 삶이 자신의 삶과 실질적으로 무관하게 되었다는 것을 고려해 보면 더 이상 견딜 이유도 없었다. 그러니 리처드는 자살하도록 내몰린 셈이었다.

버지니아 울프는 생의 마지막 순간에 이르기까지 레너드와의 진실한 사랑을 믿었다. 그럼에도 그녀가 자유로이 죽음을 선택한 이유 중 하나는 레너드에게 자신의 존재 자체가 끝없는 고통의 원인임을 안다는 것이었다. 하지만 리처드는 클래리사와의 사랑이 자신의 삶에서 이미 무의미해졌다는 것을 알고 있었다. 리처드는 클래리사에게 이제 자신을 그만 놓아주어야 한다고 말한다. 그 말은 곧 클래리사가 옛 애인 리처드가 계속 살기를 바라고 있다는 뜻이다. 그러나 클래리사는 이미 리처드와 무관한 삶의 길을 가고 있는 상황이었다. 자살을 감행할 당시의 버지니아 울프에게 사랑은 여전히 현실적이었다. 하지만 리처드는 이미 오래전부터 사랑을 과거가 남긴 흔적으로만 발견할 뿐이었다. 어머니와의 사랑이 어린 시절의 가슴 아픈 추억에 불과하듯이, 클래리사와의 사랑 역시 자기 인생의 근원적 무의미만을 드러내는 상흔에 지나지 않았다.

*

로라 부인은 왜 가족을 떠날 결심을 했을까? 지금까지의 자기 인생이 자신의 주체적 선택과 무관하게 결정되어 버렸다는 깨달음 때문이었다. 그녀가 호텔 방에서 자살하려 했던 날은 마침 남편의 생일이기도 했다. 저녁 시간에 그녀는 마치 아무 일도 없었다는 듯이 자신이 손수 만든 케이크로 남편의 생일을 축하한다. 남편은 자신의 가정이 정말 행복한 가정이라고 새삼 느끼며 감격한다. 그는 활짝 웃으며 아들 리처드에게 자신이 왜 로라 부인과 결혼하게 되었는지 이야기를 들려준다. 인연은 그가 태평양 전쟁 때문에 군인의 신분으로 전쟁터에서 생활했을 때 시작되었다. 어느 날 그의 머릿속에 불현듯 고등학교 여자 동창생의 얼굴이 떠올랐다. 그녀의 이름은 로라였다. 그는 날마다 로라의 얼굴을 떠올리며 전쟁터에서의 고통스러운 삶을 견뎌 낼 수 있었다.

그는 리처드에게 그녀의 얼굴이 머릿속에 떠오른 바로 그때 자신이 한 가지 결심을 했노라고 말한다. 그러자 로라 부인은 갑자기 작은 희망의 불꽃을 보기라도 한 것처럼 그에게 무슨 결심을 했는지 묻는다. 남편은 "나는 그녀를 하나의 집으로 데려오겠다고 생각했어. 하나의 삶으로 말이야. 그건 꼭 지금의 우리 삶과 같은 그런 삶이었지"라고 대답한다.

상식적으로 보면, 그의 대답은 남편이 아내에게 바칠 수 있는 최상의 찬사와도 같았다. 그는 '나는 당신의 얼굴이 처음 떠올랐을 때 당신과 함께 행복한 가정을 만들 꿈과 결심을 품었는데, 당신과 결혼하고 보니 실제로 당신이 너무나도 좋은 사람이어서 정말 그 꿈을 이룰 수 있었어' 라는 뜻으로 말한 것이다. 그러나 남편의 대답을 들은 로라 부인의 얼굴은 곧바로 어두워진다. 왜 그랬을까? 자기 인생이 남자인 남편에 의해 일방적으로 결정되어 버렸다는 진실을 새삼 확인하게 되었기 때문이다. 처음 자기의 얼굴을 떠올렸을 때 남편은 자기가 어떤 사람인지 조금도 알지 못했다. 그런데도 그는 마치 당연한 일이라는 듯 자기를 현모양처가 될 여성으로 정해 버린 것이다.

*

〈디 아워스〉는 『댈러웨이 부인』을 향한 오마주이기도 하고, 『댈러웨이 부인』의 주인공에 대한 여성주의적 변형과 이상화의 산물이기도 하다. 소설의 여주인공 이름은 클래리사 댈러웨이이다. 그녀의 삶은 〈디 아워스〉의 로라 부인의 삶과 비슷하다. 그녀는 정부 고관인 남편 덕분에 경제적으로 풍요로운 삶을 산다. 소설은 주인공 댈러웨이 부인이 저녁 파티를 위해 장식용 꽃을 사려고 런던 거리를 걷기 시작하면서 본격적으로 전개된다. 마치 〈디 아워스〉의 로라 부인 이야기가 남편의 생일을 기념할 저녁 파티를 준비하는 로라 부인의 일상을 묘사하면서 시작하는 것처럼 말이다. 하지만 로라 부인과 달리 댈러웨이 부인은 안정된 삶을 포기하지 않는다. 그녀는 자기 인생에 대한, 그리고 전쟁과 죽음에 대한, 불가사의한 상념과 고민에 시달리기도 한다. 그래도 고독하고 자유로운 삶을 향한 감행은 차마 하지 못한다. 그러기에는 지켜야 할 것이 너무 많기 때문이다.

로라 부인의 남편과 아들 리처드는 댈러웨이 부인의 남편과 셉티머스라는 인물을 연상케 한다. 〈디 아워스〉에서 로라 부인의 남편은 전쟁의 참화를 겪었지만 결국 행복하고 안정된 가정을 일구어 낸 인물로 설정되고, 아들 리처드는 작가로 성공했음에도 불구하고 어머니에게서 버림받은 상처 때문에 자살하게 된 인간으로 설정된다. 하지만 『댈러웨이 부인』에서 전쟁의 참화를 겪은 것은 댈러웨이 부인의 남편이 아니라 아마추어 시인 셉티머스이다. 그는 전쟁에서 겪은 포탄 충격으로 정신이상에 시달리다 결국 자살하게 된 사람이다. 셉티머스의 자살 이야기를 들은 댈러웨이 부인은 셉티머스가 의사들의 치료에 자신을 내맡기는 일이 자신을 실험 대상으로 전락시키는 일이기도 하고 또 자신의 영혼을 파는 일이기도 하다는 생각 때문에 자살을 감행했다고 여긴다. 그런 점에서 보면, 『댈러웨이 부인』에서 버지니아 울프와 가장 닮은 인물은 주인공 댈러웨이 부인이 아니라 바로 셉티머스이다. 버지니아 울프 역시 자신을 실험 대상으로 전락시키기를 온몸으로 거부했고, 자유로운 영혼으로 남기 위해 스스로 자살을 감행했다. 반면 댈러웨이 부인은 자신 인생에 회의를 느끼면서도 결국 안정을 선택하고 만다.

『댈러웨이 부인』과 〈디 아워스〉의 사상적 관계는 어떻게 이해되어야 할까? 소설의 주인공인 댈러웨이 부인이 마땅히 가야만 했지만 가지 않았던 자유로운 여성의 길을 영화의 주인공 중 하나인 로라 부인은 갔다. 즉, 『댈러웨이 부인』이 자유로운 여성의 길을 가지 못하는 동시대 여성의 한계를 비판하는 글로 읽힐 수 있다면, 〈디 아워스〉는 자유로운 여성의 길을 가는 여성의 이야기를 통해 남성 중심의 세계를 비판하는 영화로 해석될 수 있다.

그러나 『댈러웨이 부인』과 〈디 아워스〉의 관계는 상호 보완적이고 연속적인 관계로만 파악될 수 없다. 둘 사이에는 한 가지 커다란 차이가 있기 때문이다.

『댈러웨이 부인』은 기본적으로 일상세계를 지배하는 행복주의에 대한 비판 의식에서 출발하는 작품이다. 여주인공 댈러웨이 부인은 한때 행복주의의 일상에 대해 의심을 품기도 하고, 행복주의의 일상을 훌쩍 떠나 버릴 고민을 하기도 하지만, 결국 지금까지의 안정된 삶을 선택하고 만다. 일상에 안주해 버린 것이다. 겉으로 보기에는 〈디 아워스〉 역시 행복주의에 대한 비판 의식에서 출발하는 것처럼 보인다. 그러나 실은 그 반대이다. 로라 부인을 괴롭힌 것은 무엇이었는가? 바로 자신이 불행한 삶을 살고 있다는 자각이었다. 남들 보기에는 아무 문제도 없는 행복한 사람이지만, 정작 로라 부인 자신은 자신의 삶을 견디기 힘든 고통의 삶으로 받아들인 것이다. 그런 점에서 로라 부인의 소위 자유로운 삶을 향한 결단도 실은 고통에서 벗어나기 위한 결단, 자기 스스로 만족할 수 있는 그러한 삶을 살기 위한 결단인 셈이다.

자유의 실현을 위해 이러한 결단 자체는 필요한 것이고, 유의미한 것이다. 오직 이러한 결단을 통해서만 도구적 의미연관이 지배하는 일상세계 속에서 스스로 도구적 존재가 되도록 끝없이 몰아세워지는 경향으로부터 본래적 자기를 회복할 수 있고, 또 본래적 자기를 회복하려는 결의를 통해서만 자유를 실현해 나갈 수 있기 때문이다. 그런 점에서, 자신의 자유로운 선택과 결단에 의해 현모양처가 된 것이 아니라 현모양처가 되도록 자신이 부단히 몰아세워졌을 뿐이라는 것을 자각한 여성이 안정된 일상세계를 떠나려고 마음을 먹은 것은 자유를 향한 도약이라고 할 만하다. 이러한 여성은 분명 소설의 여주인공 댈러웨이 부인보다는 자유로운 여성일 것이다.

아마 영화를 보고 나서 로라 부인의 선택이 매우 잘못된 선택이라고 느낄 사람이 적지 않을 것이다. 로라 부인이 가정을 버리는 바람에 모두가 불행해졌다. 남편과 자식들이 모두 비참한 정신적 고통에 시달리며 살다가 때 이른 죽음을 맞이한 것이다. 그렇다고 로라 부인이 무슨 대의를 추구한 것 같지도 않다. 그녀는 그저 자신이 원하는 삶을 살았을 뿐이다. 남편과 자식들이 불행해질 것을 알면서도 가정을 떠난 것 역시 자신이 원하는 삶을 살기 위해서였다. 그러니 보통 사람의 눈에는 그녀가 철저한 이기주의자로 보일 가능성이 농후하다.

그러나 그런 생각 때문에 로라 부인을 "괴물"로 여긴 인물이 영화 속에도 있다. 바로 리처드의 옛 애인 클래리사이다. 클래리사는 리처드의 장례식에 관한 소식을 로라 부인에게 알린다. 밤늦은 시각 로라 부인은 클래리사의 집을 방문한다. 자신을 향한 클래리사의 눈빛 속에서 로라 부인은 즉각 자신을 리처드의 자살에 책임이 있는 무정한 어머니로 비난하는 클래리사의 마음을 알아차린다.

로라 부인은 클래리사에게 자신이 죽음이 아니라 삶을 선택했을 뿐이라고 말한다. 현모양처로 계속 사는 것은 자신에게 일종의 유예된 죽음과 같았고, 가정을 떠나지 않았다면 그런 삶을 견딜 수 없어 결국 자살을 감행하게 되었을 것이라는 뜻이다. 클래리사는 로라 부인의 항변을 받아들인다. 로라 부인을 비난하는 것이 온당한 일인지 의심하게 된 것이다.

필자 역시 로라 부인을 비난하고 싶지 않다. 삶을 위한 선택의 결과가 그 누군가의 고통과 죽음이라는 것을 이유로 삼아, 삶이 아니라 죽음을 선택해야 한다고 다른 사람에게 말할 권리가 우리에게 있는지 의심스럽기 때문이다. 이러한 권리란 그 자체로 행복주의 및 희생양 논리의 표현에 지나지 않을 것이다. 그럼에도 한 가지는 분명하다. 〈디 아워스〉는 기본적으로 행복주의의 정신에서 출발해서 행복주의의 정신으로 끝난 작품이다. 영화 속에서 번갈아 가며 전개된 세 이야기의 중심점이자 연결점인 로라 부인의 이야기가 행복주의의 이야기라는 점에서도 그렇고, 버지니아 울프의 이야기도, 클래리사의 이야기도, 결국 개인적 삶의 자유와 행복에 관한 이야기, 개인적 삶의 구속과 불행에서 벗어나고자 애쓰는 정신에 관한 이야기라는 점에서도 그렇다.

엄밀히 말해, 〈디 아워스〉는 그 오마주의 대상인 『댈러웨이 부인』이 담고 있던 행복주의 비판의 흔적을 은밀한 행복주의의 논리로 지워 버린 작품이다. 댈러웨이 부인은 셉티머스의 결행에 크게 공감하지만, 결국 행복주의의 일상을 선택하고 만다. 그런 점에서 『댈러웨이 부인』은 행복주의의 논리가 지배하는 일상세계에 안주하고 마는 인간 군상에 대한 비판 의식을 담고 있다. 댈러웨이 부인은 그 표본으로서 형상화된 인물일 뿐이다. 〈디 아워스〉의 로라 부인은 행복주의의 논리가 지배하는 일상세계에 안주하기를 거부한다는 점에서 보면 분명 댈러웨이보다 진일보한 인물이다. 그러나 로라 부인은 어차피 일상세계에 안주할 수 없는 인물이었고, 그 까닭은 일상세계에서의 삶을 죽음과 다를 바 없는 무의미하고 고통스러운 삶으로 받아들였기 때문이다. 그는 고통으로부터 벗어나기 위해 일상세계를 떠났고, 그런 점에서 실질적으로는 자기의 행복을 위해 고통스러운 가정생활을 거부했을 뿐이다.

　〈디 아워스〉의 첫 번째 주인공 버지니아 울프의 삶과 로라 부인의 삶을 비교해 보면, 로라 부인의 선택이 실존적으로 어떤 의미를 지니는지 더욱 분명하게 알 수 있다. 버지니아 울프에게 자살을 감행함은, 적어도 〈디 아워스〉에서 묘사된 바에 따르면, 단순히 고통에서 벗어나려는 도피를 뜻하지 않았다. 그녀는 자신의 존재로 인해 연인 레너드의 삶이 고통으로 점철되어 왔음을, 그리고 자신이 살아 있는 한 앞으로도 그럴 것임을, 날카롭게 자각했다. 결국 버지니아 울프가 자살을 감행함은 레너드를 향한 순수하고 지극한 사랑 때문에 스스로 자신의 몰락을 선택함의 뜻으로 해석될 여지가 있는 셈이다. 달리 말해, 버지니아 울프의 자살은 행복주의에 대한 거부의 몸짓으로 이해될 수 있고, 그런 점에서 자신의 행복을 향한 욕망과 의지에조차 얽매이지 않은 순수하고 온전한 자유의 표현이라고 볼 수 있다. 〈디 아워스〉는 버지니아 울프의 선택을 다시 행복주의의 선택으로 변형시켜 버린 이야기를 담고 있다. 〈디 아워스〉의 세 주인공 중 버지니아 울프를 제외하면, 진실로 행복주의의 한계를 넘어서려 애쓰는 인물은 없다. 로라 부인도, 클래리사도, 제각각 자기 인생의 행복을, 고통으로부터의 해방을, 추구하며 살 뿐이다.

그런 점에서 〈디 아워스〉가 우리에게 제시하는 자유란 반쪽짜리일 뿐이다. 행복한 삶, 덜 불행한 삶, 스스로 만족할 수 있는 삶을 위해 안온한 일상의 구속을 뿌리치는 세 여성의 이야기를 담았다는 점에서 〈디 아워스〉는 자유의 증진을 위해 꼭 필요한 깨달음을 촉구한다. 그러나 자기의 행복을 추구하는 정신은 온전히 자유로울 수 없다. 자기의 행복을 향한 욕망과 의지에 얽매인 정신이기 때문이다. 달리 말해, 〈디 아워스〉가 우리에게 제시하는 자유의 완성은, 니체식으로 말하자면, 그 무엇을 향한 지극한 사랑 때문에 스스로 자신의 몰락을 선택하는 정신이 됨으로써만 이루어질 수 있다. 진정 자유로워지기 위해서는 도구적 의미연관이 지배하는 일상세계를 우선 떠나야 하고, 스스로 자신의 몰락을 선택할 수 있는 초인의 정신이 되어야 하며, 초인의 정신이 된 뒤에는 일상세계로 기어이 귀환해야 한다. 산 위로 올라가 홀로 10년의 세월을 보낸 차라투스트라가 지극한 인간 사랑 때문에 다시 지상으로 내려온 것처럼 말이다. 스스로 자신의 몰락을 선택할 수 있는 초인의 정신이 되어 가는 과정이 누락된 이야기는, 드높은 초인의 정신이 왜 기어이 지상의 세계로 귀환하게 되는지 들려주지 않는 이야기는, 아무리 큰소리로 자유를 외쳐도 결국 행복주의에 예속된 정신의 한계를 극복하지 못한다.

문화와 시, 그리고 존재:
시와 존재 1

F. 횔덜린의 시 〈빵과 포도주〉(1800/1801 추정)

프리드리히 횔덜린의 초상화. F. K. 히머의
1792년 작품. 파스텔화.[1]

프리드리히 횔덜린(1770~1843)은 오늘날 독일의 국민 시인으로 통한다. 하지만 횔덜린은 살아 있을 때 큰 인정을 받지는 못했다. 괴테

---

1 https://en.wikipedia.org/wiki/Friedrich_Hölderlin#/media/File:FK_
Hiemer_-_Friedrich_Hölderlin_(Pastell_1792).jpg

와 실러의 명성이 너무 높기 때문이기도 했고, 반평생을 정신착란에
시달리며 산 그의 불운한 인생 때문이기도 했다. 그가 재평가되기 시
작한 것은 20세기 초였다.

횔덜린의 대표작 가운데 하나는 그가 남긴 유일한 소설인 『휘페리
온』이다. 이 작품 속에는 행복주의에 대한 도스토옙스키와 니체의 비
판과 통하는 유명한 구절이 하나 담겨 있다.

"국가를 지옥으로 만든 것은 항상 인간이 국가를 자기의 천국으로 만
들기를 원한다는 것이다."[2]

횔덜린에게 불멸의 명성을 안겨 준 사상가 중 하나는 바로 하이데
거다. 하이데거는 횔덜린을 시인 중의 시인으로 높이 평가했다. 후기
하이데거 사상의 중심에 있는 시와 예술 개념의 핵심은 하이데거의
횔덜린 연구를 통해 형성된 것이라고 해도 과언이 아니다.

하이데거는 시에 특유의 존재론적 의미를 부여한다. 하이데거에 따
르면, 시는 존재 자체의 드러남이다. 또한 시란 예술의 본질이기도 하
다. 예술이란, 그 본래적이고 근원적인 의미의 관점에서 보면, 존재
자체의 드러남인 시 짓기와 같다는 뜻이다. 하이데거는 심지어 고대
그리스어 테크네조차 원래 제작 기술이 아니라 존재를 그 자체로서
드러나도록 함을 가리키는 말이었다고 주장한다. 예술을 뜻하는 영어
'art'도, 독일어 'Kunst'도 기본적으로 기술, 기예 등의 뜻을 가지고
있다. 그러니 고대 그리스어 테크네에 대한 하이데거의 주장은 현대

2   GHY(F. Hölderlin, *Gedichte / Hyperion*, München: Wilhelm Goldmann Ver-
lag, 1961), 145.

예술과도 연관성이 있다고 보아야 한다.

하이데거는 행복주의라는 용어를 사용한 적은 없다. 그래도 시와 예술이 모두 존재 자체의 드러남이라는 하이데거의 주장을 행복주의와 연관 지어 해석해 볼 수는 있다. 잘 알려진 것처럼, 하이데거는 일상세계를 지배하는 것은 도구적 의미연관이라고 본다. 그가 현존재라는 말로 부르는 우리 인간들은 일상세계에서 사는 데 필요한 것을 마련하려고 애쓰기 마련이고, 그 때문에 살면서 만나는 모든 것을, 심지어 자기 자신마저도, 도구로 해석하는 경향에 빠져 있다.

도구란 무엇인가? 도구는 단순히 객체적인 것도 아니고, 단순히 주체적인 것도 아니다. 도구가 단순히 객체적인 것일 수 없는 이유는 도구란 인간을 위한 쓰임새의 존재자를 가리키는 것이기 때문이다. 그럼에도 도구가 단순히 주체적인 것일 수 없는 이유는 도구로 쓰일 수 있는 존재자를 인간이 자의적으로 만든 것은 아니기 때문이다. 거칠게 말해, 도구란 사는 데 필요한 것을 마련하려 애쓰며 자기를 배려하는 존재자인 인간 현존재와 세계 안에 있는 그 무엇의 만남의 사건을 통해 생성되는 것이다. 달리 말해, 도구의 도구성을 가능하게 하는 것은 인간 현존재와의 만남의 사건을 통해 하나의 존재자의 존재가 도구적 존재로서 드러남이다. 이러한 드러남을 하이데거는ㅡ보통 탈은폐라고 번역되는ㅡ고대 그리스어 알레테이아로 부른다.

*

그런데 이러한 탈은폐는 동시에 존재 자체의 은폐이기도 하다. 도구로서의 존재는 인간 현존재를 위한 존재자의 쓰임새를 드러내는 것일 뿐 도구로 환원될 수 없는 존재자의 존재를 그 자체로서 드러내는 것은 아니기 때문이다. 그렇다면 도구로 환원될 수 없는 존재자의 존재는 우리에게 어떻게 드러날까? 이러한 물음은 자칫 객관성에 대한 물음으로 오인되기 쉽다. 그러나 하이데거의 존재론이나 그 방법론적 기초인 현상학의 관점에서 보면, 객관성이라는 말은 본래 난센스에 지나지 않는다.

물론 현상학자들 역시 이따금 객관성이라는 말을 쓴다. 이때 객관성이란 기본적으로 개개인의 자의적 판단을 넘어서는 것을 가리킨다. 그런데 객관성이라는 말을 인간의 존재와 완전히 무관한 사물 그 자체의 순수하게 객체적인 속성을 가리키는 말로 이해하는 경우, 이러한 의미의 객관성은—적어도 현상학과 존재론의 관점에서 보면—긍정될 수도, 부정될 수도 없는 난센스일 뿐이다.

왜 그럴까? 그 무엇에 대한 앎은 경험과 인식의 과정을 전제로 한다. 그런데 경험과 인식이란 가치중립적으로 이루어지는 것이 아니라 경험하고 인식하는 현존재 특유의 경험의 방식 및 인식의 방식을 반영하면서 이루어지는 것이다. 철학적으로 사고하는 법을 모르는 사람에게 붉은 꽃의 붉음은 지금 자신이 보고 있는 꽃의 객체적 속성이다. 그러나 조금만 생각해 보면, 이러한 판단이 완전한 오류 판단에 지나지 않는다는 것을 금방 알 수 있다. 붉음이란 감각적인 것이고, 감각적인 것은 감각하는 내가 없으면 생성되지 않는다.

감각과 무관한 순수하게 논리적인 인식이 있을 수 있을까? 설령 그렇다고 해도, 논리적인 인식 역시 인간에게 특유한 인식의 틀을 근거로 삼아 이루어지는 것이다. 그런데 논리적 인식을 가능하게 하는 인식의 틀 자체에 대해서는 그 논리적 타당성 여부를 따지기 어렵다. 논리적 타당성 여부를 따지는 것 자체가 인식의 틀을 근거로 삼아 이루어지는 것이기 때문이다. 그러니 소위 객관적 인식이란 그 자체로 인식하는 자에게 특유한 인식의 틀을 근거로 삼아 형성된 것이고, 그런 점에서 사물 자체의 존재와 엄밀하게 구분되어야 하는 인식하는 자의 정신성을 이미 반영하고 있는 것이다.

*

하나의 존재자가 도구로서 드러나도록 하는 것은 무엇인가? 삶에 필요한 것을 마련하려고 언제나 이미 자기를 배려하는 방식으로 존재하는 인간 현존재의 존재이다. 존재론적으로 보면, 인간 현존재가 자기를 배려하는 방식이 반드시 행복주의 방식과 같은 것이라고 보기는 어렵다. 행복주의를 극복한 성인군자나 초인조차도 삶에 필요한 것을 마련해야 하는 법이다. 그러니 성인군자나 초인 역시 존재자를 도구로 해석하는 경향에서 완전히 벗어날 수는 없다.

그래도 인간이란 대개 행복주의의 관점에서 삶을 바라보는 경향에 빠져 있다는 것을 부정하기는 어렵다. 사물의 도구성 역시 보통 사람의 일상세계를 지배하는 행복주의의 관점을 반영하기 마련이다. 이 말은 곧 존재자를 도구로 해석하는 일상적 경향 자체가 실은 자기의 행복을 실현하기 위해 부단히 희생양을 생산하려는 경향과 같다는 것을 뜻한다.

행복의 실현을 삶의 목적으로 삼는 자는 행복의 실현을 방해하는 모든 것을 제거하려는 의지를 지니기 마련이다. 목적이란 목적의 실현을 방해하는 것을 제거하는 행위를 통해서만 달성될 수 있는 것이니 말이다. 행복주의가 수반하는 희생양 논리는 두 가지 상이한 방식으로 관철될 수 있다. 하나는 행복을 방해하는 대상을 직접적으로 제거하는 방식이다. 또 다른 하나는 행복을 방해하는 대상을 무력화함으로써 그 위험성을 제거하는 방식이다. 행복주의로 인해 인간이 거세되고 평준화되도록 내몰리는 것 역시 이 두 가지 방식으로 이루어지는 것이다. 물론 후자의 방식은 전자의 방식을 전제로 하고, 전자의 방식을 적용하는 그 목적은 후자의 방식이 효율적으로 적용되는 것을 돕는 데 있다. 행복을 방해하는 인간은 제거되기 마련이라는 것을 드러냄으로써 인간이 불안과 두려움에 사로잡히게 하고, 그럼으로써 스스로 자신의 야성을 버리도록 하는 것이 인간을 거세하고 평준화하는 행복주의의 방식이라는 뜻이다.

*

횔덜린의 작품 세계에서 눈여겨보아야 하는 점 중 하나는 프랑스 혁명 이후의 유럽 세계에 대한 그의 비판적 관점이다. 우선 횔덜린의 유명한 시 〈빵과 포도주〉의 일부를 읽어 보도록 하자.

〈빵과 포도주〉 - 횔덜린 (번역: 한상연)

7. (궁핍한 시대에 시인은 무엇을 위해 존재하는가?)

그러나 친구여! 우린 너무 늦게 온다네. 비록 살아 있어도 신들은
  우리 머리 위 저 너머 다른 세계에 머물 뿐이지.
끝없이 그들은 그곳에서 역사하지만
  그래도 우리가 살아 있는지 별 관심은 없는 것 같아.
하늘의 신들이 우릴 그토록 소중히 여긴다고 해도 말이야.
  그건 약한 부대로는 늘 그들을 담아낼 수 없기 때문이지.

인간은 신적 충만함을 오래 견뎌 내지 못하는 거야.

　우리에겐 꿈에 불과한 것이 하늘에선 곧 삶이지. 하지만 때론 방황이

잠처럼 원기를 주고, 궁핍과 밤이 우릴 강하게 해.

　영웅들이 청동 요람에서 충분히 자랄 때까지,

마음이 하늘의 신들의 것인 양 굳세질 때까지 말이야.

　그럼 신들은 천둥치며 강림할 거야.

그때까진 잠이나 자는 것이 낫다는 생각이 종종 들기도 해.

　내겐 지금 동료도 없으니 그냥 그렇게 견디는 거지.

무엇을 하고 또 무엇을 말해야 할지 난 잘 모르겠어.

　궁핍한 시대에 시인은 무엇을 위해 존재하는지.

하지만 자네는 말하지. 신들은 주신의 성스러운 사제와 같다고.

　성스러운 밤 그들은 이 나라 저 나라 옮겨 다녔노라고 말이야.[3]

　이 시를 꼼꼼히 읽고 그 의미를 반추해 보면, 내용이 꽤 혼란스럽다
는 느낌을 받게 된다. 우선 '신들은 우리가 살아 있는지 별 관심은 없
는 것 같다'라는 주장과 '하늘의 신들이 우릴 그토록 소중히 여긴다
고 해도 말이야'라는 주장의 모순이 눈에 뜨인다. 하늘의 신들이 우릴
소중히 여긴다면, 신들은 당연히 우리가 살아 있는지 큰 관심을 기울
여야 하지 않을까? 인간을 사랑하면서도 인간이 살아 있는지 무관심
한 신이 대체 어떻게 있을 수 있을까? 그다음 '친구여!'라는 말과 '내
겐 지금 동료도 없으니 그냥 그렇게 견디는 거지'라는 말도 서로 어울
리지 않는 것처럼 보인다. 시의 화자(話者)가 완전한 고독의 상태에
머물고 있다는 느낌이 강한 탓에, 그가 말하는 '친구'가 대체 어떠한

3　GHY, 77.

존재인지, 실제 살아 있는 화자 자신의 친구를 가리키는 것인지, 아니면 그저 가상의 청자로 설정된 존재인지 등이 불분명하다.

게다가 〈빵과 포도주〉 전체 내용을 음미해 보면, 낮과 밤의 의미도 논리적으로 분명하게 파악하기가 쉽지 않다. 이 시에서 기본적으로 밤은 신적인 것의 부재로 특징될 근대 이후의 시대를 가리키는 말로 보인다. 반면 낮은 신적인 것이 충만했던 고대 그리스 시대를 가리킨다. 그렇다면 '성스러운 밤'이란 대체 무엇을 뜻하는 말일까? 신적인 것의 부재를 가리키는 밤이 어떻게 동시에 성스러운 것으로 규정될 수 있을까?

필자는 〈빵과 포도주〉에서 결정적인 것은 횔덜린 특유의 시간 의식이라고 본다. 아마 횔덜린의 시간 의식은 베르그송이 말하는 순수 지속으로서의 시간 의식과 같은 것으로 파악될 수 있을 것이다. 신적인 것으로 충만했던 고대 그리스의 낮과 신적인 것의 부재로 특징될 근대 이후의 시대가 제각각 선형적인 시간의 흐름 속에서 한순간 생성되었다가 곧 사라져 버릴 정신을 낳는 것이라면, 고대 그리스의 낮과 근대 이후의 밤은 서로 완전히 무관한 것으로 파악되어야 할 것이다. 하지만 신적인 충만함을 겪어 본 정신은 신적인 것의 부재를 용인할 수 없으며, 신적인 충만함에 대한 기억과 체험의 힘에 기대어 기어이 신적인 것의 부재를 넘어서야 한다. 달리 말해, 순수 지속으로서의 시간 의식의 관점에서 보면, 신적인 것의 부재인 밤의 시간 역시 역사의 전 과정에서 부단히 그 자신의 존재를 알려 오는 정신의 순수 지속의 시간에 속해 있고, 기어이 찬란한 낮으로 다시 고양될 시간이다. 바로 그렇기에 밤이란, 신적인 것의 부재로서, 견디기 힘든 좌절과 고통의 시간이면서도, 동시에 성스러운 밤일 수 있다.

그 위기의 시간 속에서 지난 시대의 정신은 그 자신의 순수한 체험

연관 속에서 생성된 신적 충만함의 기억을, 찬란한 낮의 시간을 또다
시 생성해 낼 그 가능 근거로서 우리에게 고지한다. 물론 이러한 고지
를 통해 드러나는 것은 삶을 성스러운 것으로 고양해 나가는 정신이
란 단순히 지난 과거에 속한 것일 수 없다는 진실이다. 그러한 정신은
역사의 전 과정을 일관하는 것이고, 바로 그러한 것으로서 역사성의
본질 그 자체이다. 인간의 역사에서 되풀이되는 영광과 몰락의 굴곡
을 넘어서서 인간의 삶과 존재를 역사적인 것으로 만드는 것은 바로
삶을 성스러운 것으로, 고차원적인 것으로, 고양해 나가는 정신 자체
이고, 역사란 본래 그러한 정신이 겪는 모험의 과정을 가리키는 것 외
에 다른 아무것도 아닌 것이다.

하늘의 신들은 왜 우리가 살아 있는지 별 관심이 없을까? 인간이란
생물학적 종의 이름이 아니라 성스럽고 고차원적인 삶을 향한 정신의
운동 속에서 부단히 자기가 몰락해 가도록 내버려 둘 수 있는 특별한
존재자를 가리키는 말이기 때문이다. 바로 그렇기에, 우리가 살아 있
는지 별 관심이 없는 하늘의 신들이 실은 인간을 최고도로 사랑하는
존재이다. 인간을 진실하게 사랑하는 방식이란 지금의 인간을 아끼는
것에 있는 것이 아니라 지금의 인간이 몰락하도록 내버려 둠으로써
보다 고차원적인 삶을 향한 정신의 고양이 이루어지도록 하는 것에
있는 것이기 때문이다.

횔덜린의 〈빵과 포도주〉는 고대 그리스의 정신으로부터 출발한 유
럽의 역사를 긍정적으로 묘사하는 시일까? 의심의 여지없이 그렇다.
그러나 그것은 동시에 자기 시대의 유럽에 대한 혹독한 비판의 표현
이기도 하다. 횔덜린에게 삶과 존재의 진실을 드러낼 시인은 너무 늦
게 온 존재이고, 그 때문에 시대의 궁핍함을 느끼며 견뎌야 하는 존재
이다. 장차 도래할 미래에 대한 벅찬 기대에도 불구하고, 시인은 자신

을 완전한 고독에 사로잡힌, 그리고 아마 그런 점에서는 저주받았다고 할 만한, 그러한 존재로 인식한다. 물론 자신을 고독의 저주에 사로잡힌 정신으로 발견하는 시인은 지금 당장 능동적으로 새 역사를 열어 갈 수 없다. 역사란 한 개인의 정신을 통해 열리는 것이 아니기 때문이다. 역사란 역사적 정신의 순수 지속의 시간 속에서 그 정신의 개별화된 표현과 서술로서 자기의 삶을 수용하는 자들의 우정과 합심을 통해 열리는 법이다. 자신을 개인적 행복을 위해 사는 자가 아니라 삶을 부단히 고차원적인 존재가 되게끔 고양해 나가는 역사적 정신의 중보자로서 여기는 인간들이 역사의 진정한 주체라는 뜻이다.

*

〈빵과 포도주〉에서 가장 혼란스러운 부분은 아마도 '우린 너무 늦게 온다네'라는 구절일 것이다. 도래할 미래가 신적 충만함으로 특징되리라 믿는 시인에게 신적인 것의 부재로 특징될 세상에서 태어나는 것은 그가 너무 늦게 왔음을 뜻하지 않는다. 도리어 시인은 '우린 너무 일찍 온다네'라고 탄식해야 한다. 신적 충만함으로 특징될 미래의 도래가 아직 멀었으니, 신적 부재로 특징될 지금의 시대가 미처 지나가기 전에 죽게 됨을 서러워해야 한다. 대체 시인은 무슨 뜻으로 '우린 너무 늦게 온다네'라고 말한 것일까?

논리적으로만 보면, 좋은 시대가 다 지나고 나서야 왔다는 뜻으로 해석하는 것이 맞을 듯하다. 잔치에 초대를 받은 사람이 너무 늦게 가 보니 술과 음식이 별로 남아 있지 않고, 심지어 이미 귀가한 사람도 적지 않아서 쓸쓸한 분위기마저 감도는 경우를 생각해 보라. 그는 잔치의 흥겨움을 느끼기에는 너무 늦게 왔다. 좋은 시간을 보내기를 원했다면, 조금 더 일찍 왔어야 했다. 그런데 그렇게 해석하자니, 횔덜린이 신적 충만함으로 특징될 시대로 여긴 고대 그리스 시대와—1770년생으로 헤겔과 동년배였던—횔덜린이 살던 시대의 간격이 너무나 크다. 보통 〈빵과 포도주〉가 잠정적으로 완성된 시기는 1800/1801년으로 추정된다. 근대가 언제 시작되었는지의 문제에 관해 큰 의견 차이가 있기는 하지만, 아무리 근대의 출발점을 늦게 잡아도 1800년은 근대가 시작된 지 꽤 긴 시간이 지난 시기이다. 그런데도 횔덜린은 고대 그리스에서 태어나지 못했음을 한탄했을까? 그가 말하는 '너무 늦게 옴'이란 고대 그리스에서 자신이 동시대에 이르기까지의 긴 시간만큼 늦게 옴을 뜻하는 것일까?

그렇게 믿고 싶으면 그렇게 믿어도 좋을 것이다. 횔덜린이 고대 그리스의 문화를 동경했다는 것은 사실이니, 그렇지 않다고 단언하기는 힘들다. 다만 필자는 '우린 너무 늦게 온다네'의 '늦음'을 근대 이후의 시기를 사는 시인의 일반적인 운명을 가리키는 말로 해석하는 것이 더 적절하리라고 믿는다. 신적 충만함으로 특징될 시대의 시인은 너무 일찍 오는 존재도 아니고, 너무 늦게 오는 존재도 아니다. 그는 그저 자기 시대의 다른 모든 존재와 마찬가지로 신적 충만함의 은총을 향유하는 존재일 뿐이다. 그러나 이러한 시대가 지나고 나면, 시인이란 대개의 인간에게 이미 지난 시대의 낡은 유물과도 같이 여겨질 뿐이다. 신적인 것의 부재란 신적인 것의 진실을 드러내는 시를 통해 존재가 그 자체로 신적인 것으로서, 성스러운 것으로서, 삶을 무의미의 나락으로부터 구원할 가능성의 본래적 근거로서, 발견될 수 없게 되었음을 뜻하는 말이다. 그러니 시를 통해 신적인 것을 존재의 진실로서 드러내기를 원하는 시인의 존재는 그 자체로 시대착오적이다. 이미 발견될 수 없게 된 것을 발견되도록 하는 것이 '너무 늦게 오는'

시인을 시인으로서 존재하도록 하는 역설적이고 자가당착적인 사명
이기 때문이다.

*

우리 시대의 무엇이 시인의 존재를 본질적으로 시대착오적인 존재
로 만들어 버릴까? 아마 이러한 물음에 대한 가장 명료하고 적절한
대답은 하이데거에게서 찾을 수 있을 것이다. 잘 알려진 것처럼, 하이
데거는 근대 이후의 시대를 계산적 사유의 폭력성으로 특징지은 바
있다. 한마디로, 근대 이후의 인간들은 모든 것을 수량의 관계로 환원
해 버리는 데 익숙해졌다는 뜻이다. 그 대표적인 사례는 자연과학과
자본주의이다.

자연과학은 우리에게 객관적 진실을 알려 주는 학문인가? 아마 이
러한 물음에 대한 답변은 관점에 따라 다를 것이다.

자연과학은 사변적 성찰로만 형성되는 학문이 아니다. 자연과학을
잘하려면, 실험과 관찰을 잘해야 하고, 실험과 관측을 통해 얻은 데이
터를 적절하게 잘 해석해서 논리적으로 정합적인 결론을 도출할 줄
알아야 하며, 그렇게 얻은 결론의 타당성을 다시 실험과 관찰을 통해
재검증하는 절차를 거쳐야 한다. 엉터리 자연과학 이론의 예측은 틀
리는 경우가 많지만, 정교하게 잘 만들어진 자연과학 이론의 예측은
틀리는 경우가 거의 없다. 그러니 자연과학은, 적어도 엉터리가 아닌
한에서는, 우리에게 객관적 진실을 알려 주는 학문이라고 볼 수 있을
것이다. 즉, 자연에서 실제적으로 일어나는 과정의 선후 관계를 적합
하게 결정하고 예측할 수 있도록 한다는 것을 소위 객관적 진실의 척
도로 보면, 잘 만들어진 자연과학은 우리에게 객관적 진실을 알려 줄

수 있다.

하지만 완전히 다른 입장도 가능하다. 자연과학의 이론이란 결국 모든 것을 수량의 관계로 환원함으로써 얻어지는 것이다. 그런데 세계는 본래 생생한 체험을 통해 알려지는 것이고, 그런 점에서 단순한 수량의 관계로 환원될 수 없다. 자연과학을 통해 세계의 진실이 밝혀진다고 주장하는 것은 돌이 꽃잎보다 얼마나 강한지 수량으로 표시한 다음, 돌로 꽃잎을 짓이기면 돌은 파괴되지 않고 꽃잎만 파괴된다는 것을 수치화된 데이터의 형태로 설명한 뒤, 돌과 꽃에 대한 객관적 진실을 발견했노라고 주장하는 것과 같다. 이러한 진실은 꽃잎보다 돌이 물리적으로 더 강하다는 것 외에는 다른 아무것도 보여 주지 않는다. 하나의 존재자를 아무리 정교하게 수치화해도, 존재자들 사이의 관계를 아무리 치밀하게 수량들의 관계로 환원해도, 존재자의 진실 자체는 언제나 표기된 숫자들 사이로 빠져나갈 뿐이다. 사실 너무 당연한 일 아닌가? 존재자들 사이의 관계를 수량의 관계로 해석하는 것은 세계에서 일어나는 이런저런 사건들의 결과를 예측하는 데 도움을 줄 편리한 방편일 뿐이다. 그런데 그러한 방편을 통해서는 존재자의 진실도, 존재자들 사이의 관계가 진실로 뜻하는 바도, 드러날 수 없다. 간단히 말해, 꽃은 그저 꽃일 뿐 수치화를 통해 그 존재의 근본 의미가 밝혀질 수 있는 것이 아니라는 뜻이다.

무슨 말인지 잘 이해가 가지 않으면, 이번에는 하이데거가 계산적 사유의 하나로 꼽은 자본주의의 관점으로 세상을 보는 법에 대해 생각해 보자.

자본주의 경제학에서는 존재하는 모든 것이 잠재적·현실적 상품으로 간주된다. 상품에서 결정적인 것은 물론 사용 가치가 아니라 교환 가치이다. 물은 살아가는 데 꼭 필요한 것이고, 그런 점에서 다른 어떤 것보다 더 소중한 것이지만, 물이 흔한 곳에서는 매우 싸다. 물의 수요를 물의 공급이 초과하기 때문이다. 반면 다이아몬드 반지는 없어도 사는 데 별 지장이 없다. 그런 점에서 다이아몬드 반지는 본래 물보다 삶을 위해 훨씬 덜 중요한 것이다. 그럼에도 다이아몬드 반지는 물과는 비교할 수 없을 정도로 비싸다. 다이아몬드 반지가 상대적으로 희소해서, 그 공급이 수요를 초과하기가 어렵기 때문이다.

그런데 인간에 대해서도 똑같은 말을 할 수 있다. 자본주의 경제학의 관점에서 보면 인간도 기본적으로 노동 상품일 뿐이다. 물론 노동 상품 역시 다른 모든 상품과 마찬가지로 그 사용 가치가 아니라 교환 가치에 의해서 그 가격이 결정된다. 간단히 말해, 아무리 훌륭한 능력과 인품을 가진 사람이라도 그 수요에 비해 공급이 많으면 노동 상품으로서의 가치가 떨어지지만, 보잘것없는 능력과 인품을 가진 사람이라도 그 수요에 비해 공급이 적으면 노동 상품으로서의 가치가 올라간다. 심지어 인류에게 크나큰 해악을 끼치는 인물이라도 많은 사람이 선호하고 추종하면 높은 가치를 인정받게 된다.

누군가 자본주의 경제학의 관점에 서서 다양한 인간관계를 무수한 교환 가치들 사이의 수량적 관계로 환원했다고 생각해 보자. 그는 그러한 작업을 통해 인간들의 삶의 진실을 객관적으로 드러낸 것인가? 그러나 인간이 살면서 느끼는 고독은, 사랑은, 위대한 사랑을 향한 열망과 의지는, 자본주의 경제학이 우리에게 제시하는 수량들의 관계를 통해 드러날 수 있는 것이 아니다. 자본주의 경제학이 우리에게 삶의 진실을 객관적으로 보여 줄 수 있다는 생각은 자본주의의 냉혹한 교환 가치의 논리를 절대화하고 또 자연화하는 생각에 지나지 않는다. 자연과학에 대해서도 같은 이야기를 할 수 있다. 자연과학이 우리에게 제시하는 수량들의 관계를 세계의 객관적 진실의 표현으로 보는 것은 그 자체로 수량화될 수 없는 존재의 진실에 대한 냉혹한 폭력일 뿐이다.

근대 이후의 세계가—자연과학 및 자본주의로 대변되는—계산적 사유의 폭력성에 의해 특징될 수 있다는 것은 시인을 위해 어떤 의미를 지닐까? 시인의 삶과 존재의 의미가 완전히 부정되어 자칫 무용한 난센스로 전락해 버릴 위기에 처해 있음을 뜻한다. 자신의 삶과 존재의 의미가 이러한 위기에 처해 있음을 자각하는 시인은 자신을 '너무 늦게 오는' 존재로 이해할 수밖에 없다. 그런데 이 '너무 늦음'은 신적 충만함으로 특징될 옛 시대에 대한 향수와 동경의 표현으로만 간주될 수 없다. 시인이 자신을 '너무 늦게 오는' 존재로 자각함은 자기의 시대를 삶과 존재의 진실이 드러날 수 없는 시대, 계산적 사유의 폭력성으로 인해 인간의 정신이 그 자신의 존재 의미를 상실할 위기에 처한 시대로 받아들임을 뜻하기 때문이다.

물론 이러한 받아들임은 체념하고 절망함을 뜻할 수 없다. 시와 예술의 본질이 존재를 그 자체로서 드러나도록 함에 있는 한에서, 시인은 시인으로 존재하기 위해 존재를 그 자체로서 드러나도록 하는 시를 지어야 한다. 달리 말해, 자신을 '너무 늦게 오는' 존재로 자각하는 시인은 본래 반시대적인 존재, 투쟁의 존재, 계산적 사유의 폭력성에 대한 거부의 몸짓으로만 그 자신일 수 있는 그러한 존재이다.

*

〈빵과 포도주〉의 일차 완성 시기가 1800/1801년으로 추정된다는 것에 대해 생각해 보자. 그때는 1789년의 프랑스 대혁명이 일어난 지 10년 이상 지난 뒤였다. 혹시 횔덜린은 프랑스 대혁명의 표어이기도 한 '자유, 평등, 박애'의 정신을 받아들이지 않은 반동적 사상가였을까? 그는 신분제적 질서가 공고하던 구시대의 삶이 신분제가 철폐된 이후의 삶보다 더 바람직하다고 여겼을까?

아마 이런 질문을 제기하는 사람은 프랑스 대혁명을 긍정적으로 묘사하는 영화나 드라마, 소설 등에 의해 세뇌된 정신을 지녔을 가능성이 농후하다. 프랑스 대혁명 이후 프랑스를 비롯한 유럽의 여러 국가에서 나타난 사회적 변화는 그다지 긍정적이지 않았다.

경제학적으로 보면, 전쟁을 비롯한 여러 우여곡절이 있기는 했지만, 혁명적인 발전이 있었다. 프랑스의 경우, 18세기 후반 영국을 기점으로 시작된 산업혁명의 영향을 본격적으로 받아들이기 시작하면서 경제체제의 급속한 변화와 발전이 있었다. 우후죽순 공장이 들어서기 시작했고, 여기저기 산업화된 도시가 형성되기 시작했으며, 그 결과 프랑스의 경제력 역시 급속도로 커졌다. 그러니 결국 프랑스 대혁명의 결과는 대체로 긍정할 만한 것이라고 보아야 하지 않을까? 신분제도 철폐되고, 경제도 급속도로 성장했는데, 프랑스 대혁명 이후 유럽에서 일어난 변화를 부정적으로 보아야 할 이유가 무엇일까?

이러한 의문을 품은 사람은 마르크스가 영국에서 망명 생활을 하며 자본론을 집필할 당시의 런던 노동자의 삶이 어땠는지 떠올려 보기를 바란다. 자본론의 제1권이 출판된 해는 1867년이었다. 당시 영국 노동자의 평균 수명은 30년 정도에 지나지 않았다. 당시 세계에서 가장 부강한 국가의 노동자의 평균 수명이 이처럼 짧았던 이유는 무엇이었을까? 물론 여러 이유가 있었다. 열악한 위생 환경과 인구 집중으로 인해 전염병이 돌기 쉬웠다는 것도 그 이유 중 하나였다. 그러나 가장 커다란 이유는 보통 사람들의 삶의 여건이 너무나 열악하다는 점이었다. 1864년 영국 아동노동 조사위원회의 보고서에 따르면, 당시 부유하지 못한 집안의 아이들은 흔히 공장에서 하루 12시간에서 18시간까지 일하며 살았다. 임금이 너무 낮아 부모의 노동만으로는 생계를 이어가기 어려웠던 것이다.

　독자들은 이 책의 제1장에서 다룬 존 스타인벡의 『분노의 포도』가 노동자, 농민들의 비참한 생활상을 그리고 있다는 것을 기억할 것이다. 1929년에 시작되어 1939년까지 지속된 대공황이 소설의 시대적 배경이니, 프랑스 대혁명이 일어난 지 140년 이상 지난 뒤에도 여전히 수많은 사람이 참혹한 상황에 내몰리고 있었다는 것을 알 수 있다.

　무엇이 문제였을까? 프랑스 대혁명의 표어인 '자유, 평등, 박애'란 일종의 기만술에 지나지 않았던 것일까? 그렇기도 하고, 그렇지 않기도 하다. 예를 들어, 1800년대의 프랑스에서 투표권을 지닌 사람이 일정 규모 이상의 토지를 지닌 극소수의 성인 남자에 지나지 않았다는 것, 여성에게 투표권이 주어진 것은 20세기에 와서야 일어난 일이라는 것, '자유, 평등, 박애'로 대변되는 계몽주의의 정신을 지지하던 자들 가운데 극단적인 남성 중심주의자 및 인종차별주의자가 많았다는 잘 알려진 사실을 떠올려 보면, 프랑스 대혁명의 표어인 '자유, 평등, 박애'란 일종의 기만술에 지나지 않았다고 보아야 할 것이다. 그래도 프랑스 대혁명의 발발을 통해 모든 종류의 차별과 억압은 거부되어야 할 악에 지나지 않는다는 것, 우리는 모든 종류의 차별과 억압을 거부해야 할 뿐 아니라 차별과 억압을 조장하는 모든 제도와 인습을 철폐해야 하고 또 실제로 철폐할 수 있다는 것 등이 부정할 수 없는 역사의 진실로서 인류의 가슴에 아로새겨지기는 했다. 그러니 남들을 기만할 목적으로, 혹은 자기기만에 빠져서, '자유, 평등, 박애'를 부르짖은 인간들이 적지 않았다는 것을 이유로 삼아 프랑스 대혁명의 표어인 '자유, 평등, 박애'란 일종의 기만술에 지나지 않았다고 여기는 것은 단견(短見)이라고 보아야 할 것이다.

아마 가장 근본적인 문제는 '자유, 평등, 박애'를 부르짖는 인간들 대다수가 행복주의의 정신을 지니고 있었다는 점일 것이다. 자본주의가 끝없이 부추기는 개인적 행복과 성공의 신화가 사람들의 가슴 속에 심어 놓은 것은 행복을 쟁취하려면 부당한 억압을 받지 말아야 하고, 그러려면 자유와 평등의 정신이, 모든 사람에게 자유롭고 평등하게 살 권리를 인정할 박애의 정신이 시대정신이 되어야 한다는 신념이었다. 그러나 아무리 자유, 평등, 박애를 외쳐도, 그 바탕에 깔린 것이 행복주의의 정신인 한에서는, 실제로는 희생양 논리를 퍼뜨릴 뿐이다.

〈빵과 포도주〉는 횔덜린이 동시대를 지배하는 행복주의 정신의 기만적인 본질을 날카롭게 꿰뚫어 보고 있었다는 것을 드러낸다. 하나의 시대가 신적인 것의 부재로 특징될 시대가 되는 것은 실체적인 존재로서의 신들이 실제로 인간 곁을 떠나 버렸다는 객관적 사태에 기인하는 것이 아니다. 결정적인 것은 행복주의의 정신을 지닌 인간 자신에 의해서 모든 것이 행복의 증진에 이바지할 화폐의 양으로 환원되어 버렸다는 점이다. 설령 하늘의 신들이 우리를 굽어보고 있어도, 천둥처럼 우람한 소리를 내며 지상으로 강림해도, 행복주의의 정신이 지배하는 시대는 신적인 것의 부재로 특징될 시대로 남을 뿐이다. 신적인 것의 부재로 특징될 시대의 극복은 행복주의 및 희생양 논리의 극복을 통해서만 가능한 것이기 때문이다.

문화와 시, 그리고 존재:
시와 존재 2

라이너 마리아 릴케의 시집 『두이노의 비가』(1923)

존 키츠의 시 〈고대 그리스 항아리에 붙이는 송시〉(1819)

라이너 마리아 릴케의 『두이노의 비가』
(1923) 초판본 사진[1]

---

1 https://en.wikipedia.org/wiki/Duino_Elegies#/media/File:Rilke_Duineser_
Elegien_Titel.jpg

존 키츠가 고대 그리스 항아리의
인그레이빙을 트레이스한 이미지[2]

이 장에서는 두 편의 시를 중심으로 시와 존재의 문제를 다루고자
한다. 하나는 라이너 마리아 릴케의 시집 『두이노의 비가』에 실린 총
10편의 비가 중 첫 번째 비가의 앞부분이고, 다른 하나는 존 키츠의
시 〈고대 그리스 항아리에 부치는 송시〉이다.

릴케가 제1 〈두이노의 비가〉를 저술한 것은 1912년이고, 시집 『두
이노의 비가』 초판이 출판된 것은 그로부터 대략 11년 후인 1923년이
었다. 제1차 세계대전이 1914년에 시작되어 1918년에 끝났으니, 릴케
가 제1 〈두이노의 비가〉를 통해 드러낸 자기 시대에 관한 이해는 제1차
세계대전의 참화와 무관한 셈이다. 그래도 이 시가 제1차 세계대전을
통해 드러난 유럽 현대 문화의 위선과 허위에 대한 릴케의 비판 의식
을 담고 있지 않다고 단정하기는 어렵다. 릴케가 〈두이노의 비가〉 10편

---

2   https://en.wikipedia.org/wiki/Ode_on_a_Grecian_Urn#/media/File:Keats_
urn.jpg

을 완성하는 데 집중하기 시작한 해는 1920년이기 때문이다.

물론 릴케의 〈두이노의 비가〉에서 현대 문화에 대한 직설적인 비판을 찾기는 쉽지 않다. 종교적이고 신비주의적인 색채가 강한 탓에 현실 세계에 대한 냉철한 판단과 무관한 시라는 느낌이 들기도 한다. 그러나 〈두이노의 비가〉에서 곧잘 등장하는 종교적이고 신비주의적인 표현을 초월적 세계를 향한 정신적 도약의 표현 같은 것으로 오인해서는 안 된다. 그것은 도리어—횔덜린의 〈빵과 포도주〉가 그러한 것처럼—신적인 것의 부재로 특징될 현대를 살아야 할 인간이 겪는 실존론적이고 존재론적인 불안과 우울을 드러내는 것으로 파악되어야 한다.

〈두이노의 비가〉는 한편 실존론적이다. 〈두이노의 비가〉에 담긴 불안과 우울이 현대인의 실존적 상황에 대한 이해를 반영하기 때문이다. 다른 한편 〈두이노의 비가〉는 존재론적이다. 현대인의 실존 방식이 어떻게 존재를 드러내면서 동시에 감추는지 표현하기 때문이다.

키츠의 〈고대 그리스 항아리에 부치는 송시〉는 하이데거가 말하는 존재론적 진리의 의미를 시적 감성의 언어로 매우 명징하고 적확하게 표현하는 시라고 볼 수 있다. 이 시에서 가장 중요한 시어는 '진리'와 '아름다움'이다. 진리와 아름다움의 관계를 시적으로 형상화하면서, 〈고대 그리스 항아리에 부치는 송시〉는 인간 현존재의 정신이란 고대로부터 현재에 이르는 시간의 흐름 속에서 역사의 본질을 순수 지속으로서의 시적 정신의 부단한 형성의 과정으로 이해하는 것으로서만 진실할 수 있음을 보여 준다. 물론 이 '인간적 진실함'을 인간의 불변적 속성 같은 것으로 오인해서는 안 된다. 〈고대 그리스 항아리에 부치는 송시〉에서 인간은 아름다움을 향한 부단한 동경과 의욕의 운동 속에서 부단히 자신의 한계 밖으로 이끌리고 해체되는 정신의 이름일 뿐이다.

*

제1 〈두이노의 비가〉는 총 4개의 부분으로 이루어져 있다. 그 첫 부분은 다음과 같다.

두이노의 비가 1 — 라이너 마리아 릴케 (번역: 한상연)

나 울부짖어도 천사의 무리 중 대체 누가 귀 기울일까?
설령 한 천사가 갑작스레 날 가슴에 품어도
난 그의 강렬한 현존으로 인해 사라져 가리.
까닭은 아름다움이란
우리가 막 견뎌야 할 두려운 시초에 불과하기 때문이네.
우린 아름다움을 놀라워하네.
아름다움이란
우리의 파멸조차 초연히 무시하는 것이기에.

천사는 모두 무섭구나.

그래서 난 자신을 억누르며 우울히 흐느끼고 싶은 충동을 삼켜 버리네.
아! 그렇다면 우린 대체 누구를 의지할 수 있을까?
천사들도 아니고 인간들도 아니라네.
명민한 짐승들은 이미 알아차리느니,
우린 해석된 세계에서 그리 편하게 안주할 수 없네.

아마 우리에겐 어느 나무 하나 산비탈에 남아 있겠지,

매일 다시 볼 수 있도록.

우리에겐 어제의 거리와,

우리 곁에 침전해 버린 습관에 대한 뒤틀린 믿음이 남으려니,

그건 그렇게 남아 사라지지 않으리.

오! 밤, 그리고 밤, 우주에 가득 찬바람이

우리의 얼굴을 때릴 때, 누구에겐들 밤이 남지 않으리,

그리워하던 밤, 부드러이 기만하며, 홀로 있는 가슴에 힘겹게 다그쳐
온 밤?

연인들에게는 밤이 더 수월할까?

아, 그들은 그저 자신들의 운명을 서로 가릴 뿐이네.

그대 아직도 모르는가?

우리 숨 쉬는 공간에 공허를 뿌리쳐 던지라.

어쩌면 새들이 더욱 친숙히 날며 넓어진 대기를 느끼리니.[3]

　필자는 〈두이노의 비가〉가 많은 점에서 횔덜린의 〈빵과 포도주〉를
닮았다고 본다. 특히 제1 비가가 그러하다. 〈빵과 포도주〉에서 하늘의
신들은 '우리가 살아 있는지 별 관심은 없는' 존재로 묘사된다. 〈두이
노의 비가〉는 인간의 운명에 무관심한 존재를 '신들'이 아니라 '천사
의 무리'라고 부른다. 이 점은 비가의 시초를 이루는 의문문 형태의

3　DUE(R. M. Rilke, *Duineser Elegien. Die Sonette an Orpheus*, Frankfurt a.M.
/ Leipzig: Insel Verlag, 1974), 11.

첫 문장, 즉 '나 울부짖어도 천사의 무리 중 대체 누가 귀 기울일까?'
에서 드러난다.

릴케는 천사의 존재 의미를 '아름다움'으로 파악한다. 횔덜린의 시
가 '신적 충만함'으로 표현한 존재의 근원적이고도 성스러운 진실을
릴케는 천사의 아름다움으로 표현하는 것이다. 그런데 릴케에 따르
면, 천사의 아름다움은 우리가 견딜 수 없는 무서운 것이다. 릴케는
'천사가 우리를 품에 안으면 천사의 강렬한 현존으로 인해 우리가 사
라져 가리'라고, 그리고 그 이유는 '아름다움이란 우리가 막 견디
야 할 두려운 시초에 불과하기 때문'이라고 노래한다.

왜 아름다움이 우리에게는 두려운 시초가 되는가? '아름다움이란
우리의 파멸조차 초연히 무시하는 것'이기 때문이다. 이러한 점에 비
추어 보면, 천사의 무리 중 아무도 우리의 울부짖음에 귀 기울이지 않
는 것은 천사가 우리에게 냉담한 존재이기 때문은 아닌 듯하다. 설령
우리 인간을 향한 큰 관심과 애정이 있는 천사라고 할지라도 우리의
울부짖음에 귀 기울일 필요가 없고, 또 귀 기울여서도 안 된다. 어차
피 우리의 울부짖음에 응답할 수가 없기 때문이다. 왜 천사는 우리의
울부짖음에 응답할 수 없는가? 물론 우리 자신이 천사의 현존을, 존
재의 성스러운 진실로서의 아름다움을, 견딜 수 없기 때문이다. 우리
의 울부짖음에 응답하려고 천사가 우리 앞에 현현함 자체가 곧 우리
의 파멸로 이어지는 것이다.

그리고 보면, 릴케의 제1 〈두이노의 비가〉는 횔덜린의 〈빵과 포도
주〉에서 우리를 혼란스럽게 만든 그 기이한 논리적 모순의 의미를 독
특한 방식으로 풀어 주는 시이기도 하다. 〈빵과 포도주〉는 하늘의 신
들을 '우리가 살아 있는지 별 관심은 없는' 존재이면서, 동시에 '우릴
그토록 소중히 여기는' 존재로 묘사한다. 횔덜린의 시어 '신들'을 릴

케의 시어 '천사들'과 같은 것으로 전제하면, 신들은 우리에게 무한한 관심과 사랑이 있어도 우리 인간의 삶에 관여할 수 없는 존재인 셈이다. 신들의 현존을, 그 찬란한 아름다움을 통해 드러나는 존재의 근원적이고 성스러운 진실을, 우리는 견딜 수 없기 때문이다.

*

시인은 '천사는 모두 무섭구나'라고 선언한다. 그런데 그 선언은 천사가 무서운 존재이니 되도록 천사를 멀리해야 한다는 인식을 반영하는 것 같지는 않다. 뒤이어 시인이 '그래서 난 자신을 억누르며 우울히 흐느끼고 싶은 충동을 삼켜 버리네'라고 한탄하기 때문이다. 천사를 무서운 존재로 받아들일 수밖에 없는 우리 인간의 한계가, 존재의 근원적이고 성스러운 진실로서의 아름다움을 견딜 수 없는 우리 인간의 무능력이, 시인이 말하는 현대인의 실존론적이고 존재론적인 우울의 이유인 것이다.

그 우울이 드러내는 것은 우리가 천사들도 인간들도 의지할 수 없다는 사실이다. 왜 그럴까? 천사가 무서운 존재라 천사를 의지할 수 없다는 것은 쉽게 이해가 된다. 하지만 그렇다면 인간이란 결국 인간에게 의존할 수밖에 없는 존재라고 결론을 내려야 하지 않을까? 하지만 조금만 생각해 보면, 우리는 동류의 인간조차 의지할 수 없는 기구한 존재라는 사실을 알 수 있다. 우리를 우울하게 하는 것이 천사의 현존을 견딜 수 없는 우리의 무능력 그 자체이기 때문이다. 인간이란, 적어도 지금 실존하는 방식의 한계 안에서는, 아름다움을 존재의 근원적이고 성스러운 진실로서 발견하고 수용할 수 없는 무기력한 존재에 지나지 않기에, 인간은 자신이 지금 실존하는 방식의 한계를 넘어서기 위해 동류의 인간으로부터 도리어 떨어져 나와야 한다.

시인은 '명민한 짐승들'에 관해 말한다. 그들은 대체 누구인가? '우린 해석된 세계에서 그리 편하게 안주할 수 없다'라는 것을 '이미 알아차린' 존재이다. 왜 우리는 해석된 세계에서 편하게 안주할 수 없는가? 상호 보완적인 두 가지 대답이 있을 수 있다. 하나는 우리 자신이 실은 명민한 짐승들이기 때문이라는 대답이다. 우리가 우울에 시달리는 까닭은 아름다움을 견딜 수 없는 자신의 무능력에 대한 자각에 있기 때문에, 그리고 그러한 무능력이 해석된 세계에 안주하려는 우리의 경향에서 자라나는 것이기 때문에, 우리는 우리 자신을 해석된 세계에서 그리 편히 안주할 수 없는 존재로 발견하게 된다. 다른 하나의 대답은 우리가 그 안에서 안주하려는 해석된 세계가 존재의 근원적이고 성스러운 진실로부터 멀어진 세계라는 것을 우리 자신이 언제나 이미 알고 있다는 대답이다. 하이데거의 방식으로 풀어내자면, 우리는 도구적 의미연관이 지배적인 일상세계에 안주하려는 경향에 빠진 일상적인 자기로서 실존하면서도, 동시에 죽음 앞에서의 불안 때문에 그러한 자기의 비본래성을 언제나 이미 자각하고 있는 역설적인 존재자이다. 일상적인 자기는 당연히 도구적으로 해석된 세계에 되도록 편하게 안주하려는 존재이다. 그러나 죽음 앞에서의 불안 때문에 일상적인 자기의 비본래성을 언제나 이미 자각하고 있는 나는 자신이 도구적으로 해석된 세계에 편하게 안주할 수 있는 존재가 아니라는 것을 깨닫고 있다. 실은 바로 이러한 깨달음 때문에 우리는 친숙하고 편안하게 여기는 일상세계 안에서도 분주히 자신을 위해 마음 쓰며 살게 되는 것이다.

*

    필자는 시인이 말하는 '해석된 세계'가 계산적 사유의 폭력성으로 특징될 세계라고 본다. 주의할 점은 일상세계가 존재론적으로 반드시 계산적 사유의 폭력성으로 특징되어야 하는 것은 아니라는 것이다. 하이데거의 일상세계 개념에 관한 흔한 오해 중 하나는 일상세계란 도구적 의미연관이 지배하는 세계이고, 그 때문에 도구로 환원될 수 없는 존재의 의미가 가려지는 세계이니, 결국 부정적인 세계로 보아야 한다는 식의 생각이다. 그리고 이러한 오해가 자꾸 생겨나는 원인 가운데 하나는 하이데거의 주저 『존재와 시간』에서 일상세계 개념이 불명료하고 불철저하게 설명되었다는 것이다.

    횔덜린이 동경했던 고대 그리스의 문화 역시 기본적으로 일상세계 위에 구축된 문화였다. 하지만 고대 그리스의 일상세계는, 적어도 고대 그리스의 시대를 신적 충만함으로 특징할 수 있다는 견해를 받아들이는 한에서는, 도구적 의미연관에 의해 존재의 근원적이고 성스러운 진실이 가려지기만 하는 세계는 아니었을 것이다. 〈빵과 포도주〉는 본래 주신(酒神) 디오니소스를 중심으로 전개된 시였지만, 작성 과정에서 디오니소스의 이미지 안으로 그리스도의 이미지가 스며들게 된다. 그래도 〈빵과 포도주〉의 세계관이 기독교적 세계관보다 그리스적 세계관에 훨씬 가깝다는 것은 부정될 수 없다. 이 시에서 '빵'과 '포도주'가 어떤 의미를 지니는지 생각해 보자.

    기독교 문화권에서 빵과 포도주는 그리스도의 살과 피로 통한다. 물론 빵과 포도주는 삶을 위해 필요한 것이라는 점에서 광의의 도구에 속한다. 그럼에도 빵과 포도주가 그리스도의 살과 피를 상징하는 까닭은 무엇인가? 그것은 성스러움이란 본래 도구로 환원될 수 없는

존재가 그 자신을 삶을 보존하고 증진하는 데 필요한 도구로서 내어
줌을 뜻하기 때문이다. 즉, 존재의 근원적인 성스러움이 존재의 진실
로서 보존되는 그러한 세계에서는 도구적 의미연관이 두 가지 상반된
역할을 수행하게 된다. 하나는 존재자의 존재가 도구 존재로서 드러
나도록 함이다. 물론 이러한 드러남은 도구로 환원될 수 없는 존재 자
체의 가려짐이기도 하다. 다른 하나는 존재자의 존재가 도구 존재로
서 드러남을 도구로 환원될 수 없는 존재자의 존재가 그 자신을 도구
로서 내어 줌의 의미로 해석되도록 함이다. 물론 이러한 해석은 존재
에 대한 도구적 해석에 의해 가려진 존재 자체의 근원적이고 성스러
운 진실이 드러나도록 함이다. 이처럼 도구 자체가 존재 자체의 근원
적이고 성스러운 진실을 가림과 드러나도록 하는 일상세계에서 살아
가는 현존재는 '일상세계에서 그리 편하게 안주할 수 없다'라고 한탄
할 이유를 모른다. 일상세계에서 편하게 안주할 수 있음 자체가 존재
자체의 근원적이고 성스러운 진실을 향해 마음이 경건하게 고양됨을
수반하기 때문이다.

　〈빵과 포도주〉는 디오니소스와 그리스도의 완전한 일치를 지향하
는 작품일까? 이러한 의문은 기독교의 본질을 어떻게 이해하느냐에
따라 달리 대답될 것이다. 한 가지는 분명하다. 횔덜린이 디오니소스
신화 안으로 끌어들이길 원했던 그리스도는 유럽의 플라톤화된 기독
교, 니체가 비판하는 동정의 정신의 화신으로서의 그리스도와 아무
상관도 없다. 횔덜린의 그리스도는 내세의 행복을 약속하지도 않고,
동정의 정신을 보여 줌으로써 고통으로 점철된 삶의 과정조차 구원받
기 위해 필요한 일종의 통과의례로 받아들이게 하지도 않는다. 신들
과 인간의 관계에 관해 논리적 모순을 범하는 것처럼 보이는 〈빵과 포
도주〉의 구절들처럼, '신들이 우리를 그토록 소중히 여긴다고 해도'

'우리가 살아 있는지 별 관심은 없는 것 같아'야 하는 이유가 바로 이 것이다. 횔덜린에게는 우리를 향한 신들의 무관심한 태도야말로 우리를 소중한 존재로 대접하는 신들의 유일하고도 최고인 방식이다. 우리는 우리 자신의 힘으로 일상의 안위에서 벗어나서 신적인 것이 부재하는 세상을 신적인 것으로 충만한 세상으로 되돌려 놓아야 하는 것이다.

릴케의 〈두이노의 비가〉 역시 똑같은 문제의식에서 출발한다. 우리는 해석된 세계에서 그리 편안하게 안주할 수 없음을, 그럼에도 천사에게나 동류의 인간에게나 의지할 수 없음을, 부정하지 말아야 한다. 우리는 우리 자신의 힘으로 '우리 숨 쉬는 공간에 공허를 뿌리쳐 던져야' 한다. 자유를 향한 정신, 일상적이고 비본래적인 자기가 그 안에서 안위를 추구하는 일상세계를 도리어 불편하고 견디기 힘든 곳으로 여길 역사적 정신은 도리어 친숙한 일상적 해석의 전체를 거부하는 절대적이고 완전한 허무주의의 공간 속에서 더 편안할 수 있기 때문이다. 바로 그 때문이다. 시인은 '우리 숨 쉬는 공간에 공허를 뿌리쳐 던지고' 나면, '어쩌면 새들이 더욱 친숙히 날며 넓어진 대기를 느낄지' 모른다고 노래한다. 우리가 스스로 뿌리쳐 던진 공허에 의해 열리는 공간이야말로, 그저 공허로울 뿐 어떤 인위적 의미의 구속도 모른다는 바로 그러한 점에서, 자유로운 정신의 운동을 가능하게 할 근원적이고도 성스러운 삶의 자리인 것이다.

*

영국의 시인 존 키츠는 25년의 짧은 인생을 살았다. 그의 죽음의 원인은 폐결핵이었다. 키츠는 살아 있을 때 큰 명성을 누리지는 못했다.

키츠 자신도 자신이 위대한 시인이라고 믿지는 않았던 듯하다. 죽기 직전까지 그는 자신이 위대한 시를 남기지 못했다고 생각했다. 하지만 키츠는 오늘날 퍼시 비시 셸리, 조지 고든 바이런과 함께 18세기 영국 낭만주의의 3대 시인의 하나로 꼽힌다. 살아 있을 때는 곧잘 혹평도 받았지만, 그는 사후 불멸의 명성을 얻었다. 그의 시 세계에 큰 관심을 지니고서 열정적으로 연구하는 학자들과 평론가들의 수도 매우 많은 편이다.

필자는 존 키츠의 작품들 가운데 가장 중요하고 위대한 것은 〈고대 그리스 항아리에 부치는 송시〉라고 본다. 하지만 이 시의 의미를 올바로 해석한 연구자는 거의 없다고 할 수 있다. 그 가장 주된 이유는 시의 마지막 부분의 '아름다움이 진리이며, 진리가 아름다움'이라는 구절이다. 이 구절이 무엇을 뜻하는지 연구자들은 혼란스러워했고, 심지어 실질적으로 난센스에 불과하다고 평가절하하는 연구자조차 있었다. 우선 시를 먼저 감상해 보자.

고대 그리스 항아리에 붙이는 송시 ─ 존 키츠 (번역: 한상연)

그대는 여전히 순결한 고요의 신부

　　그대는 침묵과 느릿한 시간의 양자

숲의 역사가, 꽃 이야기를 우리의 운율보다

　　더욱 감미롭게 들려주는구나.

어느 울창한 전설이 네 형상의 주위를 감도는가?

　　그것은 신들에 관한 것인가 아니면 죽을 자들에 관한 것인가,

　　아니면 둘 다에 관한 것인가?

템페의 골짜기에서인가 아니면 아르카디아의 계곡에서인가?

그들은 대체 어떤 사람들 혹은 신들일까? 어떤 소녀가 뿌리쳐 달아나는가?

어떤 열렬한 구애인가? 어떤 벗어나려는 몸부림인가?

어떤 피리와 탬버린인가? 어떤 거친 황홀경인가?

들리는 선율은 아름다우나 들리지 않는 선율은 더욱 감미롭나니,

　그대여, 계속 불라, 부드러이 울리는 그대의 피리를.

육신의 귀가 아니라 영혼을 향해,

　더욱 친밀하게, 소리 없는 노래를 울리게 하라.

나무 아래 말쑥한 젊은이여, 그대는 그대의 노래를 멈출 수 없고,

　저 나무들 또한 벌거벗을 수 없으리.

　　사랑에 눈먼 자여, 그대는 결단코 입맞춤을 못 하리니,

그저 연인의 입 가까이만 다가갈 수 있으리라. 그러나 슬퍼하지 말라.

　　그녀는 시드는 법 없나니, 그대 비록 큰 행복 누리지 못해도

　　그대의 사랑 이우는 일 없고, 그녀 또한 영원히 아름다우리!

아, 행복에 겨운 나뭇가지여! 네 잎은 지는 법 없고,

　봄과 작별을 고하는 법도 없네.

행복한 연주자여, 피로도 모르고

　영원히 새 노래를 영원히 연주하네.

더욱 행복한 사랑! 더욱 행복한, 행복한 사랑

　영원히 열렬하게, 그럼에도 늘 즐겁게,

　　영원히 갈구하며, 영원히 젊다네.

살아 있는 인간의 정열 모두를 능가하노니,

　그것은 고양된 가슴을 남기는가 하면 슬픔과 권태에 찬 가슴을,

고뇌로 타오르는 이마, 그리고 타들어 가는 혀 또한 남긴다네.

누가 희생 제의를 치르러 오는가?

　어느 녹색 제단으로, 오 불가사의한 사제여,

그대는 하늘을 우러르며 우는,

　비단 같은 몸에 온통 화환을 두른 암송아지를 이끌고 가는가?

강가나 바닷가의 어느 작은 마을이던가,

　아니면 평화로운 성채를 두른 산 위의 마을,

　　이 경건한 아침, 여기 이 사람들 사라져 텅 빈 곳은?

그리고 작은 마을이여, 그대의 거리 영원히 고요할지니,

　단 하나의 영혼도 돌아와 말하지 않으리,

　　왜 그대가 고적해졌는지.

오, 아티카의 형상이여! 어여쁜 자태여!

　흥분한 대리석 남자들과 처녀들로 새겨 놓았으니,

숲속 나뭇가지들과 짓밟힌 잡초 또한 보이네.

　그대, 침묵하는 형체, 마치 영원의 작용인 양

우리를 생각 밖으로 조롱하며 몰아내네, 차가운 목가여!

　장차 지금의 세대가 늙어 쇠하게 될 때

　　그대는, 지금과는 다른 고통의 한가운데서,

인간의 친구로 남아 인간에게 이렇게 말하리.

　"아름다움이 진리이며 진리가 아름다움이나니," ─ 이것이 땅 위에서

　　너희가 아는 모든 것이고, 너희가 알아야 할 모든 것이다.

우선 시의 마지막 부분을 주목해 보자. 논리적으로 보면 '아름다움

이 진리이며 진리가 아름다움'이라는 주장은 난센스에 불과하다. 아름다움에 대한 판단은, 그것이 판단의 이유에 대한 보편성 요청을 전제한다는 칸트의 입장을 받아들인다고 해도, 아무튼 사람마다 다른 일종의 취미 판단이다. 취미 판단의 대상인 아름다움이 어떻게 진리와 동일한 것일 수 있을까? 〈고대 그리스 항아리에 부치는 송시〉가 출판된 직후부터 시의 마지막 두 행에 대해 많은 시인과 평론가들이 부정적인 견해를 피력했다. 그 이유는 크게 두 가지이다. 시의 전체 내용과 어울리지 않는다는 것이 그 하나이고, 그 의미가 지나치게 불분명하다는 것이 다른 하나이다.[4]

키츠를 19세기 최대의 영국 시인으로 평가했던 T. S. 엘리엇조차도 예외는 아니었다. 엘리엇은 다음과 같이 말한다: "['아름다움이 진리이며 진리가 아름다움이나니' 라는 문장이 등장하는] 이 연은 내게 그처럼 아름다운 시에는 어울리지 않는 심각한 흠결로 보인다. 그 이유는 내가 그것을 이해하지 못했거나 아니면 그것이 참이 아닌 진술이기 때문이거나 둘 중 하나일 것이다. […] 키츠의 진술은 내게 무의미해 보인다. 혹은 아마도 그 진술이 문법적으로 무의미하다는 사실이 어떤 감추어진 의미를 지니고 있을지도 모른다."[5]

엘리엇의 주장처럼, '아름다움이 진리이며 진리가 아름다움'이라는 구절은 〈고대 그리스 항아리에 부치는 송시〉를 망치는 심각한 흠결일까? 사실 필자에게는 엘리엇처럼 심오하고 섬세한 시인조차 키

---

4   이러한 비판에 대해서는 다음 참조: I. A. Richards, *Practical Criticism*, London: Routledge, 2002, 186 이하; M. Ridley, *Keats' Craftsmanship*, Oxford: Clarendon Press, 1933, 281.

5   T. S. Eliot, *Selected Essays, 1917-1932*, London: Faber and Faber Limited, 1932, 230 이하.

츠의 사상에 대한 완전한 몰이해를 드러냈다는 것이 놀랍기만 하다. 그것은 엘리엇의 대표작인 〈황무지〉의 제목처럼, 우리 현대인들이 삶과 존재의 근원적인 진실을 망각한 채 정신의 황무지에서 헤매고 있다는 것을 알리는 듯하다. 왜 '아름다움이 진리이며 진리가 아름다움'이라는 구절을 난센스로 파악하게 되는가? 진리를 소위 객관 사태에 부합하는 논리적 명제와 같은 것으로 생각하기 때문이다. 진리에 대한 이러한 생각은 기본적으로 계산적 사유의 폭력이 낳은 그 결과라고 할 수 있다. 삶과 존재의 진실은 소위 객관적 의미를 담은 명제의 형태로 포착될 수 있는 것이 아니기 때문이다. 삶은 삶 그 자체에 근거를 두고 열리는 삶의 현상을 통해서만 진리를 드러낼 뿐이다. 그 밖의 다른 모든 인식은 근원적이고 본래적인 의미의 진리가 아니라 진리의 추상적인 형식만을 발견할 뿐이다.

*

필자는 존 키츠의 아름다움이 횔덜린의 '신적 충만함', 릴케의 '천사의 아름다움'에 상응하는 시어라고 본다. 계산적 사유의 폭력성을 거부하는 정신, 해석된 세계의 친숙함을 자유로운 삶을 방해하는 불편함으로 받아들일 것을 결의하는 정신은 계산되고 해석된 모든 의미의 뒤안에 감추어져 있는 삶과 존재의 근원적이고 성스러운 진실을 아름다움으로서 발견하기 마련이다. 왜 그러한가? 구속을 거부하는 정신의 자유는 실체화된 자유의 망념에 사로잡힌 고립된 자아의 자유가 아니라 삶과 존재 자체를 해석된 사유의 한계를 넘어설 그 근거이자 목적지로 받아들이며 나아가는 역사적 정신의 자유이기 때문이다. 역사적 정신의 자유를 가능하게 하는 것은 바로 삶과 존재 자체를 향한 무한한 동경이다. 그런 점에서 '아름다움이 진리이며 진리가 아름다움'이라는 키츠의 시적 언명은 심오한 존재론적 진실을 담고 있다. 삶과 존재의 진리는 소위 객관적이고 보편타당한 논리적 의미를 추구하는 냉담한 정신을 통해서가 아니라 해석된 세계의 한계를 무한히 넘어서도록 할 그 근거로서의 삶과 존재 자체를 향한 무한한 동경과 열정을 통해서만 발견될 수 있는 것이다.

〈고대 그리스 항아리에 부치는 송시〉는 에크프라시스 기법으로 쓰인 작품이다. 에크프라시스 기법은 예술 작품에게 말을 거는 형식으로 시를 짓는 기법이다. 고대 그리스 항아리의 표면에 그려지거나 아로새겨진 시각적 형상이 그 말 걸음의 대상이기에 시인이 예찬하는 세계는 기본적으로 운동과 변화가 없는 세계이다. 그러나 키츠의 시를 피안의 세계를 향한 동경의 표현으로 오인하면 안 된다. 영원성을 부여받은 것은 도리어 현세적 세계, 기쁨과 즐거움이 충만한 세계, 고통조차도 삶을 더욱 고차원적이고 강한 것으로 고양시킬 계기로서 긍정되는 세계, 음악과 춤과 사랑의 몸짓으로 넘쳐 나는 세계이다.

그 예술의 세계, 영원성을 부여받음으로써 도리어 현세적 세계 그 자체의 고양으로써 자신을 드러내는 세계는 어떠한 세계인가? 그 안에서 지금 노래하는 자는 영원히 노래를 멈출 수 없고, 지금 사랑하는 자는 영원히 사랑을 멈출 수 없으며, 어떤 사랑도, 어떤 아름다움도, 지금의 그 강렬함과 싱그러움을 영원히 유지할 뿐 결코 이울거나 스러져 가는 일이 없는 그러한 세계이다. 언뜻 그 세계는 사랑의 온전한 실현이 불가능한 세계, 사랑의 온전한 실현만이 가져다줄 수 있는 충만한 기쁨과 행복이 허락되지 않는 슬픈 세계처럼 보이기도 한다. 지금 연인의 눈동자를 감미로운 시선으로 바라보는 자는 결단코 입맞춤을 할 수 없고, 큰 쾌락과 행복을 누릴 수 없기 때문이다. 그러나 실은 바로 그렇기에 사랑과 아름다움을 향한 열정이 영원히 식지 않을, 그리고 바로 그런 의미로 현세적 세계보다 훨씬 더 현세적이고 실재적인 세계이다. 모두가 사랑과 아름다움을 향한 열정의 힘으로 지금의 자기가 극복되도록 내버려 둘 뿐, 행복을 향한 염려 따위에 사로잡히지 않는다.

혹시 〈고대 그리스 항아리에 부치는 송시〉는 희생양 논리를 미화하는 시일까? '누가 희생 제의를 치르러 오는가?' 라는 물음은 사랑과 아름다움을 향한 열정은 그 누구의 희생을 요구함을 암시하는 것일까? '불가사의한 사제' 는 또 누구이고, 그의 '녹색 제단' 에서 희생될 자는 또 누구인가? 희생되는 자는 사랑과 아름다움을 향한 열정에 사로잡힌 자기밖에 아무도 없다. 제1 〈두이노의 비가〉에서 인간을 아름다움에 의해 파멸될 존재로 묘사한 릴케는 삶과 존재의 근원적이고 성스러운 진실을 사랑과 아름다움으로 발견했으되 아직 사랑과 아름다움에 의한 자기의 파멸과 희생을 감내할 준비를 차마 하지 못해 망설이는 일상적 현존재의 관점에서 노래한다. 하지만 '고대 그리스 항아리' 위에 펼쳐진 예술의 세계에서 인간은 자신이 안과 밖에서 무한한 열정의 힘을 느끼며 기꺼이 자기의 파멸과 희생을 감내할 존재로 그려져 있다. 까닭은 오직 사랑과 아름다움에 의한 자기의 파멸과 희생을 통해서만 자신이 더욱 고차원적인 존재가 될 수 있음을, 오직 자기의 파멸과 희생을 통해서만 새롭고 본래적인 자기로서의 갱생과 부활이 가능함을, 이미 알기 때문이다.

'아름다움이 진리이며 진리가 아름다움' 이라는 키츠의 선언은 지금의 자기가 극복되도록 내버려 두려는 결의, 사랑과 아름다움에 의한 자기의 파멸과 희생을 부단히 감내하려는 결의를 통해서만 삶과 존재의 근원적이고 성스러운 진실이 온전하고도 무한정적인 아름다움으로 드러나게 된다는 선언과 같다. 그렇기에 '고대 그리스 항아리' 위에 그려진 예술의 세계는 이미 지나 버린 옛 인간의 세계로만 파악될 수 없다. 그것은 도리어 아득히 먼 미래의 인간의 세계이다. 그 세계는 니체의 차라투스트라가 지금의 인간이 아니라 차라리 먼 미래의 인간을 사랑하는 법을 배워야 한다고 외칠 때의 바로 그 먼 미래의 인간의 세계인 것이다.

"이웃사랑"에 대해 차라투스트라는 다음과 같이 말한다.

"가장 가까운 자를 향한 사랑보다 더 높은 것은 가장 멀리 있는 자, 미래에 속한 자를 향한 사랑이다."[6]

이 말은 곧 아득히 먼 미래의 인간을 향한 사랑을 통해서만 일상세계를 지배하는 행복주의 및 희생양 논리를 극복할 수 있다는 말과 같다. 이 점을 명심하는 정신만이 아름다움을 삶과 존재의 근원적이고 성스러운 진실로서 발견할 수 있다. 진실이란, 혹은 영어 단어 'truth'와 독일어 단어 'Wahrheit'의 우리말 번역 용어인 진리란, 객관적으로 발견되는 것이 아니라 진실을 추구하는 자의 존재에 근거를 두고 매 순간 새롭게 생성되는 것이기 때문이다.

---

6   ASZ, 77.

현대 문화의 근본이념으로서의 실존과 자유 1

장 폴 사르트르의 『존재와 무』(1943)

장 폴 사르트르의 소설 『구토』(1938)

알베르 카뮈의 소설 『이방인』(1942)

장 폴 사르트르의 『존재와 무』(1943)
초판본 사진[1]

---

1 https://en.wikipedia.org/wiki/Being_and_Nothingness#/media/File:Being_
and_Nothingness_(French_first_edition).JPG

프랑스의 철학자이자 소설가, 극작가인 장 폴 사르트르는 보통 실존
주의 사상가로 알려져 있다. 그런데 사르트르의 실존주의를 잘 이해
하려면, 사르트르의 철학이 후설과 하이데거에게 큰 빚을 지고 있다
는 것을 먼저 분명히 해야 한다. 사르트르의 철학은 기본적으로 현상
학적 존재론이다. 사르트르의 실존주의란 사르트르 특유의 현상학적
존재론의 또 다른 이름일 뿐이다. 이 점은 1943년에 초판이 출판된 사
르트르의 주저 『존재와 무』의 부제가 바로 '현상학적 존재론 시도'라
는 것에서 알 수 있다. '실존의 부조리', '실존은 본질에 앞선다', '인
간은 자유로이 존재하도록 저주를 받았다' 등 사르트르의 실존주의를
대변하는 것으로 알려진 모든 언명은 그 자체로 사르트르 특유의 현
상학적 존재론의 표현이기도 하다.

　우리의 실존이 부조리하다는 것은 무엇을 뜻하는가? 그 가장 기본
적인 뜻은 형이상학적 본질 개념으로 인간의 실존을 규정할 수 없다
는 것이다. 무엇이 철학적으로 인간을 규정하는 데 사용되어 온 형이
상학적 본질 개념인가? 가장 대표적인 것은 이성과 육체적 욕망, 그
리고 이기심이다. 거칠게 말해, 이성은 인간의 본질을 관념론적으로
규정하는 데 사용되어 온 개념이고, 육체적 욕망 및 이기심은 인간의
본질을 유물론적으로 규정하는 데 사용되어 온 개념이다. 인간의 본
질이 이성이라는 주장은 인간은 이성적으로 사유하고 행위할 수 있다
는 것을 뜻한다. 이는 곧 인간에게는 이성의 힘으로 육체적 욕망 및
이기심을 넘어설 가능성이 자기 존재의 본질적 가능성으로 주어져 있
다는 뜻이기도 하다. 반면 인간의 본질이 육체적 욕망 및 이기심이라
면, 소위 이성이란 육체적 욕망 및 이기심의 실현을 위해 작용하는 그
자체로 순수하게 동물적인 것이고, 그런 점에서 육체를 포함하는 물
질세계의 인과율의 지배로부터 자유로울 수 없다. 간단히 말해, 실존

의 부조리란 전통 철학적 관념론과 유물론 모두에 대한 거부의 뜻을
담고 있는 말이다.

후기 사르트르는 자신의 철학을 변증법적 유물론과의 관계 속에서
새롭게 정립하려고 시도한다. 1960년에 출판된 『변증법적 이성 비판』
은 그 제목에서도 알 수 있듯이, 기본적으로 마르크스주의의 변증법
을 비판하는 책이다. 그러나 그것은 재화를 차지하고자 하는 개인들
의 실천을 통해 실천적 타성태(惰性態)로의 소외가 일어나 변증법이
부정될 가능성을 제기함과 동시에 이러한 가능성을 넘어서 반변증법
적(反辨證法的) 상황을 다시 변증법적 상황으로 되돌릴 역사적 조건과
상황을 기술함으로써 변증법을 더욱 온전하게 하고자 하는 것이다.

필자는 사르트르의 후기 철학은 마르크스주의적 의미의 변증법적
유물론과 거리가 멀다고 본다. 『존재와 무』의 실존주의가 인간의 계
급적 토대를 간과하는 오류를 범했다는 사르트르의 자기반성에도 불
구하고, 사르트르의 후기 철학 역시 그 핵심에서는 『존재와 무』의 실
존주의와 다르지 않다는 것이 필자의 기본적인 견해이다. 이 점에 대
한 상세한 논의는 이 책의 한계를 한참 넘어선다. 필자는 사르트르의
철학을 『존재와 무』의 실존주의를 중심으로 풀어 나가려 한다.

*

프랑스령 알제리 출신의 작가 알베르 카뮈는 사르트르와 더불어 실
존주의 사상가로 곧잘 언급된다. 그러나 카뮈와 사르트르의 사상은
서로 매우 다르다. 사르트르는 현상학적 관점에서 출발하지만, 카뮈
는 특이하게 변형된 니체주의적 관점에서 출발한다. 사르트르는 인간
이란 본래 하나의 의식이고, 의식은 사물-아님으로서의 무이기 때문

에 사물의 세계를 지배하는 인과율의 법칙이 적용될 수 없는 존재라고 본다. 즉, 의식으로 존재하는 인간은 절대적으로 자유롭다. 여기서 절대적이라는 말은 상황이 제약을 조금도 받지 않고 자기가 원하는 모든 것을 다 할 수 있다는 뜻이 아니라, 어떤 상황에서도, 심지어 극단적인 절망의 상황에서조차, 의식은 자유로이 선택하기를 그칠 수 없다는 뜻이다. 카뮈는 사르트르적 의미의 자유를 받아들이지 않는다. 카뮈에게 인간은 기본적으로 자유로이 선택하는 존재가 아니라 스스로 떠안아야 할 운명과 더불어 실존하는 존재이다.

카뮈의 『시지프 신화』를 떠올려 보라. 시지프는 자유로이 자신의 운명을 선택하는 자인가? 어떤 의미로는, 그렇다고 볼 수도 있다. 예를 들어, 시지프는 바위를 산꼭대기에 굴려 올리는 형벌을 영원히 수행할 수도 있고, 자살로 생을 마감할 수도 있다. 하지만 자살로 생을 마감하는 것은 스스로 자신의 존재를 부정하는 것과 같다. 따라서 그 자신으로 실존하기 위해 시지프는 바위를 영원히 반복해서 산꼭대기에 굴려 올리는 형벌을, 무거운 바위 자체를, 그 자신의 것으로서, 반드시 기쁨으로 긍정해야 할 것으로서, 받아들여야 한다. 즉, 시지프에게 결정적인 것은 자유가 아니라 아모르파티, 즉 운명에의 사랑이다.

그런데 시지프가 가슴에 품은 아모르파티는 니체적 의미의 아모르파티와 같은 것이 아니다. 니체에게 중요한 것은 자기가 극복되도록 함으로써 보다 고차원적인 삶을 향한 상승의 운동이 일어나도록 하는 것이다.

무한히 반복해서 바위를 산꼭대기로 묵묵히 굴려 올리는 시지프의 행위는 니체의 영원회귀 개념을 연상케 한다. 니체는 지금의 삶과 똑같은 삶이 무한히 되풀이되어서 찾아와도, 그리고 설령 지금의 삶이 고통스러운 것이라고 해도, 삶을 긍정해야 한다고 역설한다. 그러나 니체가 동일한 삶의 영원회귀 자체를 당연한 것으로 받아들인다고 여겨서는 안 된다. 니체의 영원회귀 사상은 동일한 삶의 영원회귀를 절대적으로 긍정하고 사랑할 수 있는 정신만이 고차원적인 삶을 향한 상승의 운동을 형성해 나갈 수 있음을 강조하는 것이다. 니체에게 영원회귀, 아모르파티 등은 모두 고차원적인 삶을 향한 상승의 운동의 가능 조건으로서의 의미를 지닐 뿐이다. 반면 카뮈는 삶을 상승의 운동으로 만들고자 하는 의지 자체를 문제로 삼는다. 카뮈에게 결정적인 것은 부조리한 자신의 운명을 긍정할 만한 이유 자체를 찾지 않는 것이다. 인간은 자신의 부조리한 운명을 기꺼이 자신의 것으로 떠안는 법을 배워야 한다. 오직 그것만이 실존의 부조리로부터 우리가 끄집어낼 수 있는 유일하게 온당한 결론이다. 설령 모든 상승의 운동이 반드시 똑같은 양의 하강의 운동으로 이어지게 된다는 것을 안다고 해도, 상승의 운동을 향한 결의와 행위가 순연하게 무의미할 뿐임을 수백 번이고 수천 번이고 반복해서 확인한 뒤라고 하더라도, 우리는 자기의 책임으로 떠안은 바위를 산꼭대기로 굴려 올리기를 무한히 반복해야 한다.

*

실존주의란 행복주의 및 희생양 논리에 대한 타당한 비판을 담고 있는 사상일까? 기본적으로 그렇다고 볼 수 있다. 행복주의란, 불교식으로 표현하면, 늘 자아 망집의 표현이다. 자아에는 실체가 없는데 실체가 있다고 오인함으로써 자아 망집이 생겨나고, 행복에 대한 과도한 집착이 생겨나며, 행복에 대한 과도한 집착 때문에 탐욕, 분노, 증오 등 온갖 악덕이 생겨난다. 실존주의 역시 불교처럼 자아에는 실체가 없다는 관점에서 출발한다. 그리고 이러한 관점을 사르트르나 카뮈보다 먼저 표방한 사상가는 현상학의 창시자로 통하는 후설이다.

현상학에서 가장 중요한 개념 중 하나는 지향성이다. 후설은 현상학 운동의 출발점으로 통하는 『논리 연구』(1900/1901)의 다섯 번째 장에서 의식의 지향적 구조를 논한다. 의식의 지향적 구조란 의식이란 독립적이고 실체적인 것으로 존재하는 것이 아니라 그 무엇과의 관계 속에서만 존재하는 것이라는 뜻이다. 마치 불교의 연기설에서 자아를 포함하는 모든 것이 관계 속에서 존속하는 비실체적인 것으로 규정되는 것처럼, 후설 역시 독립적이고 실체적인 의식의 존재라는 관념을 받아들이지 않는 것이다.

후설은 심지어 자아조차도 실체가 없는 것이라고 본다. 그는 현상학적 의식의 부단한 체험연관 속에서는 자기동일적인 순수 자아는 발견되지 않으며, 자아란 기본적으로 의식의 특별한 주목을 받게 되는 순간마다 구성되는 것이라고 지적한다. 비록 1913년의 『이념들 I』에서는 자신이 오류를 범했음을 고백하고, 순수 자아의 이념을 받아들이지만, 이 순수 자아 역시 전통 철학적 의미의 자기동일적인 자아와 같은 것은 아니다. 후설은 현상학적 의미의 순수 자아를 아무 내용도 없는 공허한 것이라고 말한다. 그럼에도 후설이 순수 자아의 이념을 도입해야 한다고 여긴 것은 모든 경험을 나의 경험으로 인지할 수 있도록 하는 경험의 중심축이 있어야 한다고 생각했기 때문이다.

*

필자는 순수 자아의 이념은 현상학적으로 용납될 수 없다고 본다. 후설이 『논리 연구』에서 분명하게 드러낸 것처럼, 현상학적 의식은

부단한 체험연관의 흐름일 뿐이고, 그 안에서는 아무것도, 자아까지
포함해서, 자기동일적 실체로서 발견될 수 없다. 동일성의 이념은 기
본적으로 인식의 필요성에 의해 제기되는 것이지 결코 실제적인 것으
로 발견되는 것이 아니다. 필자는 후설이 순수 자아의 이념을 도입할
필요성을 인정한 것 자체가 후설의 현상학이 기본적으로 인식론에 치
우쳐 있기 때문에 일어난 일이라고 본다. 우리가 살면서 만나는 모든
것은 본래 무상한 것으로 발견되는 것이고, 이는 곧 시간의 흐름 속에
서 영속하는 것으로서 발견될 동일성이란 형이상학적 망념에 지나지
않는다는 것을 뜻한다. 그러나 무상한 변화에만 주목하면 아무것도
인식할 수 없다. 그런데 삶은, 이론적 사유에서뿐 아니라 실천적 삶의
상황 속에서도, 인식과 분별이 필요하다. 따라서 의식은 반드시 인식
을 위해 동일성의 이념을 상정해야 한다. 오직 이러한 경우에만 하나
의 나무가, 꽃이, 강이, 집이, 해와 달이, 그리고 너와 내가, 인식될 수
있고, 이러한 인식을 통해서만 시간의 흐름 속에서 자기동일성을 유
지하며 존속하는 것으로서 인정될 수 있는 것이다.

후설의 오류에도 불구하고, 후설의 현상학이 사르트르의 철학과 근
본적으로 다르다고 볼 필요는 없다. 후설과 사르트르는 모두 실체적
존재자의 이념을 형이상학적 망념으로 보고 받아들이지 않는다. 바로
그 때문에 후설은 순수 자아의 이념을 받아들이면서도 그것을 체험연
관의 중심점으로 상정된 것일 뿐 아무 내용도 없는 공허한 것이라고
설명하는 것이다.

*

실체적 존재자의 이념을 거부한다는 것은 구체적으로 무엇을 뜻할

까? 두 가지이다. 첫째, 사물과 독립된 의식이나 정신, 자아의 존재의 이념을 형이상학적 망념으로 규정하고 거부한다. 둘째, 의식과 무관한 객체적 사물 및 그러한 사물들의 세계의 존재의 이념을 형이상학적 망념으로 규정하고 거부한다. 후설이 말하는 현상학적 의식이란 본래 전통 철학적 의식과 날카롭게 분리되어야 하는 개념이다.

전통 철학적 의식이란 기본적으로 의식 안의 표상적 이미지의 세계와 그러한 세계의 근거인 의식 밖의 객체적 사물들의 세계라는 이분법적 도식에 근거를 둔 것이다. 통념적 의미의 관념론과 유물론, 회의주의 등은 모두 이러한 이분법적 도식을 전제로 생기는 것이다. 우리가 실질적으로 만날 수 있는 것은 의식 안의 표상적 이미지의 세계에 지나지 않기에 의식 밖의 세계를 부정해야 한다거나, 혹은 인식될 수 없는 미지의 영역으로 남겨 두어야 한다는 입장을 취하면 통념적 의미의 관념론이나 회의주의가 나온다. 반대로 표상적 이미지의 세계에 상응하는 그 근거로서의 객체적 사물들의 세계를 필연적으로 도입해야 한다는 입장을 취하면, 그리고 객체적 사물들의 세계만이 실재하는 것이고 표상적 이미지의 세계는 그 환영에 불과한 것이라고 전제하면, 통념적 의미의 유물론이 나온다.

유감스럽게도, 후설의 현상학적 의식이 전통 철학적 의미의 의식과 어떻게 다른지 분명하게 알지 못하면서 후설을 비판하는 사상가들이 적지 않다. 그 때문에 철학적 혼란이 적지 않게 생겨나기도 한다. 결론부터 말해, 후설의 현상학적 의식은 우리가 물질적 사물들의 세계라고 여기는 그러한 세계를 포괄하는 개념이다. 그렇다고 후설이 세계의 물질성을 부정하고 모든 것을 관념적 표상으로 돌린다거나, 개개인의 주체적 의식 안에 전체로서의 세계가 표상된 이미지의 세계로서 들어 있다고 여긴다는 식으로 보아서는 안 된다. 현상학은 의식을

세계에 선행하는 실체적이고 고립적인 존재자로 상정하지 않는다. 현
상학적 의식은 오직 부단한 체험연관의 흐름으로, 고립된 자기로 한
정될 수 없는 그 무엇과의 만남의 사건을 통해 부단히 변해 가는 무상
한 체험연관의 흐름으로 제기될 뿐이다. 그 무상한 체험연관의 흐름
을 자기의 것으로 지니는 자아란 없다. 자아의 현상 자체가, 사물 현
상과 마찬가지로, 인식의 필요성에 의해 제기되는 동일성의 이념에
따라 그때그때 생성되고 발견되는 것에 불과하다.

사르트르의 실존주의는 현상학의 정신을 이어받아 실체적 자아의
이념을 거부한다는 점에서 행복주의 및 희생양 논리에 대한 타당한
비판을 담고 있다고 볼 수 있다. 행복주의란 기본적으로 행복을 실현
하려 애쓰는 자기를 행복의 수혜자로서 실체화함을 그 암묵적 전제로
서 지니는 것이기 때문이다. 그럼에도 사르트르의 실존주의는 행복주
의 및 희생양 논리를 온전히 극복하지 못한 것으로 보인다. 실체적 자
아의 이념을 거부함에도 자유를 개별적 의식 주체의 선택의 문제로
치환함으로써, 삶의 운동을 개별적 의식 주체의 운동과 같은 것으로
보는 오류를 범했기 때문이다. 그리고 바로 이러한 점에서, 사르트르
의 실존주의는 삶을 보존하고 증진할 역량의 감소를 초래할 데카당스
적 경향을 불러일으킬 위험으로부터 자유롭지 못하다.

*

『구토』는 사르트르의 첫 번째 소설이고, 1938년에 출판되었다. 사
르트르는 『구토』를 자신의 최고 저술 가운데 하나로 여겼다. 사르트
르는 본래 소설의 제목으로 '멜랑콜리'를 생각했다. 『구토』의 주인공
은 30세 청년 로캉탱이다. 『구토』는 로캉탱이 쓴 일기의 형식으로 저

장 폴 사르트르의 『구토』(1938)
초판본 사진[2]

술되었는데, 로캉탱이 일기를 쓰게 된 동기는 자신을 괴롭히는 구토
증의 이유를 밝히려는 것이었다.

흔히 로캉탱의 구토증의 이유는 실존의 근원적 우연성과 부조리에
대한 각성으로 설명된다. 아주 틀린 설명은 아니지만, 사르트르의 생
각을 올바로 이해하려면 조금 더 정확한 설명이 필요하다. 로캉탱의
구토증의 이유는 실존의 근원적 우연성과 부조리에도 불구하고 자신
의 실존을 존재로부터의 강요와 속박에서 벗어날 수 없는 것으로 발
견하게 됨이다.

만약 로캉탱의 구토증의 이유를 실존의 근원적 우연성과 부조리에
대한 각성으로만 설명하면, 로캉탱이, 그리고 저자인 사르트르 역시,
실존의 근원적 우연성과 부조리를 부정적인 것으로 보았다는 결론이
나온다. 그런데 사실은 그 반대가 맞다. 만약 우리의 실존이 필연성

---

2 https://en.wikipedia.org/wiki/Nausea_(novel)#/media/File:La_nausee.jpg

및 우리가 반드시 따라야 하는 실존의 근원적 이유에 의해 특징된다면, 자유란 환상에 불과하거나 지극히 제한된 의미만을 지니게 될 것이다. 그런 점에서 실존의 근원적 우연성과 부조리는 오히려 실존론적 자유의 근원적이고도 본래적인 가능 조건으로서 긍정되어야 한다. 문제는 실존의 근원적 우연성과 부조리에 대한 각성에도 불구하고 자신의 삶을 자유로운 것으로 긍정할 수도 없고, 전환할 수도 없는 무기력한 존재로 자기를 발견할 때 발생한다. 자신의 실존에 어떤 근원적 이유와 필연성이 부과되어 있다고 믿으면 자유에 대한 희망을 포기하고 체념할 수 있다. 그러나 자신의 실존을 근원적으로 우연적이고 부조리한 것으로 발견하는 자는 체념할 수 없다. 자신의 실존에 부과된 필연성과 본질적 이유를 핑계로 삼아 자신이 본래 자유로운 존재자임을 부정할 수 없기 때문이다. 실존의 근원적 우연성과 부조리를 자각한 의식은 자유로이 존재하기를 그칠 수 없는 것이다.

로캉탱은 많은 여행을 한 뒤 부빌이라는 도시에 정착한다. 이곳에서 그는 18세기의 모험가였던 롤르봉 후작의 전기를 쓸 계획이다. 그가 이러한 계획을 세운 것은 자신의 삶을 지속할 합당한 이유를 찾기 위해서였다. 하지만 부빌에서 로캉탱의 일상은 무의미와 권태로 점철된다. 연금으로 생계를 꾸려 나가고 있고, 낮에는 도서관에서 책을 읽고, 밤에는 어느 카페 마담과 피상적인 교제를 하며 틀에 박힌 생활을 한다.

표면적으로 보면, 그의 구토증은 자기 밖의 세계를 무의미하고, 우연적이며, 부조리한 것으로 발견하기 때문에 생기는 것이다. 처음 그가 구토증을 느낀 것은 해안에서 돌을 주울 때였다. 돌은 무엇을 상징하는가? 실체 없는 현상적 존재자이면서도 부정할 수 없는 물리적 법칙과 필연성으로 나의 자유를 제약하는 세계의 물질적 견고함을 상징

한다.『존재와 무』의 기본적인 출발점이기도 한 철학적 관점, 즉 오직
현상들만 있을 뿐 그 배후에 어떤 실체적 존재가 있다고 상정해야 할
정당한 철학적 이유는 없다는 현상학적 존재론의 관점은『구토』의 근
본 관점이기도 한 것이다. 사르트르는 로캉탱의 입을 빌어 다음과 같
이 밝힌다.

> "이제 나는 안다, 사물들은 모두 보이는 [현상]일 뿐이라는 것을. 그리
> 고 그 배후에는 … 아무것도 없다."[3]

사르트르의 현상학적 존재론의 관점에서 보면, 자아에도 실체가 없
고, 사물들의 세계에도 실체가 없다. 이러한 진실에도 불구하고, 나의
의식은 자신의 신체로 인해 실체 없는 사물들의 세계에 의해 끝없이
제약받고, 마치 의식 아닌 물질적 사물과 매한가지인 양 인과율적 상
호작용의 관계망 속으로 끝없이 빨려 들어간다.

그러나 로캉탱이 사물적인 것에서만 구토증을 느낀 것은 아니다.
로캉탱은 부랑자를 멸시하는 의사에게서도 구토증을 느끼고, 부빌의
명사들의 초상화를 전시한 박물관에서도 참기 힘든 혐오감과 구토증
을 느낀다. 개개인이 어떤 존재로 평가받아야 할지, 어떤 방식의 삶을
살아야 할지 등을 미리부터 정해 버리는 모든 인습적인 것, 가치적인
것, 윤리적인 것, 제도적인 것 등이 로캉탱에게는 구토증의 원인과 이
유인 것이다.『존재와 무』의 어법을 차용하자면, 로캉탱이 구토증의
원인과 이유로 발견하는 것은 바로 즉자로서의 존재이다. 즉자란 무
엇인가? 한마디로, 실체 없는 것이면서도 순수한 대자로서의 존재를

---

3 NAU(J.-P. Sartre, *La nausée*, Paris: Gallimard, 1938), 105.

불가능하게 하는 모든 것이다.

로캉탱은 부빌을 떠나기로 한다. 그것은 롤르봉 후작의 전기를 쓸 계획을 접었다는 뜻이다. 당연한 일이다. 과거란 대자에 의한 변경이 불가능한 것으로서 즉자에 속하고, 그런 점에서 과거를 산 한 인간의 전기를 쓰는 것은 그 자체로 순수 대자로서의 존재를 불가능하게 하는 즉자의 작용을 당연한 것으로 받아들이고 순응하는 것과 같다.

부빌을 떠나기 전 로캉탱은 단골 카페로 간다. 그는 카페에서 재즈 음악을 듣다가 즉자적 세계에 의해 제약되지 않을 새로운 세계를 발견한 듯한 느낌을 받는다. 물론 음악의 세계는 사물들의 세계처럼 실재하는 것은 아니다. 그런데 바로 그렇기에 그것은 근원적으로 우연적이고 부조리한 실존에도 불구하고 즉자의 제약을 받아야 할 대자의 운명으로부터 자유롭다. 즉자의 세계에서 대자는 즉자의 제약과 구속을 넘어설 수 없는 존재자로 자신을 발견하고, 이는 곧 자신과 즉자의 관계를 외적 대립의 관계로, 고립된 실체적 사물들 사이의 관계와 다를 바 없는 그러한 관계로, 받아들여야 함을 뜻한다. 그러나 음악의 세계는 즉자와의 관계로부터 벗어날 가능성을 열어 놓는다는 바로 그러한 의미로 나의 의식과 타인의 의식을 순수한 대자적 관계 안으로 옮겨 놓는다. 나는 더 이상 즉자들에 의해 포위되지도 않았고, 고립되지도 않았으며, 음악을 들으며 수용하는 하나의 대자로서 음악을 만든 타인의 대자로서의 의식과 자유로이 교감할 뿐이다.

*

아마 실존주의자로 분류되는 사상가들 가운데 사르트르보다 니체와 가까운 이는 없을 것이다. 니체의 차라투스트라는 "나는 춤출 줄

아는 신만을 믿으려 한다"⁴라고 고백하지 않았던가. 춤은 물론 음악을
듣고 수용하는 방식의 하나이다. 존재론적으로, 춤출 줄 아는 신이란
무엇을 가리키는 말인가? 사르트르식으로 표현하자면, 자신과 타인
의 관계를 즉자로부터의 모든 제약을 넘어서는 순수한 대자들 사이의
관계로 만들어 가도록 청유하는 신이다.

　춤출 줄 아는 신의 존재를 가능하게 하는 것은, 그러한 신을 믿고
사랑하는 정신으로 존재함을 허용하는 것은, 대체 무엇인가? 바로 실
존의 근원적이고 본래적인 우연성과 부조리이다. 춤이란 본래 즉흥적
으로, 그리고 기분이 내키는 대로 추는 것이다. 언제 춤을 추어야 하
는지, 어떤 방식으로 추어야 하는지 확고부동하게 결정할 필연성 같
은 것은 없다. 또한 춤을 추어야 할 어떤 근본적인 이유 같은 것이 있
을 리도 없다. 그렇다고 춤을 추는 자에게 춤을 추지 않을 권리와 역
량이 있는 것도 아니다. 춤을 출 줄 아는 자로 존재하는 자는 음악을
춤을 향한 청유로 받아들이기를 그칠 수 없고, 설령 몸을 움직이지 않
아도 마음으로 춤추기를 거부할 수 없다. 춤을 출 줄 아는 자에게 춤
을 추며 사는 삶은, 어떤 물리적 필연성의 법칙이나 신적 섭리에 의해
정해진 숙명과는 매우 다른 의미로, 하나의 운명인 것이다.

　그러나 『구토』를 비롯한 사르트르의 저술에서는 음악과 춤의 세계
속에서 자신과 타자의 관계를 순수한 대자들 사이의 관계로 만들어
나갈 수 있게 할 그 근원적 가능 조건에 대한 성찰이 발견되지 않는
다. 그것은 바로 지극한 인간 사랑 때문에 스스로 자신의 몰락을 선택
할 수 있음—즉 차라투스트라적 초인이 될 가능성이다. 도스토옙스
키가 『백치』의 주인공 미슈킨을 통해 그 프로토타입을 보여 준 무한

4　ASZ, 49.

한 연민의 정신, 대중의 행복주의 및 희생양 논리에 영합하는 불길한 동정심이 아니라, 행복주의의 정신으로 인해 거세되고 평준화될 위기에 처한 자연적이고 야성적인 인간성 그 자체를 향한 무한한 사랑의 정신과 하나인 그러한 연민이, 정신이 실은 즉자의 제약과 구속에서 벗어날 그 근원적이고도 유일무이한 가능 조건인 것이다.

*

  필자는 사르트르 철학의 근본 목적을 자유로이 존재할 삶의 역량을 그 절대적 한계에 이르기까지 강화하고 고양하는 것에 있다고 본다. 그런 점에서 사르트르의 철학은 현대 문화의 데카당스적 경향에 대한 강한 비판과 반발로 특징될 수 있다. '춤출 줄 아는 신만을 믿으려 한다'라는 차라투스트라의 선언을 사르트르식으로 풀어 보면 즉자에 의해 주어지는 한계를 넘어서서 절대적이고 순수한 대자의 자유를 추구하도록 인간에게 권면하는 그러한 신만을 믿겠다는 선언과 같다. 사르트르에게 대자의 자유는 고립된 실체적 정신의 자유도 아니고, 상황의 제약을 받지 않는 절대적이고 보편타당한 진리의 담지자인 이성의 자유도 아니다. 제약은 우리에게 끝없이 부과된다. 바로 여기에 실존의 역설이 있다. 모든 존재자는, 심지어 세계 자체까지 포함해서, 다만 현상일 뿐 그 배후에 어떤 실체도 감추고 있지 않다. 그런 점에서 존재의 가장 기본적이고 근원적인 의미는 사물-아님, 'no-thing'으로서의 무이다. 그럼에도 육화된 나의 의식은 이런저런 즉자적 존재자들에 의해 둘러싸여 있고, 사물-아닌 존재자이면서도 마치 사물처럼, 자신을 둘러싼 즉자적 존재자들에 의해 영향받고, 제약받으며, 심지어 죽임당해 무화될 가능성에 사로잡힌다. 그러나 바로 이 상황

의 제약 속에서 순수하고 절대적인 대자가 될 근원적 존재 기획으로
서의 실존의 의미가 밝혀진다. 『구토』의 주인공 로캉탱의 음악은, 차
라투스트라의 춤과 마찬가지로, 이러한 실존의 의미에 눈뜨는 순간을
표현한다. 오직 육화된 정신만이, 몸으로 인해 즉자적 존재자들에 의
한 제약 속에서 실존해야만 하는 그러한 의식만이, 음악을 들을 수 있
고, 춤출 수 있으며, 음악과 춤이 열어 내는 새로운 세계 속에서 절대
적이고 순수한 대자가 될 근원적 존재 기획으로서의 실존의 의미를
발견할 수 있는 것이다.

   사르트르 실존주의의 결정적 문제는 순수한 대자로서 실존하기의
근원적 조건에 대한 불철저한 사유이다. 우리는 영화 〈디 아워스〉를
통해 상황의 제약을 넘어설 자유를 실현하려는 의욕의 바탕에 교묘한
형태의 행복주의가 깔려 있을 수 있음을 확인한 바 있다. 두 번째 이
야기의 주인공인 로라 부인의 사고방식이 그 사례의 하나이다. 현모
양처로 존재하도록 몰아세우는 일상세계의 경향에 맞서 자기 고유의
삶을 살고자 하는 결의를 품었다는 점에서, 로라 부인의 실존 역시 즉
자에 의한 제약을 이겨 내고 순수한 대자가 되고자 하는 존재 기획으
로 특징될 수 있을 것이다. 그러나 그 기획은, 적어도 영화 속에서 묘
사된 것만 놓고 보면, 세계와 외적 대립의 관계를 형성해 나갈 기획으
로서 상정된 것이며, 보다 고차원적인 존재를 향한 삶의 운동을 위해
자기가 극복되도록 하려는 기획이 아니라 자기를, 세계와 외적 대립
의 관계 속에 머물러야 하는 그러한 존재자로서, 되찾고자 하는 기획
이다. 로라 부인의 선택은 자기를 위한, 오직 자유로운 존재자로서의
자기가 되기 위한 선택일 뿐이고, 그 선택 속에 타인을 위한 사랑과
희생의 정신이 들어설 여지는 없는 것으로 보인다. 그런 점에서 로라
부인의 선택은 근현대의 세계를 지배하는 행복주의의 사상적 지주인

원자적 개인주의의 표현이기도 하다. 로라 부인의 선택에는 즉자의 제약을 이겨 내기 위해 일상세계에서 떨어져 나올 결의만이 담겨 있을 뿐, 공동 현존재와 함께 순수한 대자로서 실존하기의 운동을 펼쳐 나가기 위해 다시 일상세계로 귀환할 결의는 담겨 있지 않다.

　논리적으로만 보면, 사르트르의 실존주의는 귀환할 결의 역시 우리에게 보여 주는 것처럼 보이기도 한다. 사르트르에게 순수한 대자로서 실존하기를 원하는 정신은 즉자와의 외적 대립의 관계를 지양해야 한다. 의식이란 본래 한계를 모르는 것이고, 모든 것을 담아내는 것이며, 그런 점에서 즉자와 외적 대립의 관계를 형성하고 있는 그러한 자기에 대한 의식은 기본적으로 자기기만에 빠진 의식이기도 하다. 그러나 중요한 것은 자유로운 결의의 성격이지 실존의 구조에 대한 분석 자체는 아니다. 카페에서 흘러나오는 음악을 들으며 음악을 만든 자와 음악을 듣는 자기 사이의 공감의 가능성을 발견한 로캉탱 이야기는 즉자에 의한 제약을 이겨 내기 위해 우리가 무엇을 어떻게 해야 하는지 그 단초를 알려 준다. 그러나 그 단초란 음악의 힘으로 일상세계의 한계 밖으로 나갈 수 있는 정신의 행복을 암시할 뿐이다. 일상의 한계 밖으로 나아가면서, 정신은 여전히 세계와 외적 대립의 관계를 형성하는 자기로서 존재할 뿐이다. 〈디 아워스〉의 로라 부인처럼, 로캉탱 역시 아직 순수한 대자로서 실존하기를 원하는 정신이 반드시 수행해야 할 결의, 즉 보다 고차원적인 삶의 운동을 위해 자기가 극복되도록 할 결의는 아직 품고 있지 않다.

*

　카뮈는 사르트르와 함께 대표적인 실존주의 사상가로 통한다. 그러

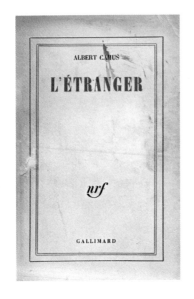

알베르 카뮈의 『이방인』(1942) 초판본
사진[5]

나 카뮈는 사르트르에 대해, 그리고 사르트르는 카뮈에 대해 꽤 비판
적이다. 거칠게 말해, 카뮈에게 사르트르는 실존의 부조리에 대한 깨
달음에도 불구하고 이성적으로 긍정할 만한 미래를 열어 나갈 희망을
포기하지 않는 인물이다. 카뮈는 실존의 부조리란 개인의 욕구와 문
화화된 사회 세계의 불일치를 드러내는 것이라고 본다. 이 부조리를
그 자체로서 온전히 인식할 때 인간은 비로소 그 자신의 실존에 충실
할 수 있다. 반면 사르트르에게 카뮈는 대자로서의 의식이란 미래를
열어 나갈 자유로운 선택을 그 자신의 본래적 실존의 방식으로서 지
니는 사물-아님으로서의 무라는 진실에 아직 충분히 눈뜨지 못한 인
물이다.

---

5   https://en.wikipedia.org/wiki/The_Stranger_(Camus_novel)#/media/
File:L'Étranger_-_Albert_Camus.jpg

이 점은 사르트르가 카뮈의 대표작 중 하나인 『이방인』의 주인공 뫼르소를 "백치"라고 규정한 것을 통해 확인된다. 사르트르에게 뫼르소는 도스토옙스키의 『백치』의 주인공 미슈킨처럼 "무구한" 존재로 특징될 수 있다.[6] 물론 미슈킨과 뫼르소의 '무구함'의 성격은 매우 다르다. 미슈킨의 무구함은 기본적으로 순수한 연민과 사랑의 정신의 무구함이다. 반면 뫼르소의 무구함은 순수하게 자연적이고 야성적인 정신의 무구함이다. 그럼에도 양자 사이에는 분명한 공통점이 하나 있다. 그것은 바로 세계를 지배하는 윤리와 법의 정신 및 그 바탕에 깔린 행복주의에 대한 거부이다.

필자에게 뫼르소는 『백치』의 주요 인물 중 하나인 로고진의 실존주의적 변형으로 보인다. 세계를 지배하는 인위적 윤리 및 법의 한계 안에 머물기를 거부하고 오직 그 자신의 야성과 감성이 이끄는 대로 행동한다는 점에서 뫼르소와 로고진은 공통점을 지닌다. 뫼르소는 어머니의 장례에서도 슬픔의 기색도 없이 내키는 대로 행동하고, 어머니의 장례를 치른 뒤 불과 며칠 후 마리라는 여성과 관계를 맺는다. 뫼르소가 아랍인을 살해하면서 보인 행동이나 후일 법정에서 살인을 저지른 이유를 말하는 방식도 보통 사람들의 도덕 감정과는 거리가 멀다. 그는 그냥 "햇빛이 눈부셔서"[7]라는 말만 했다. 뫼르소는 결국 사형선고를 받는다. 그러나 그것은 살인 때문에 받은 선고라고 보기 어렵다. 원래 아랍인이 먼저 칼을 꺼내든 점 등을 참작해서 가벼운 벌을 받게 될 것이라고 예상되었기 때문이다. 뫼르소가 사형선고를 받게 한 가장 커다란 원인은 그가 도덕 감정을 결여하는 인간으로 보였다

6   J.-P. Sartre, *Situations 1*, Paris: Gallimard, 1947, 104.
7   ETR(A. Camus, L'étranger, Paris: Gallimard, 1957), 151.

는 점이었다.

카뮈의 『이방인』에 대한 사르트르의 비판적 평가에도 불구하고, 필자는 『구토』의 로캉탱과 『이방인』의 뫼르소를 본질적으로 같은 인간이라고 본다. 물론 두 가지 차이가 있기는 하다. 첫째, 세계를 지배하는 인위적 윤리 및 법의 한계 안에 머물기를 거부하면서 자신과 세계의 관계를 외적 대립의 관계로 구성해 나가는 방식에서 로캉탱과 뫼르소가 차이를 보인다. 로캉탱의 방식은 구토증을 견뎌 내는 소극적 방식이었다. 반면 뫼르소의 방식은 보통 사람의 도덕 감정에 구애받지 않고 제멋대로 행동한다는 점, 살인을 저지른다는 점, 재판정에서조차 자기를 변호할 생각을 품지 않는다는 점에서 더 적극적이고 공격적이다. 둘째, 로캉탱은 음악을 통해 타인과 자유로이 공감할 가능성을 어렴풋이나마 발견하는 데 비해, 뫼르소는 마지막 순간까지 자신을 타인과 무관한 존재로 받아들일 뿐이다.

그러나 필자에게는 이 두 가지 차이가 사소해 보인다. 음악을 통해 타인과 자유로이 공감할 가능성을 발견함은 즉자의 한계를 넘어설 가능성의 발견이기도 하고, 음악과 공감을 통해 행복한 삶을 꾸릴 가능성의 발견이기도 하다. 그리고 바로 이러한 점에서 그것은 여전히 세계와 외적 대립의 관계를 형성하고 있는 자기를 위해 마음 쓰고, 자기에게 필요한 것을 마련하는 방식을 암시할 뿐이다. 실존론적으로 유의미한 차이는 로캉탱과 뫼르소 사이에서가 아니라 이 양자와 『백치』의 주인공 미슈킨 사이에서 발견된다. 물론 그 차이는 미슈킨과 로고진 사이의 차이이기도 하다. 미슈킨은 세계를 지배하는 인위적 윤리 및 법의 한계 안에 머물기를 거부한다는 점에서 로캉탱, 뫼르소, 로고진 등과 같다. 그러나 그 거부는 자기를 위해 마음 쓰고, 또 자기에게 필요한 것을 마련하기 위한 것이 아니라 오직 무한한 연민의 힘으로

세계를 지배하는 인위적 윤리 및 법의 폭력성으로 인해 말살될 위험
에 처한 순수하고 야성적인 인간적 삶을 그 자체로서 보존하기 위한
것이다. 인위적 윤리와 법이 전제하는 거세된 인간의 존재와 야성적
인간의 존재의 대립이라는 이분법적 도식을 거부함으로써 동시에 순
수하고 야성적 삶을 포용하는 방식으로 자기와 세계 사이에 놓인 외
적 대립의 관계를 온전히 지양하기를 기획하는 것이 바로 미슈킨적
실존의 의미라는 뜻이다.

　사르트르가 꿈꾸는 순수하고 절대적인 대자의 자유는 오직 미슈킨
적 실존을 통해서만 가능하다. 오직 이러한 실존의 방식을 통해서만
대자의 자유를 제약하는 즉자의 한계를 온전히 넘어설 수 있기 때문
이다.

현대 문화의 근본이념으로서의 실존과 자유 2

윌리엄 포크너의 3대 걸작 소설 『음향과 분노』(1929),
『8월의 빛』(1932), 『압살롬 압살롬』(1936)

실존주의에 대한 앞장의 비판적 논의를 읽어 본 독자 중에서는 필자가 실존주의의 윤리적 성격을 오인하고 있다고 여기는 이도 있을 것이다. 실존주의만큼 대중의 행복주의에 대해 단호히 비판한 철학이 또 있을까? 실존주의야말로 가장 엄격한 윤리를 추구한 철학이라고 보아야 하지 않을까? 이러한 생각에는 분명 일리가 있다. 실제로 사르트르와 그 외 여러 실존주의 사상가가 중요한 철학의 과제로 여긴 것은 바로 실존의 부조리에 상응하는 새로운 윤리를 창안해 내는 것이었다.

잘 알려진 것처럼, 사르트르 철학의 근본 관점 중 하나는 실존론적 앙가주망(engagemant; 서약, 맹세, 참여)의 윤리이다. 사르트르의 철학은 마르쿠제 등 몇몇 사상가로부터 일종의 영웅주의적 사상이라거나 극단적으로 개인주의적 사상이라는 식의 비판을 받은 바 있다.

사실 이러한 비판은 별로 놀랍지 않다. 사르트르의 저술을 읽다 보면, 그에게 인간들 사이의 관계는 투쟁과 대립의 관계라는 인상을 받게 된다. 사르트르는 인간 현존재의 존재에 대한 분석에서 하이데거가 현존재와 현존재 사이의 관계를 패거리 관계처럼 고찰한다고 보고 비판한다. 사르트르는 현존재와 현존재 사이의 관계를 자유를 위한 투쟁과 대립의 관점에서 조망하지 않았다는 점이 하이데거의 한계라고 보는 것이다.

하지만 사르트르의 앙가주망의 윤리는 단순히 자신의 자유만을 지향하는 개인주의적 윤리가 아니다. 그것은 도리어 타인의 고난과 불행을 자기의 탓으로 돌리는 책임의 윤리이다. 사르트르에게 세계를 지배하는 모든 윤리와 규범, 법 등은 결국 세계 안에서 실존하는 나의 탓이기도 하다. 사르트르의 관점에서 보면, 각각의 인간 현존재가 인위적 가치의 이면에 숨은 행복주의의 논리 및 희생양 논리에 대한 책임을 스스로 떠안아야 한다. 사르트르가 현존재와 현존재 사이의 관계를 자유를 위한 투쟁과 대립의 관점에서 고찰하려 한 것은 영웅적 개인에 대한 믿음 때문이 아니라 오직 이러한 투쟁과 대립의 진실을 드러냄으로써만 인위적 문명 세계의 이면에서 그 가능 근거로서 작용하는 희생양 논리를 해체할 수 있다고 보았기 때문이다.

게다가 사르트르에게 투쟁과 대립이란 통념적 의미의 물리적 충돌 가능성을 반드시 전제하는 것도 아니다. 나를 바라보는 타자의 시선 자체가, 설령 그가 나보다 무한히 약한 존재라고 할지라도, 이미 나를 대상화하면서 순수한 대자이고자 하는 나의 근원적 존재 기획을 무화해 버리고 만다. 그의 시선은 분명 나의 존재에 즉자로서의 성격이 있다는 것, 나의 존재의 대자로서의 성격 자체가 나의 존재의 근원적 즉자성에 그 가능 근거를 두고 있다는 것을 알린다. 그러니 우리 중 가장 힘없는 자라고 할지라도, 그와 나의 관계가 외적 대립의 관계인 한에서는, 나는 결코 나의 존재 자체가 지니는 즉자성의 한계를 넘어설 수 없는 셈이다.

*

그러나 사르트르의 앙가주망의 윤리는 한 가지 결정적인 문제를 가지고 있다. 그것은 실존론적 자유를 향해 결단하고 감행할 현존재의 가능성을 실존의 구조에 대한 존재론적 인식에서 찾고 있다는 점이다. 그러나 실존론적 자유를 향한 결단과 감행을 가능하게 하는 것은 결코 인식일 수 없다. 오직 감각과 감정의 충격만이, 자유를 향한 것이든, 혹은 반대로 안정을 희구하며 스스로 자신의 자유를 포기하고 구속되려는 것이든, 결단과 감행을 가능하게 할 수 있다. 실존의 구조에 대한 존재론적 인식이란 감각과 감정의 충격이 초래하는 결단과 감행의 순간을 추후로 뒤따르는 방식으로 주어지는 것이지, 결단과 감행에 선행하는 것이 아니라는 뜻이다.

예수가 남긴 '선한 사마리아 사람' 이야기나 맹자의 측은지심에 대해 생각해 보자. 강도에게 가진 것을 다 빼앗기고 부상까지 당해 피를 흘리며 쓰러진 자를 본 사마리아 사람을 움직인 것은 인식이 아니라, 맹자가 측은지심이라는 말로 적절하게 표현한, 감각과 감정의 충격이다. 자신과 타인의 관계가 결코 외적 대립의 관계로 한정될 수 없는 것이라는 식의 인식은 고난받는 이웃의 참상이 바라보는 자의 심정 속에 불러일으키는 감각과 감정의 충격에 추후로 뒤따르는 것일 뿐이다. 사마리아 사람보다 먼저 상처를 입은 자를 본 제사장과 레위인은 돕지 않고 그냥 지나쳐 갔다. 고난받는 이웃의 참상이 바라보는 자의 심정 속에 감각과 감정의 충격을 아예 남기지 않았거나, 감각과 감정의 충격보다 이기적 타산의 힘이 더 크게 작용한 탓이다. 감각과 감정의 충격이 없으면, 타인을 도울 어떤 근본 이유도 없고, 타인을 도울 어떤 근본 이유도 없으면, 타인과 자기 사이의 관계를 단순한 외적 대립의 관계 이상의 관계로 인식할 수 없게 된다.

순수한 대자로서 존재하려는 나의 실존적 기획을 좌절케 하는 것은 무엇인가? 사르트르의 관점에서 보면, 무엇보다도 우선 나를 바라보고 대상화하는 타인의 시선이다. 그런데 이러한 좌절을 극복하는 과제는 타인에 대한 공격과 정복을 통해 수행될 수 있는 것이 아니다. 이 점을 사르트르는 사디즘에 대한 실존론적 정신분석을 통해 제시한다.

사르트르에 따르면 "그[사디스트]가 점유하려 시도하는 것은 희생자의 초월적 자유이다." 여기서 '초월적'이란 어떤 '형이상학적 실체성에 근거해 있음'이 아니라 사디스트의 의식과 존재로 환원될 수 없는 '개별 존재로서의 타자에 속해 있음'을 지칭하는 말이다. 사르트르는 타자의 초월적 자유를 점유하려는 사디스트의 시도는 이루어질 수 없다고 지적한다: "사디스트는 희생자가 그에게 시선을 던질 때, 즉 타자의 자유 안에서 자신의 존재가 절대적으로 소외됨을 겪을 때, 자신의 오류를 발견한다. [⋯] 그때 그는 아무리 타자로 하여금 굴복하고 용서를 구하도록 강요해도 타자의 자유는 어쩔 수 없으리라는 것을 발견한다 [⋯]."[1]

사디스트가 자신의 희생자에게서 발견한 것은 무엇인가? 그것은

---

1   EN(J.-P. Sartre, *L'Être et le Néant. Essai d'ontologie phénoménologique*, Paris 1988), 456.

결코 예수의 '선한 사마리아 사람' 이야기나 맹자의 측은지심 개념이 알려 주는 감각과 감정의 충격과 같은 것은 아니다. 사디스트는 자신의 희생자를 측은히 여기는 것도 아니고, 자신의 가학적 행위로 인해 그가 받은 고통의 참상 때문에 감각과 감정의 충격을 받은 것도 아니다. 아니 엄밀히 말해, 사디스트 역시 희생자가 받은 고통의 참상 때문에 감각과 감정의 충격을 받기는 한다. 다만 그 충격은 연민과 고통의 충격이 아니라 가학적 쾌감의 충격일 뿐이다. 사디스트가 발견한 것은 희생자에 대한 지배와 학대를 통해서도 순수한 대자가 될 수 없다는 씁쓸한 존재론적 진실일 뿐이다. 무기력하게 자신을 바라보는 희생자의 시선 역시 자신을 대상화함으로써 자신의 존재의 근원적 즉자성을 일깨우기 때문이다.

이러한 측면에서 보면, 카뮈의 『이방인』은 사르트르의 앙가주망의 윤리에 대한 통렬한 비판의 의미를 담고 있는 셈이다. 그냥 햇빛이 눈부셔서 아랍인을 쏘아 죽였을 뿐이라고 말하는 뫼르소에게 자기를 바라보는 타자의 시선이 자신의 존재의 근원적 즉자성을 일깨운다는 존재론적 인식 따위는 그저 무의미할 뿐이다. 카뮈의 관점에서 보면, 실존의 근원적 부조리란 본래 순수한 대자가 되고자 하는 실존적 기획 자체를 무의미한 것으로 만들 뿐이다. 인위적 윤리와 법이 지배하는 세계 및 인위적 윤리와 법의 정신으로 획일화된 대중과 개별 현존재 사이의 관계는 영원한 투쟁과 대립의 관계로 남을 수밖에 없다. 그 영원한 투쟁과 대립의 관계 속에서 존속하는 것을 자기의 운명으로 받아들이는 것, 끝없이 분투하며 자기 개인의 실존론적 자유를 온전히 이루고자 하는 불가능한 존재 기획을 실존의 운명적 방식으로 받아들이는 것만이 실존의 부조리를 받아들이는 유일하게 온당한 방식이다. 이 점을 긍정하는 정신만이 안온한 일상세계에서 거세되고 획일화될 위기에 처한 인간성을 구원할 수 있다.

물론 뫼르소 역시, 사르트르가 실존론적 정신분석의 대상으로 삼은 사디스트와 마찬가지로, 타인과 자기 사이의 외적 대립의 관계를 넘어서게 할 감각과 감정의 충격은 받지 않을 존재자이다. 그런 점에서 보면, 마치 모든 희망을 다 포기한 것처럼 보이는 뫼르소의 생각과 말, 행위조차도, 실은 자기를 위한, 오직 자기 자신만을 위한, 마음 씀의 방식을 드러낼 뿐이다. 필자의 관점에서 보면, 뫼르소의 정신 또한 행복주의의 망령에 사로잡힌 정신에 지나지 않는다. 물론 그러한 사정은 자기와 타인 사이의 외적 대립의 관계를 지양함으로써만 순수한 대자로서 실존할 수 있다는 인식을 획득한 정신 역시 마찬가지이다. 이러한 인식이 가능하게 하는 것 또한 자기를 위한, 오직 자기 자신만을 위한, 마음 씀의 방식일 뿐이기 때문이다.

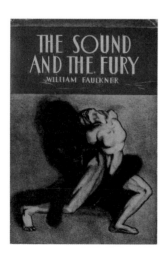

윌리엄 포크너의 『음향과 분노』(1929)
초판본 사진[2]

---

2 https://en.wikipedia.org/wiki/William_Faulkner#/media/File:The_Sound_
and_the_Fury_(1929_1st_ed_dust_jacket).jpg

윌리엄 포크너의 『8월의 빛』(1932)　　윌리엄 포크너의 『압살롬 압살롬』(1936)
초판본 사진[3]　　　　　　　　　　　초판본 사진[4]

　『8월의 빛』은 『음향과 분노』, 『압살롬 압살롬』과 더불어 윌리엄 포크너의 3대 걸작으로 통하는 소설이다. 『음향과 분노』의 초판은 1929년에 출판되었고, 『압살롬 압살롬』의 초판은 1936년에 출판되었다. 1932년에 초판이 출판된 『8월의 빛』은 포크너 3대 걸작에서 중간자적인 역할을 하는 작품이라고 볼 수 있다. 세 작품 모두 살인에 관한 이야기를 담고 있다. 압살롬은 구약성서에 나오는 다윗 왕의 셋째 아들로, 배다른 형제 암논을 죽인 살인자이기도 하다. 암논은 다윗의 첫째 아들이었다. 어느 날 그는 압살롬의 누이 다말을 강간했다. 이 때문에 암논을 미워하게 된 압살롬은 후일 자신이 주최하는 연회에서 술을

3　https://en.wikipedia.org/wiki/William_Faulkner#/media/File:Light_in_August_(1932_dust_jacket_cover).jpg

4　https://en.wikipedia.org/wiki/Absalom,_Absalom!#/media/File:Absalom,_Absalom!_(1936_1st_ed_cover).jpg

마시고 취한 암논을 부하를 시켜 죽인다. 압살롬은 아버지 다윗에게 반역해서 압살롬의 난을 일으켰다. 하지만 패배하고 다윗의 부하에 의해 살해당했다.

『압살롬 압살롬』에서 포크너는 다윗의 배다른 형제들 사이의 관계나 서로 원수가 된 아버지와 아들 사이의 관계의 문제를 미국 남부의 백인과 흑인 사이의 관계의 문제와 교묘하게 혼합한다. 주인공 토마스 서트펜은 소작농에서 대농장주로 성공한 인물이다. 그에게는 본이라는 이름의 아들이 있는데, 본은 서트펜이 흑인과 혈통이 섞인 줄 모르고 결혼한 여자와 관계해서 태어난 아들이었다. 『압살롬 압살롬』은 본이 흑인의 혈통이라는 것이 알려지면 서트펜의 가문이 몰락할 위기에 처할 수 있다는 것을 중심으로 전개된다. 후일 본은 서트펜이 다른 백인 여성과 결혼해서 낳은 헨리라는 이름의 아들에 의해 살해당한다.

『8월의 빛』역시 흑인의 혈통을 이어받았기 때문에 결국 살해당하는 사람에 관한 이야기이다. 주인공 조우 크리스마스는 겉모습이 백인인 30대 초반의 남자이다. 하지만 아버지를 통해 흑인의 피를 물려받았다. 다윗의 아들 압살롬처럼 크리스마스 역시 살인을 저지른다. 크리스마스에게 종교를 강요하는 폭력적인 양부를 우발적으로 죽인 뒤 15년에 걸쳐 도피 생활을 이어가고, 흑인 옹호론자라 소외당한 여성인 조우애너 버든이라는 여성과 광적인 관계를 이어가다가 결국 그녀를 면도칼로 살해하게 된다. 크리스마스는 일주일 만에 체포되었지만, 이송 중 탈출을 시도하다가 다시 붙잡힌다. 크리스마스는 사람들에게 온갖 모욕과 폭력을 당하다 거세까지 당한 채 죽게 된다.

어떤 점에서 크리스마스는 『이방인』의 뫼르소와 겹친다. 뫼르소는 아랍인을 죽였지만, 그가 받은 사형선고는 살인의 죄 때문은 아니었다. 마찬가지로 크리스마스 역시 살인을 저질렀지만 그의 죽음은 살인의 죄 때문은 아니었다. 뫼르소는 도덕 감정의 결여로 인해 증오와 분노의 대상이 되었고, 그 때문에 결국 사형선고를 받았다. 크리스마스는 그가 순수한 백인이 아니면서도 백인 여성과 사랑의 관계를 맺었다는 사실 때문에 증오와 분노의 대상이 되었고, 그 때문에 재판도 없이 수모를 당하고, 거세된 채 죽음을 맞이했다.

　표면적으로 보면, 뫼르소를 향한 사람들의 분노와 크리스마스를 향한 사람들의 분노는 도덕에 대한 상반된 입장의 표현처럼 느껴지기 쉽다. 전자는 도덕에 입각한 분노이다. 하지만 후자는, 적어도 인종차별주의를 수긍하지 않는 한에서는, 도덕적으로 정당화될 수 없는 편견에 입각한 분노이다. 그러나, 아마 많은 독자에게 이상하게 들리겠지만, 후자 역시 실은 도덕에 입각한 분노이다. 인종차별주의적 편견을 품은 백인에게는 흑인과 백인의 결합은 용납할 수 없는 일이고, 이 용납할 수 없음 역시 도덕적 규범으로서의 성격을 지닌다. 간단히 말해, 크리스마스를 향한 백인들의 분노는 인종차별주의를 정당화하는 일종의 도덕적 규범의식 때문에 나온 것이다.

　도덕은 천의 얼굴을 지니고 있고, 소위 보편타당한 이성적 도덕이란 그 가운데 하나의 얼굴을 가리키는 말일 뿐이다. 인종차별주의자는 인종차별주의자 나름의, 파시스트는 파시스트 나름의, 귀족주의자는 귀족주의자 나름의, 민주주의자는 민주주의자 나름의, 여성주의자는 여성주의자 나름의, 남성 중심주의자는 남성 중심주의자 나름의, 도덕을 추구하고, 도덕 감정을 지니며, 도덕 감정에 손상을 입히는 자를 향한 증오와 분노를 품게 된다. 세상의 도덕이란 본래 폭력과 살인의 지양을 가능하게 할 수단으로서 고안된 것이 아니라, 다수의 행복과 안위를 위해 폭력과 살인의 대상이 될 자를 선별할 수단으로서 고안된 것이다. 그런 점에서 도덕은 현존재와 현존재 사이의 관계를 외적 대립의 관계로 상정함에서 비롯되는 것일 수밖에 없다. 심지어 지금 똑같은 종류의 도덕 감정을 공유하며 함께 증오하고, 함께 분노하는 자들 역시 실은 서로의 관계를 외적 대립의 관계로 설정하고 있다. 자신의 도덕 감정에 손상을 입히는 경우 증오와 분노의 대상이 될 자로서 자기와 타인의 관계를 이해하고 있기 때문이다.

『존재와 무』에서 사르트르는 『8월의 빛』의 주인공 크리스마스의 최후를 타인을 구속하고 학대함으로써 순수한 대자가 되고자 하는 사디스트의 기획이 왜 실패할 수밖에 없는지 설명하는 하나의 사례로 제시한다. 사르트르는 『8월의 빛』 마지막 부분에서 이미 거세당한 채 "의식을 빼고는 아무것도 없는 텅 빈 눈"으로 세상을 응시하는 크리스마스를 묘사하는 부분을 인용한다. 사르트르에게 크리스마스의 시선은 무엇을 의미하는가? 주로 두 가지이다. 하나는 의식이란 언제나 자유로운 대자로서 존재하기를 그칠 수 없다는 의미이다. 처절한 모멸과 학대 끝에 죽음을 맞이하게 된 자의 의식조차 자기 밖의 세계를, 자신을 학대하던 자들을, 대상화하는 의식으로 존재할 뿐이다. 그런 점에서 그것은 분명 주체이고, 그것에 의해 대상화된 세계와 학대자들은 여전히 즉자의 한계 안에 머물고 있다. 또 다른 하나는 "사디스트의 세계에서 일어나는 '타자의 시선의' 폭발"의 의미이다. 크리스마스의 시선은 어떤 의미로 폭발적인가? "학대자들에 대한 희생자의 시선의 힘"을 보인다는 의미로 폭발적이다. 학대자들은 그들 자신의 학대 행위로 인해 특정한 유형의 즉자적 존재자로 대상화될 운명에서 벗어날 수 없다. 희생자의 시선은 학대자들을 학대자들로서 유형화하고 대상화하는 시선이기 때문이다.[5]

---

5 EN, 456 이하.

필자는 사르트르의 주장이 존재론적으로 타당하다고 본다. 사르트르가 '사디스트의 세계에서 일어나는 타자의 시선의 폭발'에 대해 말하는 것은 인간 현존재에게 어떤 영웅적 자질이 주어져 있다는 것을 증명하려는 것은 아니다. 사르트르의 관점에서 보면, 자유로운 주체로서 존재하기를 그칠 수 없음은 사물-아님인 무로 존재하는 의식의 운명적 존재 방식일 뿐이다. 위대한 영웅뿐 아니라 우리 가운데 가장 작고 보잘것없는 인간조차도 자유로운 주체 외에 다른 아무것도 아닌 것이다. 물론 인간의 주체적 자유의 절대성은 즉자의 제약을 받지 않는다는 것을 뜻하지는 않는다. 그것은 다만 즉자의 제약이 어떤 방식으로 이루어지든, 사물-아님인 무로 존재하는 의식은 즉자의 제약을 넘어설 존재 기획으로서 실존하기를 그칠 수 없다는 것을 뜻할 뿐이다.

그러나 사르트르의 주장은 현실적으로 매우 공허한 주장이기도 하다. 크리스마스의 학대자들 역시 순수한 대자로서 실존하고자 하는 존재 기획에 의해 특징될 수 있을까? 아마 그럴 것이다. 인간이란 본래 도덕을 지키지 않는 것이 자기에게 불리할 때는 곧잘 도덕에 호소하고, 심지어 도덕의 수호자이기를 자처하지만, 도덕을 지키지 않아도 자기에게 아무 문제도 없을 때는 곧잘 일탈하는 법이다. 그런 점에서, 인간에게는 아마 도덕의 제약을 포함하는 모든 종류의 제약에서 벗어나서 순수하고 절대적인 자유를 구가하고 싶은 생래적 욕구가 있을 것이다. 그러나 인간은 자신의 이익과 행복을 위해 현실과 적당히 타협할 줄 아는 동물이기도 하다. 자기의 이익과 행복을 지키기 위해 반드시 희생 제물로 삼아야 할 인간을 발견하고 나면, 자기를 바라보는 희생자의 시선에 의해 자신이 대상화되고, 또 그럼으로써 즉자의 한계를 온전히 넘어서지 못하게 된다는 것은 별다른 문제가 되지 않는다.

194 현대 문화의 근본 관점들

사디스트에게 자신을 향한 희생자의 간청하는 눈빛보다 달콤한 쾌락의 원인이 되는 것은 없는 법이다. 그 간청하는 눈빛은, 희생자로 하여금 학대자인 자기에게 간청하도록 몰아세우는 절박한 두려움과 불안의 기색이 그 눈빛에 어려 있음은, 자기가 희생자에 대해 절대적 우위를 점하고 있음을 알린다. 물론 엄밀한 존재론의 관점에서 보면, 그러한 눈빛조차 실은 자유로운 주체의 눈빛이고, 학대자인 나를 대상화하는 의식이며, 그런 한에서 내가 여전히 즉자의 한계 안에 머물고 있음을 일깨우는 눈빛이다. 그러나 가학의 쾌락에 잠긴 나에게 그러한 존재론적 인식 따위는 아무 문제도 되지 않는다. 결국 나를 대상화할 의식의 존재자이기에 학대할 맛이 나는 것이다. 나를 대상화할 수 없는 사물을, 돌멩이나 책상 같은 것을, 대체 어떻게 학대할 것인가? 사디스트가 희생자를 학대하는 이유는 순수한 대자가 되고자 하는 마음 때문이 아니라 자신을 대상화하고 심지어 적대시할 수 있는 의식으로서의 존재자를 바로 그러한 존재자 자체로서 자기의 완전한 지배 아래 두고자 하는 의욕이다.

순수한 대자가 되고자 하는 것은 아마 순수한 인간의 의식일 것이다. 최악의 사디스트조차 순수한 인간의 의식을 완전히 잃어버리지는 않았다고 전제하는 경우, 사디스트 역시 순수한 대자가 되고자 하는 존재 기획에 의해 특정될 수 있다는 결론이 나온다. 그러나 사디스트는, 행복주의와 희생양 논리에 젖은 채 자기의 행복 실현을 방해할 잠재적·현실적 적대자를 향한 적개심에 의해 움직이는 모든 인간의 정신은, 이미 자기 안의 순수한 인간성과 외적 대립의 관계를 형성하고 있는 존재자이다. 이러한 존재자로서의 사디스트는 자기를 대상화하는 희생자의 눈빛을 가학적 쾌감을 느낄 그 원인과 이유로서 긍정할 뿐이다.

＊

포크너의 3대 걸작 중 첫 번째 작품인『음향과 분노』는 세상의 도
덕 바탕에 깔린 것이 행복주의라는 것을 매우 적나라하게 드러낸다.
소설의 무대는 포크너의 고향인 미시시피주의 라파예트 카운티를 떠
올리게 하는 가상의 카운티 요크나파토파이다. 포크너의 소설은 대부
분 요크나파토파를 무대로 삼는다. 『압살롬 압살롬』과 『8월의 빛』의
무대 역시 요크나파토파이다.

『음향과 분노』의 제목은 윌리엄 셰익스피어의 희곡『맥베스』의 주
인공 맥베스의 다음과 같은 독백에서 따온 것이다.

> 내일 그리고 내일 그리고 내일,
> 이 작은 걸음걸이로 하루하루
> 기록된 시간의 마지막 음절까지 기어간다.
> 그리고 우리의 모든 어제는 바보들에게
> 먼지 낀 죽음을 향한 길을 밝혀 주었지.
> 꺼져라, 꺼져라, 짧은 촛불이여!
> 인생이란 다만 걸어가는 그림자, 무대 위에서
> 주어진 시간 동안 으스대며 걷기도 하고 조바심치기도 하지만
> 결국 더 이상 기억되지 않을 불쌍한 연기자라네.
> 백치가 지껄이는 하나의 이야기,
> 음향과 분노로 가득 차 있지만
> 아무 뜻도 아니지.[6]

---

6   W. Shakespeare, *Shakespeare's Tragedies. Hamlet. Othello. King Lear. Mac-*

참고로, 『음향과 분노』의 제목을 '소리와 분노'로 번역하는 경우도 있고, 맥베스의 독백 내용을 근거로 원어인 'sound'의 뜻이 '허튼소리'라고 주장하는 연구자도 있다. 필자는 '소리'나 '허튼소리'보다 '음향'이 더 나은 번역어라고 본다. '소리'는 너무 일반적이고, '허튼소리'는 원어 'sound'의 뜻을 사람이 하는 이야기로 한정한다. 그러나 무대 위에서는 사람이 하는 이야기를 포함해 별별 소리가 다 울려퍼지는 법이다. 심지어 배우의 이야기조차 무대 위에서는 물체에서 나는 소리와 그 울림으로 들려야 한다. 사람의 목소리이되, 무대 위라는 특별한 공간에서 관객들을 향해 온몸을 울림통으로 삼아 멀리 전달할 목적으로 생성해 내는 물리적 음향으로서의 성격을 지녀야 하기 때문이다.

포크너의 대다수 작품처럼 '의식의 흐름' 기법으로 작성된 이 복잡하고 난해한 소설은 맥베스의 독백처럼 인생을 공허한 음향과 분노의 향연으로 묘사하는 작품이라고 볼 수 있다. 한때 영광스러운 삶을 살았지만 몰락한 채 술에 절어 살아가는 아버지 제이슨 콤슨 3세, 몰락한 가문의 일원이라는 사실 때문에 날마다 신세 한탄을 하며 기이한 자격지심을 보이는 어머니 캐롤라인 배스콤 콤슨 등 이 작품의 주요 인물은 모두 인생이란 음향과 분노로 가득 차 있지만 아무 뜻도 아니라는 것을 드러내는 일종의 표본과도 같은 삶을 산다.

그러나 인생의 아무 뜻도 아닌 음향과 분노는 고통과 죽음의 원인이기도 하다. 장남인 퀜틴 콤슨 3세는 하버드 대학 출신의 지성인이지만 누이동생 캐디가 혼전임에도 불구하고 문란한 성생활을 하는 것을 보며 큰 열패감과 절망감에 시달리게 된다. 혼전성교를 콤슨 가문

---

beth, London: Arcturus, 2016, 364.

의 명예를 훼손하는 행위로 간주한 것이 그 가장 커다란 이유이다. 그는 결국 투신자살로 생을 마감한다. 막내인 벤자민 콤슨은 정신 지체아로 태어났는데, 그 때문에 거세를 당한 비운의 인물이다. 어느 날 그는 집 앞을 지나가는 한 무리의 여학생 중 캐디 같은 느낌의 여학생을 보고 쫓아갔는데, 그녀는 그만 기겁해서 크게 비명을 질렀다. 그때 마을 사람들은 그를 붙잡아서 거세하고 만다.

　『음향과 분노』의 주요 인물은 모두 좌절된 행복 때문에 괴로워하는 인간이다. 그리고 좌절된 행복이 안겨 주는 고통 때문에 가족조차 자신과 외적 대립의 관계를 맺고 있는 존재로 발견할 수밖에 없게 된 그러한 인간이기도 하다. 그들은 왜 좌절된 행복 때문에 괴로워하게 되었는가? 바로 행복주의적인 인생관 때문이다. 행복의 실현을 자기 삶의 목적으로 상정하는 자는 행복의 실현을 방해하는 모든 것에서 분노와 증오, 적개심을 느끼기 마련이다. 행복의 실현이 좌절됨으로써 크나큰 고통에 시달리게 되기 때문이다.

　『음향과 분노』에서 드러난 행복주의의 추악한 본질을 이해하는 데 가장 적합한 사례는 장남인 퀜틴 콤슨 3세의 인생이다. 그는 윤리적인 존재인가? 도덕규범을 내세워 혼전성교를 반대하는 모습을 보인다는 점에서 그는 분명 윤리적 존재로 평가받을 수 있다. 그러나 이때의 윤리적 존재란 세상을 지배하는 윤리적 가치관에 순응하려 애씀의 뜻을 지닐 뿐이다.

　참다운 의미로 윤리적인 존재는 도스토옙스키의 『백치』의 주인공 미슈킨이다. 그는 세상의 도덕의 관점에서 보면 죄인으로 단죄받아 마땅할 인간인 로고진과 나스타샤를 심판하기보다 오히려 무한한 연민의 힘으로 그들과 하나가 되기만을 힘쓴다. 세상의 도덕은 행복주의 및 희생양 논리에 바탕을 두고 있음을, 그리고 세상의 도덕에 의해 죄인으로 단죄받는 나스타샤와 로고진이야말로 행복주의라는 이름의 원죄로 인해 고난받는 순수하고 야성적인 인간성의 표본임을 알기 때문이다. 콤슨은 미슈킨과 반대로 세상의 도덕에 위배된 삶을 사는 그 누구도 연민할 수 없고, 그들과 하나가 되기를 힘쓸 수도 없다. 콤슨이 도덕을 중요하게 생각하는 것 자체가 비도덕적 행위가 가져다줄 명예의 실추 및 그로 인해 초래될 불행을 두려워하는 마음의 발로일 뿐이다. 그런 점에서 콤슨은 세상의 도덕 바탕에 깔린 행복주의 및 희생양 논리의 추종자일 뿐이다. 역설적이게도, 그러한 추종의 결과 콤슨은 그 자신이 희생양이 되고 말았다. 매우 당연한 일이기도 하다. 도덕을 근거로 삼아 그 누군가를 희생양으로 삼을 결의를 지닌 인간은, 그 결의가 자기만의 것이 아니라 다수의 세상 사람의 것이라는 것을 아는 한에서, 자신의 삶과 존재가 세상의 도덕과 어울리지 못하는 것이 되는 경우 자기가 곧바로 희생양으로 전락하게 될 것임을 언제나 이미 알고 있다.

　세상의 도덕을 무시하고 곧잘 혼전성교를 하는 캐디의 경우는 어떠할까? 그녀의 반도덕적 행위는 그녀가 세상의 도덕의 행복주의 및 희생양 논리와 무관한 존재라는 것을 뜻할까? 유감스럽게도 그렇지는 않다. 그녀는 다만 자기의 행복을 위해 도덕을 무시할 뿐이며, 자신의 선택의 결과로 그 누군가가 희생될 수 있다는 점에 대해서는 별다른 고민을 하지 않는다. 그녀에게는 도덕규범을 내세워 자기를 비난하는 모든 이의 말과 행위가 자기의 행복을 훼방한다는 점에서 부당한 것이며, 이는 곧 그녀 역시 반도덕의 형태를 띤 행복주의의 도덕을 추구하는 존재라는 것을 알릴 뿐이다. 우리 시대를 지배하는 원자적 개인의 행복주의를 부추기는 그러한 도덕 말이다.

　아마 『음향과 분노』의 등장인물 가운데 포크너의 세계관을 이해하는 데 가장 중요한 인물은 막내인 벤자민 콤슨일 것이다. 그는 백치이기 때문에 결국 거세당한 인물로 설정되었다. 겉보기에, 그는 『8월의 빛』주인공인 크리스마스와 완전히 상반된 인물이다. 크리스마스는 영악하고 활기찬 인간이며, 콤슨처럼 착하기는커녕 살인조차 마다하지 않는 잔인한 인간이기도 하다. 그럼에도 벤자민 콤슨과 크리스마스 사이에는 한 가지 공통점이 있다. 그것은 바로 세상의 도덕 바탕에 깔린 행복주의 및 희생양 논리의 관점에서 볼 때 행복의 실현을 위해 반드시 배제되고 제거되어야 할 인간으로서 존재한다는 공통점이다. 행복주의는 행복주의의 논리를 이해할 지성의 힘을, 그리고 자신이 이해한 바에 따라 자발적으로 행복주의의 논리에 따를 수 있는 순응에의 의지를 요구하기 마련이다. 행복주의의 요구를 따를 수 없는 자는 아무리 명민한 자여도 백치로 간주되어야 하고, 아무리 선량한 백치여도 반드시 거세되어야 할 폭발적 힘의 소유자로 간주되어야 한다. 행복주의의 교활한 논리를 파괴하는 데 무구한 정신만큼 위험한 것은 없기 때문이다.

　벤자민 콤슨은 왜 캐디를 사랑했을까? 캐디에게서 모성과 같은 것을 느꼈기 때문이다. 왜 그는 캐디에게서 모성과 같은 것을 느꼈을까? 캐디의 반도덕적인 성향을 자신과 같은 백치를 부단히 정상적인 삶의 영역 밖으로 몰아세우는 행복주의의 논리로부터 가장 먼 존재의 특징으로 오인했기 때문이다. 물론 반도덕의 도덕을 세우며 자기만의 행복을 추구하는 데 익숙한 캐디 역시 무구한 정신의 백치를 자기 삶의 영역으로 받아들일 수는 없었다. 벤자민 콤슨은 모든 종류의 행복주의가 희생양으로 삼기 마련인 무구하고 순수한 인간성의 왜곡된 표현이다.

정신분석과 문화혁명 : 무의식과 해방 1

지그문트 프로이트의 『토템과 터부』(1913)

르네 지라르의 『폭력과 성스러움』(1972)

데이비드 린치의 영화 〈멀홀랜드 드라이브〉(2001)

지그문트 프로이트의 『토템과 터부』(1913)
초판본 사진[1]

---

1 https://en.wikipedia.org/wiki/Totem_and_Taboo#/media/File:Freud_Totem_
und_Tabu_1913.jpg

정신분석학의 창시자 지그문트 프로이트의 『토템과 터부』는 1913년에 출판된 책으로, 1900년에 출판된 『꿈의 해석』과 1916~1917년에 출판된 『정신분석학 입문 강의』를 잇는 가교 성격의 글이라고 할 수 있다. 필자에게 『토템과 터부』는 두 가지 깨우침을 가져다준 책이다. 첫째 깨우침은 폭력과 악의 기원은 행복주의라는 것이다. 둘째 깨우침은 폭력과 악의 기원에 대한 소위 학문적 성찰이란 폭력과 악의 자연화를 초래할 뿐이라는 것이다. 여기서 폭력과 악의 자연화란 폭력과 악을 인간 삶의 가장 기본적이고 자연스러운 표현으로 절대화함을 뜻한다. 폭력과 악의 자연화는 물론 폭력과 악의 한계 안에 머물 수밖에 없는 것으로 삶의 의미를 한정함을 뜻한다. 보다 고차원적인 존재를 향한 상승의 가능성을 삶에서 앗아간다는 점에서 폭력과 악의 자연화는 그 자체로 일종의 데카당스적 경향이다. 즉, 폭력과 악의 기원에 대한 학문적 성찰은 데카당스적 정신의 산물이다.

『토템과 터부』는, 권력학의 관점에서 볼 때, 매우 기이한 사상을 담고 있다. 이 책의 기본적인 발상은 서로 연결된 두 가지 부자(父子) 관계가 사회와 문화의 기원을 이룬다는 것이다. 첫째 부자 관계는 육체를 중심으로 이루어지는 관계이다. 둘째 부자 관계는 정신을 중심으로 이루어지는 관계이다. 첫째 부자 관계에서는 아버지가 살해된다. 둘째 부자 관계에서는 아들이 살해된다.

육체 중심인 첫째 부자 관계는 권력과 여자들을 독점하고 있는 아버지의 폭압에서 벗어나려고 형제들이 친부 살해를 공모하고 결행했다는 이야기로 압축된다. 물론 이러한 해석은 외디푸스 콤플렉스의 개념이 원시 부족의 사회에서도 통용되는 것임을 전제하는 것으로, 외디푸스 콤플렉스의 자연화라고 볼 수 있다. 정신 중심인 둘째 부자 관계는 폭군인 아버지의 부재가 더욱 커다란 폭력과 혼란으로 이어진

다는 믿음에서 출발한다. 폭군인 아버지가 제거되자 형제들 사이에서
권력을 잡으려는 무한 투쟁의 악순환이 생겨났다. 물론 끝없는 전쟁
의 상태는 형제들의 마음속에 불안과 공포를 불러일으켰다. 이제 형
제들은 불안과 공포에서 벗어나려면 무엇을 어떻게 해야 할까? 아버
지의 부재로 인해 생겨난 불안과 공포이니 당연히 아버지가 다시 존
재하도록 해야 한다. 그러나 육신의 아버지를 되살릴 수는 없는 노릇
이니 영의 아버지, 순수한 정신적 존재로서의 하나님 아버지를 창조
해야 한다. 그런데 하나님 아버지를 창조해서 그 지배를 받으려면 친
부 살해의 죄의 값을 치러야 한다. 아버지를 죽인 죄의 값에 상응하는
벌은 무엇일까? 물론 아들의 죽음이다. 그래서 형제들은 하나님 아버
지를 창조해서 그 지배를 받을 목적으로 아들인 그리스도를 고안하게
되었다. 프로이트에 따르면, 바로 이 점에서 기독교는 고대사회에서
기독교와 경쟁하던 미트라교와 똑같은 종류의 기원을 갖는다. 즉, 창
조된 아버지 신에 대한 속죄양으로 아들을 살해함이 기독교와 미트라
교의 공통된 기원이다. 기독교에서는 그리스도가 아버지를 죽인 아들
의 상징이다. 미트라교에서는 미트라교의 제사에서 희생되는 소가 아
버지를 죽인 아들의 상징이다.[2]

육신인 아버지의 살해와 정신인 아버지 신의 창조, 그리고 속죄양
이 된 아들의 살해는 모두 행복주의적 삶의 방식의 결과이다. 형제들
은 육신인 아버지를 왜 살해했는가? 폭압에서 벗어나 보다 자유롭고
행복하게 살기 위해서다. 형제들은 아버지를 살해한 뒤 왜 무한 투쟁
의 악순환에 빠졌는가? 행복하게 살기 위해, 고통스러운 죽음을 피하

---

2   TT(Freud, S., *Totem und Tabu*, in *Fragen der Gesellschaft. Ursprünge der Religion (Studienausgabe Bd. IX)*, A. Mitscherlich, A. Richards etc.(Hrsg.), Frankfurt a. M.: Fischer 2000), 435 이하 참조.

기 위해, 권력을 잡기 위해 무엇을 해야 할지 서로 투쟁하는 것 외에 찾지 못했기 때문이다. 형제들은 왜 정신의 아버지인 신을 창조해서 그 지배를 받아야 했는가? 아버지의 부재가 낳은 무한 투쟁의 악순환 때문에 행복이라는 친부 살해의 목적이 달성되기는커녕 더욱 비참해 졌기 때문이다. 형제들은 왜 속죄양으로 삼을 아들이 필요했는가? 자신이 아닌 다른 아들을 속죄양으로 삼아 희생시켜야 아버지의 용서를 받고 행복한 삶을 보장받을 수 있기 때문이다. 한마디로, 사회와 문화의 기원에 대한 프로이트의 도식적 설명에 따르면, 역사란 결국 행복주의와 희생양 논리의 전개 과정 이상도 이하도 아닌 셈이다.

책의 제목인 '토템과 터부'는 행복을 보장받기 위해 부단히 그 누군가를 희생양으로 삼아야 할 인류의 궁핍한 운명을 상징한다. 살인과 근친상간을 금지하는 토템의 법은 욕망의 충족과 행복의 실현을 위해 타인과 무한 투쟁의 악순환에 빠질 가능성에서 벗어날 목적으로 인류가 자신에게 스스로 부과한 일종의 멍에이다. 불안과 두려움에서 벗어나기 위해, 안정된 삶을 위해, 행복을 위해, 인간은 그 누군가의 희생을 요구하는 법과 도덕을 만든다. 물론 법과 도덕이 만들어지고 나면 모든 인간은 잠재적·현실적 속죄양이 되는 셈이다. 법과 도덕을 어기는 경우 스스로 그 책임을 지고 벌을 받아야 하기 때문이다.

*

겉보기에, 『토템과 터부』는 사회와 문화의 기원에 관한 객관적 진실을 추구하는 책으로 여겨지기 쉽다. 그러나 실질적으로는 프로이트 정신분석학의 핵심 개념인 외디푸스 콤플렉스를 자연화하고 절대화하기를 시도할 뿐이다. 미트라교와 기독교는 분명 특정한 지역에서 특정한 역사적 맥락에 따라 형성된 종교이다. 그러나『토템과 터부』
에서는 이 두 종교가 인류 문화 전체의 기원을 분명하고도 함축적으
로 드러내는 일종의 표본처럼 다루어지고 있다. 달리 말해,『토템과
터부』는 미트라교와 기독교의 전승을 이어받은 유럽의 역사를 자연적
이고 절대적인 인류의 역사 그 자체로 취급한다. 그런 점에서『토템과
터부』는 모든 것을 자신의 관점에서 해석하고 획일화하는 권력에의
의지의 표현인 셈이다.

필자가 힘에의 의지가 아니라 권력에의 의지라고 부른 것에 유의해
주길 바란다. 삶의 힘을 보존하고 더 나아가 증진하고자 하는 의지는
삶의 전개에서 나타날 모든 가능성의 유형을 하나로 획일화하려는 의
지와는 구분되어야 한다. 그러한 획일화는 그 자체로 삶을 특정한 형
태의 권력 의지가 원하는 하나의 방향으로만 몰아세움과 같은 것이기
때문이다.

필자는 프로이트의 정신분석학뿐 아니라 학문의 본질 자체가 권력
의지라고 본다. 이 말을 원초적 의지의 개별화를 통해 생성된 표상으
로 세계를 이해하는 쇼펜하우어의 사상과 혼동하지 말기를 바란다.
원초적 의지의 개별화는 매우 다양한 형식을 띨 수 있고, 표상으로서
의 세계 이미지 역시 관점에 따라 서로 유사하거나 반대로 이질적이
고 상반된 유형의 이미지들로 분화될 수 있다. 그러나 권력 의지란,
앞에서 언급했듯이, 본래 모든 것을 한 방향으로 몰아세울 힘을 소유
하려는 의지이다. 달리 말해, 학문의 본질로서의 권력 의지는 서로 유
사하거나 반대로 이질적이고 상반된 유형의 이미지들로 분화된 지각
의 장 위에서 자신의 활동 근거인 그 지각의 장 자체를, 그 위에서 발
견되는 다양한 유형의 이미지들에도 불구하고, 단일한 유형의 이미지
의 장으로 재해석하려는 의지와도 같다.

*

인과율이라는 관념에 대해 생각해 보자. 잘 알려진 것처럼, 니체는 『우상의 황혼』에서 네 가지 큰 오류에 대해 말한다. 원인과 결과를 혼동하는 오류, 거짓 인과율의 오류, 가상적 인과율의 오류, 자유의지의 오류가 그것이다. 원인과 결과, 인과율 등의 말이 직접적으로 언급된 앞의 세 오류뿐 아니라 마지막 네 번째 오류 역시 인과율에 관한 것이다. 자유의지가 존재한다고 주장하려면 인과율의 한계를 넘어설 가능성이 인간에게 주어져 있음을 논증해야 하기 때문이다.

필자는 니체와는 다른 방식으로 인과율의 문제를 논하려 한다. 필자가 보기에, 인과율에 관한 인간의 사고방식이 지닌 가장 중요한 결함은 원인과 결과라는 관념의 파생적 성격을 보지 못하고 그것을 세계 해석의 절대적이고 근원적인 조건으로 상정하는 것에 있다. 하지만 인과율을 따질 때 근원적인 것은 언제나 인과율의 가능 근거로서의 존재 자체이다. 이 말은 인과율의 관점에서 해석되는 존재 자체의 성격에 따라 그 존재에 근거를 두고 생성되는 원인으로서의 현상과 결과로서의 현상이 달라진다는 뜻이다.

이 점을 보지 못하는 오류를 '인과율의 파생성을 존재 이해의 근원적 조건으로 오인하는 오류'라고 부르기로 하자. 이것이 어떤 오류인지 이해하려면, 우선 원인과 결과가 왜 파생적 성격을 띠는 것인지 파악해야 한다. 쇠몽둥이로 바위를 내리치는 경우를 생각해 보자. 쇠몽둥이로 바위를 내리침은 원인이고, 굉음이 남, 쇠몽둥이가 쭈그러짐, 바위 표면이 부서짐 등은 결과이다. 이번에는 쇠몽둥이로 사람의 몸을 때리는 경우를 생각해 보자. 쇠몽둥이로 사람의 몸을 때림은 원인이고, 사람이 고통을 느낌, 부상당함, 죽임당함 등은 그 결과이다. 당연한 말이지만, 쇠몽둥이로 바위를 내리치면 고통을 느낌이나 부상당함, 죽임당함 등의 결과는 생길 수 없다. 쇠몽둥이와 바위는 고통, 부상, 죽음 등과 무관한 존재자이기 때문이다. 즉, 고통, 부상, 죽음 등과 무관한 존재자에게서는 고통, 부상, 죽음 등과 무관한 원인으로서의 현상 및 결과로서의 현상밖에는 생길 수 없다. 물론 쇠몽둥이로 사람의 몸을 때리면, 쇠몽둥이로 바위를 내리치는 경우와 달리, 고통을 느낌이나 부상당함, 죽임당함 등의 결과가 생길 수 있다. 사람의 몸이 고통, 부상, 죽음 등과 무관하지 않은 존재자이기 때문이다. 즉, 고통, 부상, 죽음 등과 무관하지 않은 존재자에게서는 고통, 부상, 죽음 등과 무관하지 않은 원인으로서의 현상 및 결과로서의 현상이 생길 수 있다. 달리 말해, 원인과 결과란 실체적 근거가 있는 관념이 아니라 존재자의 다양한 성격에 따라 역시 다양한 방식으로 나타나는 현상들 사이의 관계를 동일한 관계처럼 획일화해서 얻은 관념일 뿐이다.

*

철학자들을 괴롭혀 온 문제 가운데 하나는 인과율과 자유의지의 양립 가능성에 관한 문제이다. 인간의 사유는 기본적으로 사건과 현상의 발생은 사건과 현상의 발생에 충분한 이유 및 근거에 의해서만 가능하다는 믿음에 의거해 작동한다. 라이프니츠가 충족이유율이라는 관념으로 설명한 것이 바로 이러한 믿음이다. 필자는 이러한 믿음은 의심할 수 없는 것이라고 본다. 충족이유율에 대한 믿음이 사유의 가능 조건인 한에서, 충족이유율을 의심하는 사유는 그 자신의 가능 조건 자체를 의심하는 자가당착에 빠질 수밖에 없기 때문이다.

그런데 이유와 근거라는 관념 안에는 원인과 결과라는 개념을 자유

의지의 불가능성을 함축하는 뜻으로 해석해야 할 필연성 같은 것은
담겨 있지 않다. 그럼에도 이유와 근거라는 관념을 자유의지의 불가
능성을 함축하는 절대화된 관념으로서의 원인과 같은 것으로 오인하
는 경우 인과율과 자유의지의 양립 가능성에 대한 철학적 문제가 생
겨난다. 모든 사건과 현상이 인과율의 법칙에 의해 설명되어야 한다
면, 자유의지란 환상에 불과하다는 결론을 피할 수 없을 것만 같다.
달리 말해, 형식 논리의 관점에서 보면, 인과율의 관념과 자유의지의
관념은 양립 불가능한 것으로 파악되기 쉽다. 하지만 우리의 구체적
인 실천과 경험은 인과율의 관념이 자유의지의 전제이자 가능 근거라
는 것을 알린다. 자유의지를 발휘해 특정한 행위를 수행한다는 것은
무엇을 뜻하는가? 자신의 행위가 하나의 원인으로 작용해서 초래하
게 될 결과를 미리 예측할 수 있다는 것을 뜻한다. 자신의 삶을 인과
율의 관념에 의거해 해석할 역량이 없으면, 자유의지 역시 생길 수 없
다는 뜻이다.

　잘 알려진 것처럼, 니체가 네 가지 큰 오류의 하나로 자유의지의 오
류를 꼽은 것은 인간에게 인간의 행위에 대한 심판과 처벌의 정당성
을 제시해서 인간을 통제할 명분을 얻고자 하는 권력의 의지가 자유
의지라는 관념이 생성되게 한 그 근거라고 보았기 때문이다. 물론 자
유의지라는 관념을 앞세운 심판과 처벌은 인간이 자신의 행위가 초래
할 결과가 무엇인지 예측할 수 있다는 것을 전제한다. 이러한 전제는,
공공연하게든 암묵적으로든, 인간의 정신과 의지가 인과율의 제약에
서 벗어날 수 있음을 함축한다. 그렇지 않으면 자유의지라는 관념 자
체가 공허하고 무의미한 것이 되고 말 것이다.

　인간의 정신과 의지가 실제로 인과율의 제약에서 벗어날 수 있는지
증명하는 것은 형이상학적 과제이다. 형이상학적 과제는, 칸트가『순

수 이성 비판』에서 지적한 것처럼, 이성과 논리의 힘으로 해결될 수 없다. 자유의지란 형이상학적으로 그 존재 여부가 확정될 수 없는 성격의 관념이라는 뜻이다.

그래도 왜 인간에게 인과율과 자유의지의 양립 가능성에 대한 문제가 사유의 주제로 생성될 수 있는지 따져 볼 수는 있다. 돌멩이나 나무, 개나 호랑이 같은 짐승의 존재를 근거로 두고 생성되는 사건과 현상은 이러한 문제와 무관하다. 하지만 인간의 존재를 근거로 두고 생성되는 사건과 현상은 이러한 문제와 무관하지 않다. 왜 그러한가? 인간만이 도덕적 선택의 기로에 설 수 있기 때문이다. 돌멩이, 나무, 짐승 등은 도덕적 사건과 현상의 생성과 무관한 존재이고, 이는 곧 돌멩이, 나무, 짐승 등의 존재를 근거로 삼아서는 도덕적 선택을 가능하게 할 어떤 사건과 현상도 생성될 수 없다는 것을 뜻한다. 하지만 인간의 존재를 근거로 삼으면, 도덕적 선택을 가능하게 할 사건과 현상이 생성될 수 있고, 또한 바로 이 때문에 인간은, 적어도 사회 안에서 타인과 공존하는 그러한 존재자로서는, 곧잘 도덕적 선택의 기로에 서게 되는 것이다.

달리 말해, 인과율과 자유의지의 양립 가능성에 대한 문제가 생기도록 할 충분한 이유와 근거의 하나는 바로 인간의 존재 자체이다. 그렇다면 자유의지란, 니체의 단언과 달리, 단순히 오류로만 간주될 수 없는 개념이라는 결론이 나온다. 도덕과 무관한 존재자는, 설령 생각할 수 있는 힘을 가지고 있다고 하더라도, 자기에게 유리하다고 판단하는 대로만, 혹은 종족 보존에의 충동과 의지에 따라 종족 보존을 위해 유리하다고 판단하는 대로만, 행동할 뿐이다. 즉, 생각할 수 있는 역량조차 그 자체만으로는 자유의지의 가능 조건일 수 없다. 자유의지란 오직 도덕적 양심과 생각할 수 있는 능력을 모두 갖추고 있는 인간의 존재를 근거로 삼아서만 생겨날 수 있다. 바로 이러한 의미로, 자유의지의 현상은 양심을 지닌 인간의 존재를 그 가능 조건의 하나로서 전제할 수밖에 없는 것이고, 이는 곧 양심을 지닌 인간의 존재로부터 그 필연적인 귀결로서 자유의지의 현상이 생성된다는 것을 뜻한다.

그렇다면 자유의지란 철학적으로 완전히 정당한 관념일까? 이 질문에 대한 대답은 자유의지를 어떻게 이해하느냐에 따라 달라질 것이다. 필자가 지적한 것처럼, 인간의 존재 자체가 그 필연적인 귀결로서 자유의지의 현상이 생성되도록 하는 것이라면, 그리고 그 때문에 인간은 자신의 행위에 대해 스스로 책임을 떠안아야 하는 존재자라는 일반적인 진술로 자유의지의 관념으로부터 파생되어 나올 실존적 의미를 한정하는 경우, 자유의지란 철학적으로 정당한 관념이다. 그러나 니체의 생각처럼, 자유의지가 인간에게 인간의 행위에 대한 심판과 처벌의 정당성을 제시해서 인간을 통제할 명분을 얻고자 하는 권력의 의지가 자유의지라는 관념이 생성되게 한 그 근거라고 보면, 자유의지란 인간의 삶과 존재에 대한 결정적 오류 추론의 결과에 지나지 않는다고 볼 수 있다.

자신의 행위에 대한 심판과 처벌의 정당성을 받아들여야 하는 존재자는 기본적으로 원자적 개인으로서 상정된 존재자이다. 법과 도덕의 이름으로 범법자에게 행해지는 심판과 처벌이 정당한 것이려면, 범법자인 개인의 존재를 근거로 삼아 자유의지가 생성될 때의 개인의 존재를 원자적이고 실체적인 개인의 존재로 한정해야 한다. 그러나 원자적이고 실체적인 개인의 존재란 법과 도덕의 이름으로 행사되는 심판과 처벌 자체를 모순과 자가당착으로 만들어 버리고 마는 형이상학적 망념에 지나지 않는다. 원자적이고 실체적인 개인의 존재란, 원자적 실체란 모두 불변하는 것으로서 상정된 존재자를 가리키는 말이라는 점에서, 타인과 영향사적 관계를 맺을 수 없는 존재자이고, 따라서 범죄를 저지르고자 하는 유혹에 시달릴 이유 역시 알지 못하는 존재자이다.

범죄를 저지른다는 것 자체, 특정한 상황 속에서 선과 악 사이에서 선택해야 할 기로에 서게 된다는 것 자체, 자기 안에서 소위 자유의지를 발견하게 된다는 것 자체가 실은 자신이 원자적이고 실체적인 개인으로서 존재하지 않음을 드러내고 있다. 나의 삶과 존재는 사회 공동체 전체의, 더 나아가 인류 공동체 전체의, 개별화된 서술과 표현일 뿐이며, 따라서 나의 행위에 대한 심판과 처벌 자체도 실은 사회 공동체 전체를, 더 나아가 인류 공동체 전체를, 향한 것이어야 한다. 한마디로, 자유의지의 관념을 근거로 삼아 행사되는 심판과 처벌이란 존재론적으로 정당화될 수 없는 근원적 한계를 지니는 것이다.

이러한 문제는 인간의 경험적 자아의 이면에 이성이나 영혼이 인간의 참된 자아로서 감추어져 있다는 식의 생각을 끌어들여도 해결될 수 없다. 근원적으로 순수하고 선한 존재로서의 이성이나 영혼 같은 것은 본래 악의 유혹에 흔들릴 수 없는 것이다. 따라서 그러한 존재자는 본래 심판과 처벌의 대상이 될 수 없는 것으로서만 상정되는 것이다. 결국 심판과 처벌의 대상이 되는 것은 인간의 경험적 자아, 육화된 정신으로서 그 자신의 존재를 인류 공동체와의 함께-있음의 관계 안에서 발견할 수밖에 없는 그러한 무상한 자아일 뿐이다.

*

데이비드 린치 감독의 2001년 영화 〈멀홀랜드 드라이브〉는 프로이트적 무의식의 세계를 의식의 흐름 기법으로 서술한 듯한 영화이다.

데이비드 린치 감독의 영화
〈멀홀랜드 드라이브〉(2001) 포스터[3]

논리적으로 보면, 영화의 줄거리는 뒤죽박죽이다. 총 147분의 상영시
간 중 약 90분 정도는 주인공인 베티(나오미 왓츠 분)가 화려하고 밝
은 삶을 사는 것으로 묘사된다. 하지만 그 이후에서는 갑자기 걷잡을
수 없는 증오와 분노, 고독, 가난 등에 시달리는 비참한 삶을 사는 것
으로 갑자기 바뀐다. 현실 세계를 지배하는 어떤 인과율적 개연성을
찾으려 하면 영화를 이해할 수 없다. 중요한 것은 베티의 한편 화려하
면서 다른 한편 비참하기도 한 삶을 개인의 의식 심층에서 작용하는
무의식적 욕망과 의지의 힘이 필연적으로 자아내는 비극의 외화로 받
아들이는 것이다. 그렇게 하고 나면, 논리적으로 뒤죽박죽인 영화의
흐름이 실은 무서울 정도로 냉정하게 삶의 비극을 인과율적으로 구성
해 나가는 무의식적 욕망과 의지의 힘을 묘사한다는 사실을 깨닫게

3 https://en.wikipedia.org/wiki/Mulholland_Drive_(film)#/media/
File:Mulholland.png

된다.

멀홀랜드 드라이브는 할리우드 언덕의 굽이진 도로를 가리키는 말이다. 어두운 밤 리타(로라 해링 분)는 멀홀랜드 드라이브를 달리는 자동차 뒷자리에 앉아 있었는데, 갑자기 차가 서고, 운전석에 있던 남자가 고개를 돌리며 그녀에게 총구를 겨눈다. "차 밖으로 나가!"라는 남자의 차가운 음성은 그녀가 곧 살해당할 것임을 암시한다. 하지만 한 무리의 젊은이가 광란의 질주를 벌이며 몰던 차가 리타가 타고 있던 차와 충돌한다. 그 바람에 리타를 죽이려던 자들은 다 죽어 버린다. 예기치 못한 사고 때문에 죽을 위험에 처해 있던 리타가 극적으로 살아남게 된 것이다. 하지만 불행이 그녀를 완전히 피해 간 것은 아니다. 사고의 충격 때문에 그녀는 기억을 잃어버렸다.

한편 주인공 베티는 할리우드에서 배우로 성공하려는 꿈을 안고 로스앤젤레스에 와서 이모의 집을 방문하는데, 마침 그곳에 숨어 있는 리타를 발견한다. 리타가 기억상실증에 걸렸다는 사실을 알게 된 베티는 그녀를 도울 결심을 품게 된다.

〈멀홀랜드 드라이브〉를 이해하는 데 결정적인 장면은 셋이다. 첫째는 애덤 캐셔 감독이 영화 제작자들과 만나는 장면이다. 기이한 두 명의 신사가 애덤이 만들 영화의 주연 여배우를 강압적으로 지정한다. 애덤은 거부하지만, 두 신사는 도무지 타협할 생각이 없다. 애덤이 자신들의 요구를 받아들이지 않을 것임을 알고 나서, 두 신사는 애덤에게 "이 영화는 더 이상 당신의 영화가 아니다"라고 선언한다. 후일 애덤은 특별한 이유도 없이 은행 계좌가 막히는 등 여러 압박에 시달리다 결국 두 신사가 지정한 여배우를 영화의 여주인공으로 받아들이게 된다.

둘째는 베티가 두 번에 걸쳐 연기 연습을 하는 장면이다. 대본의 내용은 어느 젊은 여성이 아버지의 절친한 친구와 열정적 사랑의 관계를 맺으며 겪게 되는 갈등에 관한 것이다. 첫 번째 연습은 리타를 상대역으로 삼은 연습이다. 리타가 아버지의 친구 역을 맡고, 베티는 아버지의 친구와 사랑의 관계를 맺는 여성의 역을 맡는다. 베티는 이 사랑은 잘못된 것이고, 더 지속되어서는 안 된다는 것을 단호한 느낌의 말과 몸짓으로 표현한다. 리타와 연습할 때 베티는 이성적이고 도덕적인 여성의 모습을 보인 것이다. 하지만 영화사 스튜디오에서 나이 많은 남자 배우를 상대로 연기를 하자 베티의 말과 몸짓은 이성적이고 도덕적인 여성이 아니라 사랑의 열정에 사로잡힌 채 신음하는 불행한 여성의 모습을 보인다. 베티의 상대역을 맡은 남자 배우의 말이 인상적이다. "연기(acting)는 곧 반응(reacting)이지." 이는 곧 연기 혹은 우리의 'acting'은 어떤 주체적 판단과 의지에 의해 행해지는 것이 아니라 감각과 감정의 자극에 대한 수동적 반응으로서 일어나는 것임을 암시한다. 사랑의 열정과 욕망이 우리에게 강렬한 감각과 감정의 충격을 남길 때, 우리의 정신과 행위는 그 충격에 대한 수동적 반응 외에 다른 어떤 것도 아니게 된다는 뜻이다.

셋째는 베티와 리타가 〈실렌시오〉라는 이름의 카바레를 방문하는 장면이다. 어느 날 밤 베티와 리타는 처음으로 같은 침대에서 잠을 자게 되는데, 서로 친밀감을 표시하다 동성애적 육체관계를 맺게 된다. 잠이 든 리타는 갑자기 '실렌시오'라고 반복해서 잠꼬대하기 시작한다. 그 소리에 깨어난 베티는 리타를 흔들어 깨운다. 느닷없이 리타는 베티에게 자기와 어느 곳을 함께 가달라고 부탁한다. 그때 시간은 새벽 두 시였다.

그들이 택시를 타고 방문한 곳은 바로 카바레 〈실렌시오〉였다. 〈실렌시오〉의 모든 공연에서 나는 악기 소리는 미리 테이프 레코딩이 된

소리이다. 심지어 공연을 주관하는 사탄 같은 느낌의 남성은 관객들이 실제 연주하는 소리가 아니라 테이프 레코딩이 된 소리를 듣게 된다는 것을 반복해서 선언한다. 마지막 공연은 여가수의 아카펠라 열창이다. 로이 오비슨의 〈크라잉〉을 스페인어로 부르던 여가수는 도중에 갑자기 의식을 잃고 쓰러지는데, 그녀가 쓰러진 뒤에도, 두 남자의 손에 들린 채 무대 밖으로 사라진 뒤에도, 여가수의 노랫소리는 계속 울려 퍼진다. 기이하게도, 그 과정을 지켜보는 베티와 리타의 눈에서는 눈물이 흐른다.

〈실렌시오〉에서 여가수의 공연을 보고 난 뒤, 베티는 자신의 손가방 안에 정체불명의 작고 파란 상자가 들어 있음을 알게 된다. 이 파란 상자는 꿈과 환상의 세계로부터 현실 세계로 통하는 일종의 통로와도 같다. 파란 상자를 통해 넘어간 현실 세계에서 리타와 베티는 지금까지 묘사된 것과는 전혀 다른 삶을 살아간다. 베티와 리타는 연인 관계였다. 그런데 리타는 성공을 위해 베티를 배신하고, 애덤 캐셔의 애인이 된다. 슬픔과 분노에 치를 떨던 베티는 청부살인자에게 돈을 주고 리타를 죽여 달라고 하는데, 리타는 청부살인자의 손에 의해서가 아니라 앞서 언급한 자동차 충돌 사고를 통해 죽게 된다. 그러나 청부살인자는 베티에게 약속대로 리타가 죽었음을 알리는 표식을 전달한다. 베티는 자신 때문에 리타가 죽었다고 생각하며 괴로워하기도 하고, 극단적인 죄책감에 시달리기도 한다. 결국 베티는 권총 자살로 생을 마감한다.

*

〈멀홀랜드 드라이브〉는 프로이트의 정신분석을 연상하게 하는 영화이다. 프로이트의 정신분석의 관점에서 보면, 욕망이란 욕망을 충족하려고 하는 무조건적인 의지를 수반하기 마련이다. 일리가 있는 생각이다. 예를 들어, 배고픔 때문에 음식을 먹고 싶은 욕망이 생기면, 실제로 음식을 먹어서 배고픔을 해소해야 한다. 그렇지 않으면 음식을 먹고 싶은 욕망에 계속 시달리게 될 것이다. 프로이트는 성욕 역시 마찬가지라고 보았다. 성욕은 성욕의 충족을 통해서만 사라질 의지를 수반한다. 그런데 근친상간 등 사회에서 터부시되는 욕망은 욕망의 원래 대상을 통해 충족되기 어렵다. 이 경우 성욕을 충족하고자 하는 무조건적인 의지는 욕망의 원래 대상이 아니라 그 대리물 내지 보충물을 찾아 충족하는 편을 선택하게 된다. 이때 생기는 것이 바로 콤플렉스다. 외디푸스 콤플렉스가 그 대표적인 사례이다. 친모를 향한 성적 욕망은 충족하기가 거의 불가능하다. 그런데도 충족되기 전에는 사라지지 않을 무조건적인 의지를 수반한다. 그래서 욕망의 원래 대상인 친모가 아니라 친모를 연상케 하는 그 누군가를 통해 욕망을 충족하려는 경향이 생겨나면 필연적으로 콤플렉스에 시달리게 된다.

〈멀홀랜드 드라이브〉에서는 성욕이나 식욕 등의 소위 기본적인 욕망과는 다른 종류의 욕망도 제시된다. 사회적 성공을 향한 욕망이 바로 그것이다. 아마 프로이트의 정신분석학에 충실한 사상가 가운데 사회적 성공을 향한 욕망의 본질을 가장 그럴듯하게 그려낸 이는 르네 지라르일 것이다.

지라르는 자신의 주저 『폭력과 성스러움』에서 욕망의 본질을 욕망의 주체, 욕망의 대상, 욕망의 체계가 함께 구성하는 욕망의 삼각관계를 통해 설명한다. 거칠게 말해, 지라르에게 욕망의 주체와 대상은 모

RENÉ GIRARD

La Violence
et le sacré

Grasset

르네 지라르의 『폭력과 성스러움』(1972)
초판본 사진[4]

두 욕망의 표상을 마련하는 욕망의 체계에 의해 구성되는 것이다. 영화감독이나 배우로 성공하고자 하는 욕망, 동물적 욕망의 충족을 넘어서 성공적이고 화려한 삶을 살고자 하는 욕망에 대해 생각해 보자. 이러한 욕망이 생성되려면 성공적인 인간의 삶에 대한 표상적 이미지가 필요하다. 미디어를 통해 제시되는 성공적인 인간의 삶의 이미지를 통해 자기도 성공적인 인간이 되고 싶다는 주체적 욕망이 구성되고, 이러한 주체적 욕망의 구성은 분명 성공의 신화와 이미지를 부단히 구축해 내는 욕망의 체계에 의해 그 대상이 구성됨을 전제한다.

지라르는 이러한 욕망을 모방 욕망이라고 부른다. 모방 욕망이란 성공을 향한 타인의 욕망을 모방함으로써 자신의 것이 된 욕망이다.

---

4   https://en.wikipedia.org/wiki/Violence_and_the_Sacred#/media/
File:Violence_and_the_Sacred_(French_edition).gif

그런데 식욕과도 같은 기본적인 욕망과 달리 모방 욕망은 본래 충족될 수 없는 것이다. 모방 욕망의 대상인 성공적인 삶이 타인과의 상대적 비교 우위를 통해 마련되는 것이기 때문이다. 성공적인 삶을 살려는 욕망과 의지, 남들보다 더 많은 부나 권력, 명예 등을 획득하려는 욕망과 의지 등은 필연적으로 개인들의 관계를 무한 경쟁과 투쟁의 관계로 전환되도록 한다. 물론 무한 경쟁과 투쟁의 상태는 매우 위태롭고 견디기 힘든 상태이다. 무한 경쟁과 투쟁으로 인해 각자 타인에게 폭력으로 행사될 힘의 무한한 증가를 꾀하게 되고, 이로 인해 사회 질서가 붕괴해 버릴 위험이 상존하게 된다.

지라르는 종교의 기원을 모방 욕망이라고 본다. 모방 욕망으로 인해 생긴 폭력적 힘을 해소할 방편으로 사회의 약자나 소수자를 희생양으로 삼는 희생 제의가 생겼다. 달리 말해, 종교란 본래 모방 욕망으로 인해 생긴 사회의 폭력적 힘을 해소하려는 의지의 표현이고, 그런 점에서 종교의 본질은 결국 희생 제의이다. 더 나아가, 지라르는 문명과 사회의 생성과 존속을 가능하게 하는 것은 결국 희생 제의라고 본다. 문명과 사회가 있는 곳에서는 반드시 희생양 논리가 작용하기 마련이라는 뜻이다.[5]

『폭력과 성스러움』은 『토템과 터부』가 출판된 지 거의 60년 뒤에 출판된 책이지만, 그 기본적인 발상은 프로이트가 『토템과 터부』에서 제시한 것과 같다. 프로이트와 지라르는 모두 사회의 지배적인 법과 도덕이 금지하는 폭력적이고 범죄적인 행위를 할 인간의 가능성을 자연적이고 제거될 수 없는 것으로 파악한다.

---

5 R. Girard, *La violence et le sacré*, Paris: Bernard Grasset, 1972., 201 이하 및 265 이하 참조.

성스러움이란 무엇인가? 지라르의 관점에서 보면, 성스러움의 의미는 이중적이다. 한편 성스러움이란, 윤리의 근원적 근거로서, 모방 욕망을 통해 획일화된 의지의 폭력적 표출을 금지하는 것이다. 그러나 동시에 성스러움은 그 자체로 모방 욕망을 통해 획일화된 의지의 폭력적 표출이기도 하다. 성스러움의 영광 이면에 폭력적 에너지의 무분별한 발산이 초래할 공동체의 붕괴를 막음으로써 보다 항구적이고 지속적인 방식으로 폭력이 행사되도록 할 사회 체계를 세우려는 욕망과 의지가 감추어져 있기 때문이다.

*

프로이트와 지라르의 사상은 한 가지 결정적인 흠결을 지니고 있다. 억압의 체계를 자신의 필연적 결과로서 생성해 내는 폭력적 욕망과 의지를 그 근원적 근거로서의 인간 현존재의 존재 자체와의 관계 속에서 고찰하지 못하고 섣불리 인과율적 관념에 의거해 절대화했다는 점이다. 결과로서의 현상인 억압의 체계의 생성도, 그 원인으로서의 현상인 폭력적 욕망과 의지의 생성도, 그 자체로서 절대화될 수 있는 것은 아니다. 양자는 모두 그 근원적 근거인 인간의 존재 자체를 사회화된 존재자의 존재로 한정함으로써 생겨난 일종의 파생 현상에 지나지 않기 때문이다.

모방 욕망에 대해 생각해 보자. 누군가 성공한 사람의 삶을 표상화한 이미지를 볼 때 우리 마음에서 생기는 성공에의 욕망은 성공한 사람의 욕망을 모방하는 욕망일까? 이러한 생각의 바탕에는 욕망과 의지의 본질을—인위적으로 표상화된 이미지에 의해 그 이미지를 지향하는 것으로 구성되는—파생적 욕망과 의지의 현상의 한계 안에서 고찰하는 오류 추론이 깔려 있다. 성공한 사람의 삶을 표상화한 이미지가 우리 마음속에 불러일으키는 욕망은 기본적으로 성공적이지 못한 자신의 한계를 넘어서고자 하는 욕망으로서의 성격을 지닌다. 그 욕망의 대상이 이미 성공한 사람의 삶을 표상화한 이미지와 같거나 유사한 것으로 표상되는 것은 자신의 한계를 넘어서고자 하는 욕망의 충족이 어떠한 방식으로 가능한지에 대한 인식과 이해의 한계로 인해 생기는 파생적 결과일 뿐이다. 간단히 말해, 우리는 성공적 삶을 향한 타인의 욕망을 모방하는 것이 아니라 성공적 삶을 향한 욕망을 지닐 뿐이다. 성공적 삶이 지금 나의 삶보다 삶을 꾸려 나갈 역량이 더 많은 존재의 표현으로 파악되기 때문에 성공적 삶을 향한 욕망을 지니게 된다는 뜻이다. 그 욕망이 사회 체계에 의해 구성된 욕망의 대상의 이미지의 한계 안에서 작용하는 것은 그것이 타인의 욕망을 모방하는 욕망이어서가 아니라 욕망의 주체인 인간 자체가 사회화 과정을 통해 특정한 종류의 대상을 욕망하도록 몰아세워진 존재이기 때문이다.

필자에게 〈멀홀랜드 드라이브〉에서 가장 인상적인 장면은 영화의 마지막 부분에서 주인공 베티가 자신의 할아버지와 할머니에게 쫓기며 미친 듯이 울부짖다가 권총으로 자살하는 장면이다.

할리우드 배우로 성공할 꿈을 안은 채 로스엔젤레스에 도착했을 때 베티의 얼굴은 순수하고 무구한 기쁨의 빛으로 가득했고, 그녀를 동반한 그녀의 할아버지와 할머니의 얼굴 역시 매우 선해 보였다. 한 가지 특이한 점은 할아버지의 할머니의 얼굴에 어린 선함은 지나치게 완전하고 순수해 보이고, 그 때문에 실제적인 것이기보다 일종의 기계적 스테레오 타입처럼 보인다는 것이다. 베티의 얼굴에 어린 순수하고 무구한 기쁨의 빛은 베티가 욕망하는 성공적인 삶이 타인과 벌이는 심술궂은 경쟁의 한계 역시 초월하는 것임을 알린다. 성공적인 삶을 향한 자신의 꿈과 환상 속에서 베티는 아무 악의도 없는 순수한 인간일 뿐이다. 베티의 악의 없음은 그녀가 타인을 향한 경쟁심과 자기중심적 성향을 삶에 대한 일종의 구속으로 받아들인다는 것을 알린다. 그녀에게 성공적인 삶이란 자신의 역량과 가능성을 자신이 원하는 방향으로 최대한 발산하도록 하는 삶일 뿐이다. 그런 점에서 베티의 욕망은 지라르가 말하는 모방 욕망과 같은 것이 아니다. 그것은 도리어 성공적인 삶을 향한 욕망을 인위적으로 구성하고, 그럼으로써 타인과 무한 경쟁 및 무한 투쟁을 벌이도록 몰아세우는 사회 체계의 힘에 맞서 밝고 순수하고 자유로운 삶을 지향하는 욕망이다.

그녀는 왜 자살하게 되었는가? 그녀 자신이 리타를 죽이도록 청부 살인자에게 부탁하지 않았던가? 자신의 복수욕이 충족되었음에도 그녀는 왜 감당할 수 없는 죄책감에 시달리게 되었는가? 리타의 살해를 스스로 선택한 그녀의 정신을 리타의 죽음에 관한 소식이 파괴하게 된 것은 무슨 까닭인가? 두 가지 이유가 있다. 하나는 밝고 순수하고 자유로운 삶을 성공적인 삶으로 이해하고 욕망할 순수한 인성이 복수욕에 사로잡힌 자신의 추악함을 비추는 양심의 거울로 작용했다는 것이다. 그 추악함은 물론 사회 체계의 몰아세우는 힘에 의해 내몰린 자기의 무기력함을 드러내는 것이기도 하다. 또 다른 하나는 밝고 순수하고 자유로운 삶을 지향할 힘을 잃어버리자마자 악을 멀리하고 선을 추구하도록 촉구하는 자기 안의 양심이 곧바로 무자비한 폭력의 기제로 변질되어 버렸다는 것이다.

엄밀히 말해, 밝고 순수하고 자유로운 삶을 성공적인 삶으로 이해하고 욕망하는 순수한 인성은 죄책감을 불러일으키는 양심과 근본적으로 다른 것이다. 전자는 사회 체계의 몰아세우는 힘을 초극하는 것으로서 드러나는 자기이다. 반면 후자는 사회 체계의 몰아세우는 힘에 순응하는 것으로서 드러나는 자기이다. 왜 사회 체계의 몰아세우는 힘을 초극하는 자기는 사회 체계의 몰아세우는 힘에 순응하는 자기로 변질되는가? 타인에 대한 증오와 분노로 인해 타인의 삶과 존재를 부정적인 것으로 심판하는 경향이 생기는 것이 그 근본 이유이다. 증오와 분노는 자기 안에 폭력적 욕망과 의지를 생성하는 감정이고, 자기 안에 생성된 폭력적 욕망과 의지는 자기를 법과 도덕의 지배를 받아 마땅한 존재자로서 드러낸다.

자기 안에 생성된 폭력적 욕망과 의지를 부정적인 것으로 심판하는 것은 바로 밝고 순수하고 자유로운 삶을 지향하는 자기이고, 자기 자신에 의해 수행되는 이러한 심판은 자기가 긍정할 만한 자기와 부정되어 마땅한 자기로 분화되었다는 진실과 후자에 의해 전자가 결정적으로 잠식되어 버렸다는 진실을 동시에 일깨운다. 밝고 순수하고 자유로운 삶을 지향하는 자기가 소멸하지 않고 남아 있는 경우, 자기 안에 생성된 폭력적 욕망과 의지를 부정적인 것으로 심판하지 않을 수 없고, 긍정할 만한 자기가 부정되어 마땅한 자기에 의해 결정적으로 잠식되어 버렸다는 쓰디쓴 진실 역시 자각하지 않을 수 없으며, 이 때문에 극복하기 힘든 열패감에 시달리지 않을 수도 없다. 자기 자신에 대한 이 열패감은 자기 소멸에의 의지로, 자살 충동으로, 이어지기 마련이다.

이 말은 곧 밝고 순수하고 자유로운 삶을 지향하는 자기가 완전히 소멸해 버린 인간은 자기 안에 생성된 폭력적 욕망과 의지를 부정적인 것으로 심판할 이유를 모르고, 따라서 열패감도 느끼지 않는다는 뜻이기도 하다. 선한 자는 곧잘 양심의 가책에 시달리지만, 악한 자는 양심의 가책에 좀처럼 시달리지 않는 까닭이 바로 이것이다. 베티의 비극은 밝고 순수하고 자유로운 삶을 지향하는 자기가 생생하게 남아 있는 채로 폭력적 욕망과 의지가 크고 강렬하게 작동하게 되었다는 점이다. 물론 밝고 순수하고 자유로운 삶을 지향하는 자기가 생생하면 생생할수록, 그리고 폭력적 욕망과 의지가 자기 안에서 강렬하면 강렬할수록, 열패감도, 자기 소멸에의 의지도 커지기 마련이다.

*

베티의 죽음이 우리에게 알려 주는 진실은 양심이란 대개 사회 체계의 몰아세우는 힘을 초극하는 자기의 몰락을 전제로 작용한다는 것이다. 양심의 가책의 가능 근거인 법과 도덕은 사회 체계 자체가 자기의 몰락을 촉진하는 방향으로 작용하는 것임을 알린다. 사회 구성원 중 몰락한 자기로 사는 자가 많을수록 법과 도덕의 지배를 자연스럽고 절대적인 것으로 정당화하기가 쉽고, 법과 도덕의 지배를 자연스럽고 절대적인 것으로 정당화해야 사회 체계의 몰아세우는 힘에 순응하지 않는 자를 폭력적으로 억압하고 제거하는 것 역시 정당화될 수 있다. 결국 양심이란, 양심의 가책을 느끼게 하는 바로 그러한 것으로서, 세상을 지배하는 행복주의와 희생양 논리를 부단히 생산하고 또 확대 재생산하는 폭력의 기제에 지나지 않는다.

양심이라 불려 온 이 폭력의 기제에 맞설 수 있는 인간은, 처음 로스앤젤레스에 도착했을 때의 베티처럼, 밝고 순수하고 자유로운 삶을 꿈꾸고 욕망하는 자뿐이다. 자기중심적이고 사악한 인간은, 겉으로 보기에는 맞서는 것처럼 보여도, 실은 그 자신의 삶과 존재를 통해 양심이라는 이름의 폭력의 기제가 부단히 생성되고 정당화될 이유를 드러낼 뿐이다. 물론 리타의 죽음을 알게 된 이후의 베티처럼 자신의 지난 과오에 대한 양심의 가책에 시달리게 된 인간 역시 양심이라는 이름의 폭력의 기제에 맞서기 어렵다. 양심의 가책 자체가 좌절과 패배의 표지이기 때문이다. 밝고 순수하고 자유로운 삶을 실현하기 위해 베티는 본래 양심의 가책에 시달리면 안 되었고, 따라서 리타에 대한 증오와 분노심에 무너져 복수를 꿈꾸는 대신 초연해지는 편을 택해야 했다. 복수의 행위 이후에도 양심의 가책에 시달리지 않을 만큼 냉정하고 무감동해지는 것은 승리의 표지일 수 없다. 그러한 태도는 그 자체로 밝고 순수하고 자유로운 삶을 실현할 욕망과 의지를 스스로 포기했음을 뜻할 뿐이기 때문이다.

베티는 본래 사회 체계의 몰아세우는 힘을 초극하는 자기로 남아 법과 도덕의 근거로 설정된 양심이라는 이름의 폭력의 기제를 단호히 무너뜨려야 했다. 그녀의 비극은 그 자신의 삶과 존재의 역사를 사회화된 인간의 인위적 표상의 세계에서 전개되는 인과율의 드라마와 혼동했다는 점에 있다. 욕망과 의지, 그리고 욕망과 의지에 의해 추동되는 행위 사이의 인과율적 관계는 오직 그 근원적 근거인 인간 현존재의 존재 자체를 드러내는 하나의 방식일 뿐이다. 이 존재론적 진실이 망각된 채 남을 때, 인간은 자신을 잠재적·현실적 희생자로 오인하는 비극을 피할 수 없다.

정신분석과 문화혁명 : 무의식과 해방 2

카를 구스타프 융의 『심리유형론』(1921)

조지 루카스 감독의 영화 〈스타워즈: 시스의 복수〉(2005)

현대 문화의 데카당스적 경향에 대한 도스토옙스키와 니체의 비판은 우리에게 무엇을 요구하는가? 아마 이러한 질문에 대한 가장 흔한 대답은 '행복주의에 매몰되지 않을 훌륭하고 고차원적인 인격의 함양' 정도가 될 것이다. 맞는 대답이기는 하지만, 충분한 대답은 아니다. 인격의 함양이란 결국 자기를 배려하는 방식의 하나일 뿐이다. 탐욕스러운 자는 돈을 버는 행위를 통해 자기를 배려하고, 야망이 있는 자는 권력이나 명예를 추구하는 행위를 통해 자기를 배려하며, 육체적 욕망을 주체할 수 없는 자는 최대한 육체적 욕망을 충족하려 애쓰면서 자기를 배려한다. 인격의 함양은 도덕적으로 훌륭한 인간이 되기를 원하는 자가 자기를 배려하는 방식이다. 그런 점에서 그것은 초인의 삶의 방식과는 거리가 있다. 니체에게 초인이란 삶의 고차원적 상승을 위해 스스로 자기의 몰락을 선택하는 자를 가리키는 말이기 때문이다.

필자가 도스토옙스키의 소설 『백치』의 주인공 미슈킨을 차라투스트라의 프로토타입으로 간주하는 까닭이 바로 이것이다. 미슈킨의 삶은 훌륭한 인격을 함양하고자 하는 의욕에 의해 특징될 수 없다. 물론 인간으로 설정된 한에서는 미슈킨 역시 자기를 배려하며 사는 존재로 이해될 수밖에 없다. 하이데거의 설명대로, 결국 인간 현존재란 자기의 존재를 위해 마음 쓰는 존재자이니 말이다. 그러나 행복주의 및 희생양 논리가 지배하는 인간 세상에서 자신의 야성으로 인해 박해당하는 자를 향한 미슈킨의 연민의 정신은 자기를 배려하는 정신과는 무관하다. 그는 거세되고 평준화된 인간의 세상에서 고난받는 삶 그 자체를 위해 자신의 몰락을 받아들인다. 아마 자신의 몰락을 받아들이는 미슈킨의 태도를 '기꺼이'라는 말로 수식하는 것은 잘못일 것이다. 그는 자신의 파멸을 예감하면서도 연민하기를 그치지 않았으며, 무시무시한 불안과 정신적 고통에 시달리면서도 고난받는 삶을 긍정하기를 마다하지 않았다. 그런 점에서 미슈킨은 삶의 고차원적 상승을 위해 스스로 자신의 몰락을 선택하라는 차라투스트라의 요구에 가장 충실하게 사는 표본적 인간인 셈이다. 미슈킨의 진실한 자기는 자기를 배려하는 일상적 자기와 달리 자기의 파멸과 몰락을 운명으로 받아들이는 것이다.

*

카를 구스타프 융은 분석심리학의 창시자로 통하는 심리학자이자 정신과 의사이다. 융의 학문적 여정에서 가장 중요한 인물은 프로이트였다. 융은 1875년에 태어났고, 프로이트는 1856년에 태어났다. 프

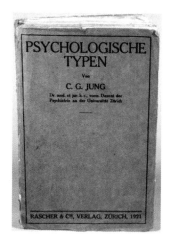

카를 구스타프 융의 『심리유형론』(1921)
초판본 사진[1]

로이트가 약 19세 연상이었다. 융은 본래 프로이트의 열렬한 추종자
였다. 프로이트 역시 융을 매우 친밀한 제자로 여겨서, 한때 융은 프
로이트의 수제자로 통하기도 했다. 하지만 후일 융과 프로이트는 인
간적으로도 서로 멀어지고, 학문적으로도 서로 갈등하게 된다. 개인
사적 관계를 무시하고 순수하게 학문적 관점에서만 보면, 융과 프로
이트가 대립하게 된 결정적인 원인은 융이 알프레드 아들러의 입장을
수용한 것이었다.

아들러는 1870년 오스트리아 빈에서 태어났고, 빈 대학에서 의학
을 공부해서 의사가 되었다. 그는 프로이트가 주관하는 '수요 모임'
에 가입해서 프로이트, 융 등과 함께 연구했다. '수요 모임'은 후일
'빈 정신분석학회'가 되었는데, 아들러는 프로이트와 학문적으로 갈
등하다 1912년에 여덟 명의 회원과 탈퇴한다. 그는 '개인심리학회'를

---

1 https://en.wikipedia.org/wiki/Psychological_Types#/media/
File:Psychologische_Typen_(Jung_book)_cover.jpg

결성해서 프로이트와는 학문적으로 다른 길을 가게 된다.

프로이트에 대한 아들러 비판의 핵심은 프로이트의 환원주의에 대한 거부이다. 성욕을 중심으로 인간의 삶과 정신세계를 설명하는 프로이트에게 반대해서, 아들러는 모든 인간에게 공통되게 발견되는 열등감 및 열등감을 극복해서 보상을 받으려는 욕구를 강조한다. 성욕을 중심으로 인간의 삶과 정신세계를 설명하는 경우, 가장 결정적인 것은 자기의 성욕을 충족하고자 하는 개인의 힘과 의지가 성욕의 충족을 가로막는 도덕, 법, 제도 등과 일으키는 갈등의 문제가 된다. 간단히 말해, 개인과 사회의 기본적인 관계가 갈등과 대립의 관계로 설정되는 것이다. 하지만 아들러처럼 열등감을 극복하려는 권력에의 의지 및 보상 심리를 중심으로 삼으면, 개인과 사회의 기본적인 관계는 상호 구성적이고 상호 보완적인 관계로 정립된다. 결국 열등감이란 남들과의 상대적인 비교 우위의 관점을 취하기 때문에 형성되는 것이다. 그러니 개인의 삶과 정신세계를 결정하는 것이 열등감을 극복하려는 권력에의 의지 및 보상 심리라면, 개인의 삶과 정신세계를 구성하는 것은 사회적 관계 자체라는 결론이 나온다. 더 나아가 사회 역시 열등감을 극복하려는 개인의 권력에의 의지에 의해 특정한 방식으로 구성되고 변화해 가는 것일 수밖에 없다. 개인과 사회가 열등감, 권력에의 의지, 보상 심리 등을 매개로 삼아 하나로 얽히게 된다는 뜻이다.

융의 분석심리학에서 가장 중요한 개념은 아마 집단 무의식 개념일 것이다. 흔히 집단 무의식은 인간의 무의식의 심층에 자리 잡은 선험적 혹은 선천적 영역으로 규정된다. 여기서 선험적 혹은 선천적이라는 말은 유전적 특질처럼 생물학적으로 날 때부터 주어져 있음을 뜻하지는 않는다. 그것은 개인이 자기의 자아라고 생각하는 의식의 구성 이전에 자아의식의 가능 근거로서 미리 주어져 있음을 뜻한다. 융이 말하는 집단 무의식은 단일한 인격성이나 힘의 표현이 아니다. 집단 무의식은 상반된 힘의 대립 관계로 구조화되어 있으며, 집단 무의식의 영역 안에서 서로 대립하는 힘들의 균형과 조화가 원만하고 행복한 삶을 가능하게 하는 결정적인 요소이다.

*

프로이트의 정신분석학과 융의 분석심리학은 한 가지 결정적인 공통점을 지닌다. 그것은 바로 과학적이고 결정론적인 세계관이다. 아마 융과 아들러의 저술을 읽어 본 독자라면, 이러한 주장을 선뜻 받아들이기 힘들 것이다. 프로이트의 사상은 결정론적인 데 반해, 아들러의 사상은 비결정론적이며, 따라서 아들러의 영향을 받은 융의 사상역시 비결정론적이라는 도식적인 설명이 상식처럼 통용되고 있기 때문이다. 게다가 융은 삶이란 인간 지성의 한계를 넘어서는 본질적으로 신비로운 것이라고 곧잘 암시한다.

그러나 결정론적 관점은 과학적 태도에서 출발하는 모든 사상의 상수(常數)이다. 과학적으로 사태를 이해하려는 학자가 자신의 사상은 비결정론적이라고 믿는 경우, 이는 자기기만일 뿐이다. 과학이란 기본적으로 모든 현상과 사건이 수량(數量)의 관계로 환원될 수 있고, 수량화될 힘의 충돌의 역학을 통해 합법칙적으로 설명될 수 있다는 전제에서 출발하는 것이기 때문이다. 삶의 신비에 대한 융의 언명을 비결정론적 관점의 표현으로 받아들이는 것은 신의 신비를 예찬하는 신학자란 세상만사를 예정해 둔 신의 섭리를 믿지 않는 사람이라고 섣불리 단정하는 것과 같다. 신비를 긍정함은 인간 지성의 한계를 인정함을 뜻할 뿐, 결코 결정론적 세계관의 거부를 뜻하지는 않는다.

　잘 알려진 것처럼, 프로이트의 정신분석학은 그의 스승이기도 했던 구스타프 페히너의 정신물리학으로부터 많은 영향을 받았다. 실험심리학의 창시자 중 하나이기도 한 페히너의 핵심 관점은 두 가지로 나뉜다. 첫째, 정신 및 의식의 현상과 운동 역시 수량의 관계로 환원될 수 있다. 예를 들어, 감각적 자극의 강도를 수량화하면 감각적 자극에 의해 일어나는 심리 변화를 수량의 관계에서 일어나는 변화로 해석할 수 있게 된다. 둘째, 정신화되지 않은 순연하게 물질적인 사물은 존재하지 않는다.

　기본적으로 페히너의 사상은 물활론적이다. 그는 우주 전체가 내적으로 살아 있는 체계라고 보고, 신을 그러한 우주의 영혼이라고 간주한다. 인간의 영혼은 신과 유비될 수 있는 어떤 특별한 존재이다. 물활론적인 페히너의 사상의 관점에서 보면, 우주에서 일어나는 생성과 운동을 순수하게 실증주의적으로, 순수하게 물질주의적으로, 해석하기는 불가능하다. 즉, 페히너의 사상은 물질주의적 결정론과는 거리가 멀다. 페히너는 심지어, 후일 화이트헤드가 자신의 과정신학을 통해 제시한 것처럼, 우주에서 일어나는 생성과 운동을 보다 고차원적인 존재를 향한 상승의 과정처럼 설명하기도 한다. 그러나 그렇다고 페히너의 사상이 결정론적이지 않다고 말할 수는 없다. 페히너의 관점에서 보면, 모든 것은 우주의 영혼인 신의 섭리 속에서 일어나고, 우주에서 부단히 작용하는 신의 섭리의 표현인 수학적 비례 관계에 따라 해석될 수 있다. 마치 고대 그리스 이래로 서양의 사상가들이 영원불변하는 공리들의 체계인 수학을 신성시한 것처럼, 페히너는 우주적 삶의 운동을 결정할 신의 섭리를 수량화된 정신의 운동에 대한 해석을 통해 유비적으로 드러낼 수 있다고 보는 것이다.

프로이트의 정신분석학은 과학적 결정론의 성격을 띠고 있는가? 이러한 물음에 대한 답변은 과학과 결정론을 어떤 관점에서 조망하느냐에 따라 달라진다. 만약 과학적 결정론을 세계에서 일어나는 모든 사건과 현상을 인과율의 법칙에 입각해서 설명할 과학적 이론의 확립이 가능하다고 보는 입장으로 이해하면, 프로이트의 정신분석학은 분명 과학적 결정론이 아니다. 프로이트는 과학에는 불확실성의 요소가 있을 수밖에 없다고 본다. 이것은 물론 프로이트 본인이 정초한 정신분석학에도 적용된다. 정신분석학은 당시 아직 과학으로서의 확고한 지반을 다지지 못했던 생물학과 비교해도 불완전한 요소가 많은 신생 분야인 데다, 물리적 사물과 달리 직접적 관찰을 통해 그 속성을 파악할 수 없는 정신의 문제를 다루기 때문에 불확실성의 문제를 피할 수 없다고 프로이트는 생각했다. 달리 말해, 프로이트는 자신의 정신분석학이 정신의 영역에서 일어나는 모든 사건과 현상을 인과율적으로 설명할 엄밀한 학문으로 정초되기는 현실적으로 어렵다고 여긴다.

그러나 이러한 사실을 프로이트가 정신분석학을 엄밀한 학문으로 정초하기를 포기한다는 뜻으로 받아들이면 곤란하다. 프로이트의 입장은 신의 섭리의 절대성을 굳건히 믿는 신학자의 입장과 유사하다. 신학의 관점에서 보면, 이 세계에서 일어나는 모든 사건과 현상을 신의 섭리에 의거해서 완전하게 설명하는 신학의 체계를 만들기는 불가능하다. 신의 지성은 인간의 지성을 무한히 능가하는 것이어서, 신의 섭리의 작용 원리와 방식을 완전히 이해하고 체계화하는 것은 인간 지성의 한계를 넘어서는 일이기 때문이다. 그러나 그렇다고 해서 신학자가 세계에서 일어나는 모든 사건과 현상이 신의 섭리에 의해 예정된 것이라고 여기지 않는다는 결론이 나오는 것은 아니다. 어떤 의미로 신학과 과학은 동일한 믿음으로부터 나온 상반된 쌍둥이와도 같다. 양자는 세계의 모든 사건과 현상을 어떤 법칙이나 섭리에 의거해 예정된 것으로 본다. 다만 신학은 그 근거를 초월자로서의 신의 존재에 대한 믿음에서 찾고, 과학은 세계 그 자체에 내재하는 물리적 법칙에서 찾을 뿐이다.

프로이트가 정신 현상에 관해 제시한 개념들 가운데 과학적 결정론의 한계를 넘어서는, 그리고 그런 점에서 불확실성의 요소를 지닐 수밖에 없는 것으로 자주 언급되는 것은 쾌락 원리, 에로스, 타나토스(죽음 충동) 등이다. 그러나 이 모든 개념은 페히너의 정신물리학적 관점에 기인하는, 본질적으로 결정론적 성격의, 믿음을 반영한다. 프로이트는 쾌락 원리에 반하는 것처럼 보이는 죽음 충동의 문제를 해결하기 위해 양화된 정신적 에너지의 관념을 취한다. 우리는 어떻게 쾌락을 느끼게 되는가? 욕망의 에너지가 분출됨으로써 욕망의 에너지에 의해 불안정하게 동요하던 상태에서 벗어나 상대적으로 안정된 상태로 돌아감으로써이다. 프로이트는 죽음 충동 역시 동일한 원리에 입각해서 설명한다. 생명체는 안정된 상태로 돌아가려는 성향을 지닌다. 쾌락 원리는 그 사례의 하나이다. 과잉으로 축적된 욕망의 에너지를 분출함으로써 정신이 안정된 상태로 돌아갈 때 쾌락을 느끼는 것은 안정을 희구하는 생명체의 근원적 성향의 표현이다. 그런데 생명이 없는 무기체의 상태가 살아 있는 유기체의 상태보다 더 안정적이다. 그런 점에서 죽음 충동 역시 안정을 희구하는 생명체의 근원적 성향의 표현일 뿐이다.

쾌락 원리와 죽음 충동에 대한 프로이트의 설명은 그가 물리적 에너지의 세계를 지배하는 법칙에 상응하는 것으로 정신적 에너지의 세계를 지배하는 법칙을 이해한다는 것을 드러낸다. 간단히 말해, 프로이트에게는 물질적 사물의 세계뿐 아니라 정신의 세계 역시 에너지의 양의 법칙으로 설명할 수 있는 것이다. 정신분석학을 확고부동하게 정초하려는 프로이트의 기획은, 한편 불확실성의 요소를 지닐 수밖에 없는 정신분석학의 한계를 인정하면서, 다른 한편 그 불확실성의 요소를 에너지의 양의 법칙에 입각해서 최대한 제거하는 방식으로 수행된다.

*

융의 분석심리학 역시 기본적으로 모든 정신적 사건과 현상을 가능하게 하는 그 근본 요인으로 정신적 에너지를 상정한다. 즉, 융의 사상 역시 기본적으로 과학적 결정론의 성격을 띠고 있다. 이 점을 간과하기 쉬운 까닭은 융의 분석심리학이—성욕의 문제로 모든 정신 현상을 환원하는 것처럼 보이는 프로이트의 정신분석학을 강하게 비판하면서—새로운 미래를 향해 정신이 발전하고 성숙할 가능성을 강조하기 때문이다. 그러나 융의 방식은, 비유적으로 설명하자면, 빅뱅 이론과 창조적 진화론의 불완전한 결합과 같은 것이다.

빅뱅 이론의 관점에서 보면, 전통적 과학에서 영원불변하는 것으로 여겨온 원자조차 빅뱅 이후 일정 시간이 지난 뒤에야 생성된 것이다. 엄밀히 말해, 원자 같은 입자가 생성되기 이전의 상태는 물리적 법칙에 의해 인과율적으로 설명하기 어렵다. 물리적 법칙에 의거해 그 상호작용을 밝힐 개별 존재자의 존재가 확립되지 않은 상태이기 때문이다. 그러나 아무튼 특정한 과정을 거친 후 입자는 기어이 생성될 것이라는 믿음, 저 나름의 조화와 법칙을 갖춘 우주의 생성, 더 나아가 생명과 정신을 지닌 존재의 생성에 이르기까지의 과정은, 설령 그 실현 가능성이 천문학적으로 희박한 확률로 파악된다고 하더라도, 어떤 정해진 원리에 의해 진행되었으리라는 믿음을 전제하지 않으면, 빅뱅 이후의 존재 생성의 과정을 과학적으로 설명할 수 없다. 이러한 사정 은, 페히너가 물활론적 입장에서 그렇게 한 것처럼, 우주 영혼인 신의 존재를 상정한다고 하더라도 달라지지 않는다. 아무튼 빅뱅 이후의 존재 생성의 과정은 신의 섭리라는 이름의 확고부동한 원리에 의해 진행된 것이다.

융의 대표 저술의 하나인 『심리유형론』은 인간의 성격을 서로 대립 적인 정신적 에너지들 사이에서 벌어지는 갈등의 산물로 본다. 이는 곧 정신을, 물리적 사물의 세계와 유사하게, 에너지의 양의 관점에서 해석함을 뜻한다. 예컨대, 융은 "내향적 관점"을 "객체보다 주체에 높 은 가치를 주는" 관점으로, "외향적 관점"은 "그에 반해 주체를 객체 아래에 놓는, 즉 객체에게 우월한 가치가 부여되는" 관점이라고 구분 하면서, 이 대립적 성향의 관계를 다음과 같이 설명한다.[2]

"이 대립적인 입장은 우선 대립적인 기계 장치 외의 다른 아무것도 아 니다 […] 모든 인간은 이 두 가지 기계 장치를 자신의 자연적인 생체리 듬의 표현으로서 지니고 있다 […]"[3]

이러한 심리유형론적 설명은 정신 현상 및 정신 현상과 결부된 모 든 문화 현상을 대립적인 정신적 힘의 갈등을 통해 설명하는 융의 기 본적인 관점을 표현할 뿐이다. 융은 정신적 에너지의 작용 원리를 크 게 세 가지로 나눈다. 대립, 등가, 균형이 그것이다. 세 원리 모두 기

---

2   PST(C. G. Jung, *Psychologische Typen*, Zürich: Rascher & Cie. Verlag, 1921), 10
3   PST, 11.

본적으로 물리학적 원리의 심리학적 응용이다. 대립 원리는 기본적으로 대립적인 힘들 사이의 갈등을 통한 존재 생성의 물리적 원리와 같은 것이고, 등가 원리는 에너지 보존의 법칙과 같은 것이며, 균형 원리는 에너지 사이의 위상 차이가 있는 경우 높은 상태의 에너지가 낮은 상태의 에너지로 흘러 에너지 균형을 맞추게 되는 것과 같은 것이다. 마치 뜨거운 것과 차가운 것이 만나면 뜨거운 것의 열에너지가 차가운 것으로 흘러 열에너지가 평형 상태에 도달하게 되는 것처럼 말이다.

정신 현상 및 문화 현상을 물리학적 관점에서 해석하려는 융의 경향은 잘 알려진 아니무스와 아니마의 구분에서도 나타난다. 남성의 의식 심층에 감추어진 이상적 여성의 이미지로서의 아니마와 여성의 의식 심층에 감추어진 이상적 남성의 이미지로서의 아니무스는 서로 대립하고 갈등하는 두 가지 정신적 에너지이다. 서로 대립하는 두 에너지가 등가와 균형을 이루는 방향으로 작용하면 정신적 안정과 성숙이 이루어진다. 하지만 그렇지 못하면 정신적 불안정과 고통이 찾아올 뿐 아니라 결국 미성숙의 상태에 빠지게 된다. 융에게 정신적 고통에서 벗어나려는 인간의 노력은 상반된 두 에너지 사이에 벌어지는 갈등을 효과적으로 해소해서, 등가와 균형의 상태에 도달하려는 노력과 같다.

*

조지 루카스 감독의 2005년 영화 〈스타워즈: 시스의 복수〉는 1999년에서 2005년 사이에 발표된 〈스타워즈〉 프리퀄 삼부작의 마지막 편이다. 프리퀄이란 이미 발표된 작품의 이야기보다 앞선 시기의 이야기

조지 루카스 감독의 영화
〈스타워즈: 시스의 복수〉(2005) 포스터[4]

를 다루는 작품을 말한다. 즉, 〈스타워즈: 시스의 복수〉는 1977년에서 1983년 사이에 발표된 오리지널 삼부작보다 앞선 시기에 관한 영화이다. 참고로 〈스타워즈〉 오리지널 삼부작의 시퀄은 2015년에서 2019년 사이에 발표되었다.

〈시스의 복수〉는 촉망받는 어린 제다이 기사 아나킨 스카이워커가 다스 베이더가 되는 과정을 중심으로 진행된다. 민주 공화국의 이념을 폐기하고, 은하 제국의 절대적 독재자가 될 야망을 품은 팰퍼틴 의장과 이를 눈치 챈 제다이 기사는 서로 불화하고 있고, 갈등은 시간이 지날수록 증폭된다. 아나킨은 팰퍼틴이 은하계에 불행을 초래할 시스의 군주라는 사실을 알아차리지만, 심리적 갈등을 겪은 끝에 팰퍼틴의 제자가 되는 편을 택한다. 아나킨의 심리적 갈등의 원인은 두 가지

---

4 https://en.wikipedia.org/wiki/Star_Wars:_Episode_III_-_Revenge_of_the_Sith#/media/File:Star_Wars_Episode_III_Revenge_of_the_Sith_poster.jpg

이다. 하나는 다른 제다이 기사들이 자기의 재능을 시기해서 자기의
앞길을 막고 있다는 생각 때문에 생긴 불만이다. 다른 하나는 사랑하
는 아내 파드메가 죽을 운명에 처했다는 믿음 때문에 생긴 불안이다.
팰퍼틴은 자신이 알고 있는 다크 포스를 사용하는 법을 배워 익히면
파드메를 구할 수 있다는 말로 아나킨을 유혹한다.

아나킨이 다스 베이더가 되는 과정은 아니무스와 아니마의 불균형
이 심화되는 과정과 같다. 한편 아나킨은 제다이 기사로서 용맹하고,
단호하며, 정의와 원칙을 중요시한다. 그러나 그 심층에서는 이상적
인 여성의 이미지, 즉 아니마가 작용하고 있다. 파드메를 향한 아나킨
의 애틋한 마음은 아니마야말로 아나킨의 남성성이 이상적이고 올바
르게 형성되도록 하는 그 근거라는 것을 알린다.

이것은 니체의 관점에서 보아도 그럴듯하게 여겨질 생각이다. 기계
적으로 정의와 원칙을 추구하는 정신은 참된 의미로 정의로운 정신일
수 없다. 참된 의미의 정의는 삶을 보존하고 증진하고자 하는 의지의
드러남이고, 이러한 의지는 타인의 고통과 죽음에 열려 있는 부드러
운 감성의 부름에 응답하고자 하는 의지와 본질적으로 같다. 삶의 고
통은 그 자체로 정당화될 수 있는 것이 아니다. 삶의 고통은, 그리고
그 고통을 인내함은, 기어이 찬란한 기쁨으로, 삶의 승리로, 귀결되어
야 한다. 그렇기에 삶을 보존하고, 더 나아가 증진하기를 원하는 정신
은 고통을 두려워하지는 않되 삶의 보존과 증진에 이바지하는 방향으
로 작용하지 못하는 모든 고통을 기어이 제거하려 한다. 그러한 고통
은 삶에 가해지는 부당한 폭력의 표지 외에 다른 아무것도 아니기 때
문이다. 물론 삶 일반 같은 것은 없다. 삶은 언제나 개별화된 구체적
삶으로서만 생성되고 존속한다. 그러니 삶의 보존과 증진을 위해 정
의와 원칙을 추구하는 정신은 본래 부당한 폭력에 시달리며 굴욕적인

삶을 살도록 강제되는 모든 인간의 운명을 애통해하는 정신이기도 하다. 물론 참된 정의를 추구하는 정신은 애통해하는 정신으로 머물 수 없다. 이러한 정신은 삶이 기어이 승리하도록 힘쓸 단호한 결의의 정신이기 때문이다. 물론 삶의 승리에 어울리는 정신은 슬픔이 아니라 기쁨이다.

아나킨의 정신적 위기는 그의 남성성과―의식의 심층에서 작용하는―아니마 사이에 격렬한 충돌이 일어나고 있음을 암시한다. 한편 아나킨의 남성성은 자기의 재능을 시기해서 자기의 앞길을 막고 있는 동료 제다이 기사에 대한 분노로 인해 격하게 동요하고 있다. 아나킨의 남성적인 자기는 자기의 용기와 기백, 그리고 제다이 기사로서의 탁월한 재능에 걸맞은 인정과 지위를 자기 안에 생겨난 분노로 인해 더욱 격렬하게 추구하게 된다. 그런데 아나킨의 남성성이 격하게 동요하는 것에 상응해서 아나킨의 심층에서 작용하는 아니마 역시 격하게 동요한다. 그는 아내 파드메를 향한 염려와 불안 때문에 극심한 정신적 고통에 시달리고 있다. 이러한 상태는 물론 서로 대립하는 정신적 에너지들이 균형에 이르지 못하고 제각각 격렬하게 증폭하는 방식으로 등가적이 되고, 또 비등가적이 되기를 반복함을 뜻한다. 서로 대립하는 정신적 에너지들이 균형과 안정의 상태에 도달하지 못하면 정신은 고통에 시달리게 되고, 이러한 상태가 지속되는 경우 결국 완전히 균형을 잃고 두 상반된 방향으로 갈가리 찢겨 나가는 상태에 빠지게 된다.

한편 아나킨의 남성성은 아니마와의 연결을 잃어 부드러운 감성의 부름에 응답할 수 없는 상태에 빠지게 된다. 한편 부드러운 감성의 부름에 응답할 수 없는 상태의 아나킨의 남성성은 결국 통제할 수 없는 폭력성과 잔인성으로 기울게 된다. 다른 한편 아나킨의 의식의 심층에서 작용하는 아니마는 그 이상적 성격을 잃고 상처받아 신음하는 여린 감성으로 변질된 채 아나킨의 폭력성과 잔인성을 부추기게 된다. 결국 분노란 상처 입은 정신의 표현이고, 상처를 입음은 여성적 부드러움 때문에 일어나는 일이다. 아나킨의 남성성이 참된 정의의 원칙을 추구하도록 한 그 가능 근거로서의 여성적 아니마가 그 이상성을 상실함으로써 도리어 아나킨의 남성적 자아가 폭력적이고 잔인한 자아로 변질되도록 촉진하는 방향으로 작용하게 된 것이다.

아나킨 못지않게 흥미로운 인물은 바로 아나킨의 아내 파드메다. 자신의 남편 아나킨이 참으로 정의로운 제다이 기사라는 믿음을 품고 있었을 때, 그리고 공화국이 시스의 군주에 의해 민주주의를 잃고 시민의 자유가 허용되지 않는 제국으로 변질될 위험에 처했다는 것을 아직 모르고 있었을 때, 파드메는 참으로 우아하고 사랑스러운 이상적 여성성을 드러낸다. 그러나 공화국이 위기에 처했음을 알게 되자 파드메는 불의한 현실과 타협하지 않고 민주주의적 공화정의 이상에 대한 믿음을 굳건히 견지하는 태도를 보인다. 파드메의 여성적 자아의 심층에 감추어져 있던 이상적 남성성의 이미지인 아니무스가 위기와 갈등의 상황에서 표출된 것이다.

파드메는 아나킨이 악의 세력과 손을 잡았다는 것을 알게 된 후에도 참된 정의를 포기하지 않으려는 단호한 태도를 보인다. 시스의 군주에게서 다크 포스를 익히면 파드메를 살릴 수 있다는 아나킨의 이야기를 듣고 나서도, 파드메가 장차 자기의 아내로서 온 은하계 위에 군림할 권력을 갖게 되리라는 아나킨의 약속과 다짐을 듣고 나서도, 파드메는 불의와 타협할 마음을 조금도 보이지 않는다.

파드메는 참되고 진실한 여성성의 자아를 형성한 이는 그 의식의 심층에서 작용하는 이상적 남성성의 이미지인 아니무스와 행복하게

조화를 이룬 정신의 소유자라는 것을 알린다. 이러한 점에서, 파드메는 이상적인 여성일 뿐 아니라 실은 이상적인 남성이기도 하다. 여성과 남성을 생물학적 기준에 따라 분류될 개념으로 보지 않고 두 가지 종류의 이상적 정신성을 표현하는 개념으로 받아들이면 그렇다는 뜻이다. 파드메에 비해 악의 세력과 손잡은 아나킨은 추하게 이지러진 남성이자 여성이다. 아니, 엄밀히 말해 아나킨은 이미 남성도 아니고 여성도 아니다. 남성과 여성은 모두 참된 의미의 정의를 추구할 가능성을 지닌 인간성의 양면을 이르는 말이기 때문이다. 그런 점에서 정의를 추구할 가능성을 잃은 채 도리어 악을 실현하려 애쓰는 자의 정신은 이미 인간의 정신이 아니라 흉측한 괴물의 정신이다.

*

융이 정신적 에너지의 세 가지 작용 원리로 언급한 대립, 등가, 균형은 기본적으로 프로이트가 쾌락의 원리 및 타나토스라는 개념을 제기하도록 한 것과 동일한 종류의 결정론적 믿음을 반영하는 것이다. 정신적 에너지의 과잉과 불균형은 정신적 고통을 초래하는 것이며, 따라서 정신은 자기를 배려하기 위해 욕망의 충족을 통한 에너지의 분출 및 서로 대립적인 에너지 사이의 등가와 균형을 통한 고통으로부터의 해방을 추구하기 마련이다. 정신을 자기를 배려하려는 충동과 동기에 의해 움직이는 것으로 본다는 점에서 융의 분석심리학 역시 행복주의의 토대 위에 세워진 것이라고 볼 수 있다.

프로이트의 타나토스 개념은 고통으로부터의 해방을 추구함이라는 행복주의적 실존의 방식이 자기 파괴적인 방향으로 작용할 수도 있음을 암시한다. 쾌락과 행복을 추구하는 정신은, 쾌락과 행복이란 욕망

에너지의 과잉과 양립할 수 없는 것이라는 점에서, 부단히 과잉 에너지의 분출을 통해 안정된 상태로 돌아가려는 삶의 기본적인 성향을 드러낸다. 그런데 삶이란 본래 무기질의 상태에 비해 불안정하고 격정적인 상태이다. 그 때문에 삶은 쾌락과 행복의 실현을 위해 도리어 죽음을, 무생물의 상태로의 회귀를, 추구하는 성향에 빠지게 된다.

융의 집단 무의식 개념 등은 인간의 정신이 개인적 삶의 보존이라는 제한된 관점을 넘어서서 공동체와의 관계 속에서 삶의 실존적 의미를 헤아릴 수 있음을 암시한다. 공동체와의 관계 속에서 삶의 실존적 의미를 헤아릴 줄 아는 정신은 순수한 개인적 삶의 한계 안에서만 기능하는 정신에 비해 타나토스에 시달릴 가능성이 작다. 이러한 정신은 공동체의 존속과 번영을 위해 공동체의 개별화된 서술과 표현인 자신의 삶과 존재를 성숙하고 훌륭한 것으로 완성해 가야 한다는 관점을 취할 것이기 때문이다. 그것은 마치 가족과의 유대 관계없이 홀로 사는 자는 고독과 절망의 상황에 처하게 될 때 스스로 목숨을 끊기 쉬우나, 가족과의 유대 관계 속에서 사는 자는 그러기 어려운 것과 같다.

그러나 융은 프로이트와 마찬가지로 인간의 정신을 자기를 배려하는 방식으로 실존하는 정신이라고 본다. 물론 이것 자체를 문제 삼기는 어렵다. 중요한 것은 인간의 정신이 자기를 배려하는 방식으로 실존하도록 하는 그 원인과 근거를 어떻게 파악하느냐이다. 융은 삶을 대립적인 정신적 에너지들 사이의 갈등에 의해 추동되는 것으로 보았다. 물리적 사물들의 세계에서와 똑같은 방식으로 서로 대립적인 정신적 에너지들은 등가와 균형을 지향한다. 이러한 관점에서 보면, 인간의 정신이 자기를 배려하는 방식으로 실존하도록 하는 것은 물리적 법칙과 원인에 의해 결정되는 것이라는 결론이 나올 수밖에 없다. 등가와 균형으로의 길이 막힐 때 정신은 불안정하게 동요하고, 자기를 위한 정신의 배려는 결국 이러한 동요 상태에 빠지지 않으려는 성향의 표현이다. 필자가 융의 분석심리학이 기본적으로 결정론적 성격을 띠고 있다고 보는 까닭이 바로 이것이다.

오해는 하지 말라. 융의 사상은 매우 심오하고 훌륭한 면을 지니고 있다. 그러나 현대 문화의 본질인 데카당스적 경향의 근본 원인을 행복주의 및 희생양 논리로 보는 필자의 관점에서 보면, 융의 사상 역시 행복주의와 희생양 논리를 온전히 극복한 사상으로 간주하기 어렵다. 〈시스의 복수〉의 주인공인 아나킨이 다스 베이더로 변해 가는 과정은 자기를 배려함의 관점에서 정의로운 인격의 완성을 고찰하는 철학적 방식이 어떤 한계와 위험을 지니는지 잘 드러낸다. 정의를 추구하던 제다이 기사 아나킨 역시 자기를 배려하는 하나의 방편으로 그렇게 한 것이며, 악의 세력과 손잡은 아나킨 역시 자기를 배려하는 하나의 방편으로 그렇게 한 것이다. 간단히 말해, 자기를 배려하는 마음으로 정의를 추구하는 정신은 참으로 정의를 사랑하는 정신일 수 없다. 오직 자기의 파멸마저도 초연히 받아들이는 정신만이, 상반된 정신적 에너지들의 등가와 균형을 이루는 것에 만족하지 않고 정의를 위해 때로 극단적인 정신의 위기와 고통마저 기꺼이 감내하는 정신만이, 참으로 정의를 사랑하는 정신일 수 있다. 니체식으로 표현하자면, 오직 스스로 자기의 몰락을 선택할 수 있는 정신만이 참된 의미로 삶을 사랑하는 정신일 수 있는 것이다.

문화의 형식과 구조:
형식주의, 기호학, 구조주의

워쇼스키 형제 감독의 영화 〈매트릭스〉 시리즈 (1999~2021)

시드니 루멧 감독의 영화 〈네트워크〉(1976)

형식주의, 기호학, 구조주의 — 이 장에서 다룰 세 가지 사상이다. 20세기 사상과 학문의 형성과 발전에 지대한 영향을 끼친 이 세 가지 사상을 몇 쪽 안에 다 다루는 것은 물론 불가능하다. 필자가 의도하는 것은 형식주의, 기호학, 구조주의가 모두 전통 철학적 의미의 결정론과는 다른 종류의 결정론으로 흐르는 경향을 띠었다는 것을 밝히는 것이다.

학문적 사상이 아닌 상식적 의미의 형식주의는 구체적이고 실천적인 방안과 내용보다 전해오는 관습, 절차 등 표면적 형식에 집착하는 태도를 가리킨다. 철학과 윤리학의 형식주의는 인식의 가능 근거를 사유의 형식에서 찾으려는 경향을 뜻한다. 보통 칸트주의 및 신칸트주의를 형식주의적 철학으로 분류한다. 문학의 형식주의는 러시아에서 창시된 것으로, 1910년대에서 20년대에 걸쳐 유행했다. 로만 야콥

슨, 보리스 에이헨바움, 빅토르 시클롭스키 등이 대표적 사상가이다. 필자가 말하는 형식주의는 주로 문학의 형식주의이다.

구조주의의 태동은 언어학과 밀접한 연관이 있다. 프라하와 모스크바의 언어학파가 구조주의의 형성과 발전에 큰 영향을 끼쳤다. 하지만 가장 큰 영향을 끼친 것은 스위스 제네바 태생의 언어학자 페르디낭 드 소쉬르였다. 소쉬르는 1857년에 태어나 1913년에 별세했다. 그의 사후인 1916년 『일반언어학 강의』가 소쉬르 제자들의 강의 노트를 바탕으로 편집되어 출판된다. 소쉬르는 언어를 랑그와 파롤로 구분한다. 랑그는 언어의 이상적 구조와 체계를 가리키는 말이고, 파롤은 일상적 언어를 가리킨다. 또한 소쉬르는 기호를 시니피앙(기표)와 시니피에(기의)로 구성된 것이라고 주장했다. 예컨대, '장미'라는 단어는 시니피앙이고, 실제의 장미는 시니피에이다. 소쉬르에 따르면, 기표와 기의의 연결은 자의적이다. 소쉬르는 의미란 기호와 기호의 관계에서 생성되는 것이라고 본다. 이 말은 곧 하나의 기호가 가리키는 어떤 사물의 본질로서 파악될 의미는 존재하지 않는다는 뜻이기도 하다.

기호학이라는 말이 처음 등장한 것은 존 로크의 『인간 오성에 관한 에세이』(1690)에서였다. 기호학과 관련된 저술을 읽다 보면 종종 실질적인 기호학 연구의 개시는 구조주의 언어학의 창시자인 소쉬르의 『일반언어학 강의』 출판에서 비롯되었다는 설명을 보게 된다. 이 말은 곧 그 이전에는 기호학 연구가 없었다는 뜻이다. 하지만 실용주의 사상의 아버지로 통하는 찰스 샌더스 퍼스가 소쉬르에 앞서서 기호 체계의 연구를 수행했으며, 특유의 기호학을 창시했다. 하지만 이 글에서는 퍼스의 기호학은 다루지 않는다. 퍼스의 기호학이 중요하지 않아서가 아니라 형식주의, 구조주의 등과 함께 다루기에 적절하지 않아서이다.

퍼스는 매우 심오하고 정교한 사유 체계를 구축한 철학자로, 그의 기호학을 올바로 설명하려면 자연과학에 대한 퍼스의 입장, 인식론적으로 칸트와 셸링에 기울었던 퍼스 특유의 관념론, 우연주의(ty-chism), 연속주의(synechism). 아가페주의(agapism) 등을 중심으로 전개된—필자의 견해로는 명백히 화이트헤드 과정 철학의 근본 아이디어를 선취한—퍼스의 우주론 등을 함께 다루어야 한다. 유감스럽게도 이러한 작업은 이 책의 한계를 크게 넘어선다.

*

먼저 분명히 짚고 넘어가야 할 점이 하나 있다. 그것은 필자의 글이 형식주의, 기호학, 구조주의 자체에 대한 비판이 아니라는 것이다. 필자가 비판하고자 하는 것은 이 세 사상을 활용해서 전통 철학에서는 보기 힘든 특유의 결정론적 세계관을 형성하려는 경향일 뿐이다. 물론 형식주의자나 기호학자, 구조주의자 중 결정론적 입장을 지닌 이들은 적지 않다. 특히 구조주의는 기본적으로 결정론적 관점의 표현이라고 보는 것이 맞는다. 그러나 필자는 이 세 사상을 바탕으로 삼아 비결정론적 사유를 전개하는 것 역시 가능하다고 본다.

결정론을 전통 철학의 한계 안에서 고찰하는 경우, 형식주의, 기호학, 구조주의 등은 결정론적이기는커녕 오히려 결정론에 대한 결정적 논박처럼 읽힐 수도 있다. 형식주의는, 이 글에서 말하는 문학의 형식주의로 한정하는 경우, 기본적으로 하나의 문학 작품을 문학 작품다운 것으로 만드는 것이 무엇인가의 물음에 대한 분석과 설명을 지향하는 것이다. 즉, 그것은 결정론이라는 철학적 개념과 직접적으로 잇

닿아 있는 개념이 아니다. 그러니 일단 형식주의는 제외하고, 기호학과 구조주의에 관해서만 생각을 정리해 보자.

전통적 결정론의 핵심 개념은 원인과 결과이다. 원인과 결과의 개념은 보통 복수의 개별자 사이의 상호작용을 전제한다. 예를 들어, 당구대 위의 공 하나가 움직이려면 그 공에 앞서서 움직이기 시작한 다른 공이 그 공을 쳐야 하고, 가장 먼저 움직인 공이 멈춤에서 움직임의 상태로 이행한 것은 그 공을 누군가 큐대로 때렸거나 손으로 당구대 위에서 굴렸거나 했음을 전제한다. 간단히 말해, 하나의 개별자의 운동을 원인으로 보고, 그 운동에 의해 다른 개별자에게서 일어난 새로운 운동을 그 결과로 보는 것이 인과율을 고찰하는 가상 상식적이고 일반적인 방식이다. 그런데 기호학과 구조주의에서는 이러한 방식으로 사태를 해석하기 어렵다. 전통 철학적인 인과율의 관념은 상호작용하는 개별자들을 독립된 하나의 사물로 간주함을 전제하는 데 반해, 기호학과 구조주의는 개별자의 개별자로서의 의미를 구성하는 것 자체를 기호들의 체계와 구조에 의해 구성되는 것으로 보기 때문이다. 그런 점에서 기호학과 구조주의는 비결정론적 사고로 이어질 가능성을 자체 안에 지니는 셈이다.

그럼에도 기호학과 구조주의가 결정론으로 흐르기 쉬운 까닭은 양자를 전통 철학적 주체 개념에 대한 부정과 거부로 해석하는 철학적 경향이 우세하다는 점에 있다. 사실 이러한 경향은 인간의 본질을 이성으로 간주해 온 철학적 전통과 인간을 선택의 자유를 지닌 개별 주체로 고찰하는 근대 이후의 경향이 맞물리면서 생겨난 개념적 혼란을 반영한다. 이성이란 무엇인가? 여러 가지 대답이 가능하겠지만, 이성이란 기본적으로 개개인의 경험적 자아의 형성에 앞서서 주어지는 것으로, 더 나아가 올바른 사유와 행위의 유일하고도 근원적인 가능 근거로 상정되는 것이다. 이성은 본래 선택의 자유를 허용하지 않는다. 소위 선택의 자유란 이성적 올바름과 사적인 이익이 충돌할 때 이성의 명령에 복종할지, 아니면 사적인 욕망의 충족을 추구할지 결정해야 할 기로에 우리의 경험적 자아가 서게 됨을 가리킬 뿐이다. 이익과 욕망이 아니라 순수한 인식이 문제가 되는 경우에도, 선택의 여지는 오직 무지와 사유의 불철저함에 의해 주어지는 것일 뿐이다. 만약 인간의 본질이 이성이라면, 그리고 인간이 모든 상황 속에서 철저하게 이성적으로 사고하고 행동하는 존재라면, 선택의 가능성은 생기지 않는다. 달리 말해, 이성이란 본래 경험적 자아의 선택의 자유를 이성에 대한 경험적 자아의 불성실과 자기기만의 표현으로서만 드러낼 뿐이다. 인간의 본질을 이성으로 보는 경우, 인간은 이성의 명령을 충실하게 따라야 한다는 결론을 피할 수 없다. 무지와 욕망 때문에 이성의 명령과 다른 선택을 하는 인간은 육체의 제약과 한계로 인해 사물들의 세계를 지배하는 인과율의 법칙에 구속된 존재로 자신을 드러낸 셈이다. 욕망을 부추기는 사물의 작용이 원인으로 작용해서, 그 결과 인간이 비이성적 선택을 하게 된 것이기 때문이다.

그런 점에서 자유란 본래 인간의 본질로서의 이성이라는 개념을 부정하는 경우에만 가능하다. 인간의 본질을 이성으로 간주해 온 철학적 전통을 받아들이는 경우, 인간을 선택의 자유를 지닌 개별 주체로 고찰하는 것은 한 마디로 난센스에 불과하다. 이성이 허락하는 소위 자유란 이성의 명령에의 복종을 뜻할 뿐이고, 그런 점에서 이성적으로 생각하고 행동하는 인간도, 무지와 욕망 때문에 이성의 명령과 다른 선택을 하는 인간도, 자유로운 선택의 가능성과는 본래 무관한 존재이다. 인간은 다만 이성의 명령에 굴복하거나, 육체적 욕망의 요구에 굴복하거나, 둘 중 하나를 선택할 수 있을 뿐이다.

사르트르는 이 점을 매우 잘 이해한 철학자였다. 사르트르가 천명한 실존의 부조리가 그 증거이다. 우리의 실존에는 어떤 근원적 이유와 목적도 없다는 것을 전제로 하지 않으면, 달리 말해, 우리의 실존에 어떤 근원적 이유와 목적을 부과하는 전통 철학적 의미의 이성을 거부하지 않으면, 우리는 우리 자신을 결코 자유로운 존재로 규정할 수 없다. 사르트르에게 실존의 부조리란 자유의 필수적인 가능 조건을 뜻하는 것이다.

이전에 살펴본 것처럼, 사르트르가 실존의 자유를 정립하기 위해 선택한 전략은 기본적으로 인간의 존재를 의식으로, 그리고 의식을 사물-아님으로서의 무로 간주하는 것이다. 인과율의 법칙은 사물의 세계에서나 통용되는 것이니 인간의 존재를 사물-아님으로서의 무로 정립하면 인간의 근원적 존재 방식이 자유라는 것을 입증할 수 있다는 식이다. 하지만 기호학과 구조주의의 영향을 받은 여러 철학자의 견해를 종합해 보면, 사르트르의 기획이 성공할지 의문이 들 수밖에 없다. 사념하며 존속하는 것인 한에서, 인간의 의식은 언어를 포함하는 기호 체계에 의해 구조화된 것일 수밖에 없다. 이 말은 곧 의식인 인간의 사념과 선택은, 설령 사물의 세계를 지배하는 인과율의 법칙에서 벗어난 것이라고 전제해도, 기호 체계가 형성해 낸 의식의 구조에 의해 정해진 대로 일어나는 것이라는 뜻이다. 그런데 이러한 전제는 의식인 인간의 존재를 다시 인과율의 법칙에 종속된 것으로 되돌릴 위험이 크다. 기호 체계에 의해 구조화된 의식이 사념의 대상으로 삼는 현상의 근거를 의식 초월적인 실재적 존재로 삼는 경우, 이러한 존재의 작용을 원인으로 삼아 인간의 의식이 기호 체계에 의해 구체적 내용을 갖는 방식으로 구조화되는 것이라는 결론을 내리기 쉽다는 뜻이다.

이러한 문제는 사르트르 철학의 핵심 개념 중 하나인 소위 '선반성적(先反省的) 의식'을 끌어들인다고 해결될 수 있는 성격의 문제가 아니다. 선반성적 의식이란, 말뜻 그대로, 자기의 존재에 대한 반성적 성찰을 수행하기 이전의 근원 의식을 뜻한다. 물론 자기의 존재에 대한 반성적 성찰을 수행하기 이전의 의식도, 적어도 사념하는 의식으로서는, 기호 체계에 의해 언제나 이미 구조화된 의식일 수밖에 없다.

사르트르의 철학이 지니는 바로 이러한 문제가 실은 기호학과 구조주의가 결정론으로 흐르기 쉬운 이유를 드러낸다. 인간의 의식이 기호 체계에 의해 언제나 이미 구조화된 의식인 한에서, 인간의 모든 사념과 선택, 행위 등은 의식을 구조화하는 기호 체계에 의해 결정되는 것이라는 결론을 피하기 어렵다.

*

위쇼스키 형제 감독의 영화 〈매트릭스〉(1999~2021)는 인공 지능에 의해 만들어진 가상의 세계를 실제 세계로 믿고 살아가는 미래 인류에 관한 영화이다. 인간은 태어나자마자 자궁의 역할을 하는 캡슐 안에 갇힌 채 기계의 세계를 위한 에너지원으로 전락한다. 그 캡슐 안에 갇혀 있는 인간의 뇌는 인공 지능이 만든 매트릭스라는 이름의 가상 세계와 연결되어 있다. 거의 모든 인간은 매트릭스를 실제 세계라고 믿으며 살아간다.

〈매트릭스〉는 자유의 가능성에 대한 물음을 던지는 영화이다. 영화의 제목인 영어 'matrix'는 수학의 행렬을 뜻하기도 하고, 성장과 발달의 모체를 뜻하기도 하며, 'network' 즉 그물망을 뜻하기도 한다. 매트릭스에 자신의 뇌가 연결된 인간이 자신이 실제 세계에서 살고

위쇼스키 형제 감독의 영화
〈매트릭스 1〉(1999) 포스터[1]

있다고 믿게 하는 것은 어떻게 가능할까? 가장 간단하고도 근본적인 설명은 매트릭스의 작동 원리가 인간의 뇌의 작동 원리와 기본적으로 같다는 것이다. 우리는 결코 사물 자체를 만나지 못한다. 우리가 만나는 것은 모두 신경세포와 뇌가 함께 만들어 내는 표상적 이미지 내지 현상일 뿐이다. 그렇다면 우리의 신경세포와 뇌에 정교한 자극을 가해 실제 세계와 구분할 수 없는 가상의 세계를 인지하게 하는 것은 원리적으로 가능한 셈이다.

　물론 세계는, 실제 세계든 가상 세계든, 개별 사물들이 병렬적으로 늘어선 곳이 아니라 그 안의 모든 것이 기호적으로 구조화된 전체로서 발견되는 곳이다. 이름이 없는 사물조차 실은 이름을 지닌 사물과의 관계 속에서 이름이 없는 사물로서 인지되는 것이며, 하늘의 푸른

1　https://en.wikipedia.org/wiki/The_Matrix#/media/File:The_Matrix_Poster.jpg

색이나 장미의 붉은색처럼 순수하게 감각적인 것으로 여겨지는 것도 실은 다양한 감각 이미지의 구조화된 전체의 하나로 발견된다. 그런 점에서 실제 세계와 구분 불가능한 매트릭스의 제작 가능성이란 자유의 관념을 두 가지 상이한 층위에서 의심스럽게 하는 셈이다. 우선 자유의 근원적 가능 근거인 세계 자체가, 말 그대로 자유의 가능 근거이기 때문에, 우리의 주체적 의지에 앞서서 주체적 의지 생성의 근거이자 원인으로서 주어지는 것이다. 그런데 이러한 자유의 근원적 근거로서의 세계 생성의 문제를 도외시하더라도, 우리가 정말 자유로운 주체일 수 있는지 확신하기는 어렵다. 세계 안의 모든 것이, 자기 자신까지 포함해서, 언제나 이미 기호적으로 구조화된 것이고, 나의 사념과 선택, 행위 등은 모두 그 기호적으로 구조화된 전체의 한계 안에서 일어나는 일이다. 그러니 나의 사념이란 실은 기호 체계의 사념이고, 나의 선택 역시 기호 체계의 선택이며, 나의 행위조차도 실은 기호 체계의 신호에 따라 움직이는 몸의 작용일 뿐이다.

〈매트릭스〉의 주인공 네오는 기계의 세력으로부터 '자유란 환상에 불과하다'라는 말을 반복해서 듣는다. 그럴 때마다 네오는 아무튼 '나는 선택한다'라고 대답한다. 이러한 대답은 저 나름의 타당성을 지니고 있다. 철저한 결정론자라고 할지라도, 살기 위해 이런저런 선택을 하지 않을 수는 없다. 그러니 결정론자의 이론적 세계관은 그 자신의 실천적 삶의 방식과 부조화하는 셈이다.

하지만 네오의 대답은 자유로운 선택을 가능하게 하는 그 근거가 무엇인지 조금도 밝히지 않는다. 선택의 우선순위를 결정하는 것은 무엇인가? 그것은 논리적 타당성의 우열 관계인가, 아니면 감각 및 감정의 강도 차이인가? 어떤 경우든 선택의 우선순위는 소위 주체의 자유로운 결단과는 무관하게 정해지는 것이라는 결론을 피하기 어렵다. 논리적 타당성의 우열 관계가 선택의 우선순위를 결정하는 것이라면, 우리의 선택이란 주어진 사태에 대한 논리적 타당성을 따질 수 있게 하는 기호의 체계에 의해 결정되는 것이다. 감각 및 감정의 강도 차이가 선택의 우선순위를 결정하는 것이라면, 감각 및 감정이란 기본적으로 우리의 수동성을 드러내는 말이라는 점에서, 우리의 선택이란 우리에게서 감각 및 감정이 일어나게 하는 그 무엇의 자극이 인과율적으로 결정되는 것이다. 그런 점에서 결정론적으로 깊이 있게 사고하는 자에게 '나는 선택한다'라는 네오의 대답은 선택하도록 수동적으로 내몰림을 능동적 선택과 같은 것으로 오인함을 뜻할 뿐이다.

*

시드니 루멧 감독의 1976년 영화 〈네트워크〉는 기호학과 구조주의가 우리에게 암시하는 자유의 근원적 불가능성을 표현한 작품이라 할 만하다. 주인공은 UBS 방송국의 뉴스 앵커인 하워드 빌이다. 그는 원래 UBS 방송국의 인기 앵커였다. 하지만 달도 차면 기우는 법이다. 하워드는 날이 갈수록 떨어지는 시청률 때문에 큰 스트레스에 시달리고 있다. 음주, 우울증, 무기력감 등에 시달리던 그는 결국 퇴출이 될 처지에 빠지고 말았다. 어느 날 하워드는 생방송 도중 다음 주 화요일 뉴스 방송 중 자살을 하겠다고 시청자에게 공언한다. 방송국은 곧바로 그를 해고하려 했지만, 하워드의 친구이기도 한 뉴스 부서의 부장 슈마커 덕분에 고별 방송을 할 기회를 얻게 된다. 그 조건 중 하나는 자신의 돌발 행동에 관해 사과한다는 것이었다. 하지만 하워드는 고별 방송에서 사과하기는커녕 인생과 사회에 대한 자신의 울분을 여과 없이 드러낸다. 그는 "인생은 허튼짓"이라고 선언하는가 하면, 우리

시드니 루멧 감독의 영화
〈네트워크〉(1976) 포스터[2]

를 분노하게 하는 사회적 현실에 관해 알 듯 모를 듯한 장광설을 토로
하다가, 시청자에게 "다 같이 일어나 창가로 가서, 창문을 열고 크게
외치라" 하고 요구한다. "나는 정말 불같이 화가 났어. 그리고 나는
더 이상 받아들이지 않을 거야!"

하워드의 고별 방송은 큰 반향을 불러일으켰고, 방송국 측은 이를
시청률을 다시 올릴 기회로 삼을 계획을 세운다. 하워드가 이미 미치
광이가 되었다는 것을 알면서도 세운 계획이었다. 〈하워드 빌 쇼〉가
정규 방송의 하나로 편성된다. 〈하워드 빌 쇼〉는 시청률 전미 1위를
기록하는 등 승승장구한다. 하지만 어느 날 다시 문제가 생겼다. UBS
방송국을 소유한 CCA 기업이 사우디아라비아의 기업에 매매된다는
것을 알게 된 빌은 방송에서 반대 입장을 표명하면서, "백악관에 이

---

2 https://en.wikipedia.org/wiki/Network_(1976_film)#/media/File:Network_
(1976_poster).png

거래를 하지 말아 달라고 청원하라" 하고 연설한다. 하워드의 연설은 이 거래를 통해 빚을 청산하려는 UBS 방송국을 난처하게 하는 것이었다.

방송국 측은 이 문제를 해결할 요량으로 하워드와 CCA 그룹의 회장인 아서 젠슨의 만남을 주선한다. 음산하면서도 다소 신비스러운 분위기의 접견실에서 젠슨은 하워드에게 "세계는 비즈니스이다", "비즈니스의 법칙은 우주적인 것이다", "그럼에도 하워드 자네는 비즈니스의 법칙을 어겼으니 속죄해야 한다"라는 등 비즈니스의 법칙이란 자연적이고 절대적인 것이어서 절대 거슬러서는 안 된다는 취지의 선언을 엄숙한 분노가 어린 목소리로 한다. 젠슨의 분위기에 압도당한 하워드는 젠슨을 신이 자신에게 보낸 예언자라고 믿었고, 젠슨의 입장을 받아들여 시청자들에게 비즈니스의 법칙에 의해 지배되는 세상은 개인의 정치 참여 등을 통해 바꿀 수 없는 것이니 체념해야 한다는 식의 암시를 반복해서 한다. 즉, 하워드는 그의 인기의 비결이었던 '분노하는 마음으로 참여하라'라는 메시지를 스스로 거두어들이고 체념과 순응을 선전하기 시작한 것이다. 〈하워드 빌 쇼〉의 시청률은 급격하게 하락했지만, 하워드를 자신의 추종자로 여긴 젠슨은 〈하워드 빌 쇼〉의 폐지를 허락하지 않는다. 결국 UBS 방송국의 임원들은 테러리스트에게 사주해서 생방송 중 빌을 암살하도록 한다.

*

이제 〈네트워크〉의 이야기를, '기호 체계에 의해 구조화된 의식'이라는 개념을 도입하는 경우 결정론을 거부하기가 매우 어렵게 된다는, 필자의 앞선 지적과 연관시켜 생각해 보자. "인생은 허튼짓"이라는 하워드의 선언은 그가 주체적 자유의 신화를 거부한다는 것을 암시한다. 자유의 나라에서 자기 의지대로 삶을 꾸려 가고 있다는 환상에 빠진 미국의 시청자들을 향해 너희는 모두 미국식 자본주의를 반영하며 기호 체계적으로 구조화된 의식으로 살고 있으며, 그런 한에서 너희 인생의 결정을 내리는 것은 결코 자유로운 주체로서의 너희 자신이 아니라고 밝히는 것이다. 그러나 그렇다고 그가 주체적 자유의 근원적 불가능성을 믿는다고 볼 필요는 없을 것 같다.

그의 분노는, 시청자들을 향해 "나는 정말 불같이 화가 났어. 그리고 나는 더 이상 받아들이지 않을 거야!"라고 크게 외치라고 요구하는 그의 표정은, 그가 미국식 자본주의를 반영하며 기호 체계적으로 구조화된 의식의 한계 안에 머물기를 거부한다는 것을 드러낸다. 그는 구조화된 의식의 한계 밖으로 나갈 가능성을, 자신의 의식을 끝없이 구조화하는 미국식 자본주의 특유의 기호 체계를 분노가 촉발하는 결의의 힘으로 해체할 주체의 역량을, 절망적으로 믿는다. 그렇지 않다면 "나는 정말 불같이 화가 났어"라는 말도, "그리고 나는 더 이상 받아들이지 않을 거야!"라는 말도, 난센스에 지나지 않을 것이다.

그러나 하워드의 절망적인 믿음은 자유로운 주체가 되기를 지향하는 정신이 겪을 수밖에 없는 희비극을 드러낼 뿐이다. 분노는 감정이고, 자신이 분노하도록 내몰리고 있음을 알리는 그 표지임과 동시에 그 어떤 결단과 행동을 하도록 주체를 몰아세우는 힘이다. 간단히 말해, 분노가 촉발하는 주체의 결단과 행동은 주체의 수동성을 드러내는 것이지 능동성을 드러내는 것은 아니다. 하워드는, 그리고 하워드의 뜨거운 외침에 공감하는 그의 시청자들은, 무엇 때문에 분노하는가? 자유롭고 행복한 삶을 향한 꿈이 부단히 좌절되는 현실 때문이다. 즉, 하워드와 그의 시청자들의 분노의 본질은 바로 행복주의다.

행복을 향한 꿈과 욕망에 내몰리며 사는 정신은 꿈의 실현, 욕망의 충족이 불가능해질 때 절망과 자괴감에 시달리게 되고, 그 절망과 자괴감 속에서 싸늘한 증오와 분노의 억압된 감정들이 뜨겁게 불붙기를 기다리는 휘발유처럼 쌓여 간다. 그런데 그 증오와 분노의 휘발유에 불을 붙인 것조차 실은 하워드의 자유로운 결단은 아니었다. 그는 그저 될 대로 되라는 심정으로 자폭했을 뿐이다. 일상의 행복을 위해 스스로 폭력의 힘을 억누르는 일상적 자기가 폭발적으로 해체되며 생긴 불꽃이 증오와 분노의 휘발유에, 하워드의 자유의지와 무관하게, 불을 붙였을 뿐이다.

하워드의 분노가 주체의 자유와 무관하다는 것은 CCA 그룹의 회장인 젠슨 앞에서 그가 터무니없을 정도로 무기력한 모습을 보이는 것을 통해 증명된다. 하워드는 왜 아서 젠슨 앞에서 무기력했는가? 두 가지 이유 때문이다. 하나는 젠슨의 사회적 지위가, 그리고 그가 자신 앞에서 뿜어내는 기세가, 자신의 힘을 크게 능가하는 적대적 힘의 존재를 드러냈다는 것이다. 또 하나는 비즈니스의 법칙이 우주의 법칙과 같은 것이라는 젠슨의 주장을 논박할 근거를 알지 못했다는 것이다. 다만 분노했을 뿐, 하워드는 미국식 자본주의를 반영하며 기호 체계적으로 구조화된 의식 외에 다른 의식은 지녀 본 적이 없고, 지닐 능력도 없었다. 그의 폭발적인 분노의 힘은 일상의 행복을 위해 늘 조심하는 소심한 일상적 자기를 일시적으로 해체하기는 했다. 그러나 의식인 한에서 일상적 자기를 해체한 의식 역시 세계를 이해할 가능성을 지니려면 기호 체계적으로 구조화된 의식이 되어야 한다. 유감스럽게도 하워드는 미국식 자본주의를 반영하며 기호 체계적으로 구조화된 의식 외에 다른 의식이 될 역량은 가지지 못했다. 그 때문에 그의 일상적이고 경험적인 자아가 분노의 힘에 의해 그때그때 해체되어도 그의 의식이 구조화된 의식으로 존재하게 하는 그 원인과 근거는 초자아적인 것으로, 초경험적인 것으로, 자신을 드러내며 다시금 이전과 똑같은 방식으로 구조화된 의식을 산출해 내는 것이다.

*

그렇다면 하워드가 미국식 자본주의를 반영하며 기호 체계적으로 구조화된 의식과 다른 의식을 형성할 역량을 지니고 있었다고 전제하면 어떨까? 이 경우 하워드는 자유로운 주체로서 존재하는 것일까? 〈네트워크〉는 이러한 물음 자체가 부질없다고 강력하게 암시한다. 비즈니스의 법칙이 곧 우주의 법칙이라는 것을 하워드에게 역설하면서, 젠슨은 러시아의 공산주의자들이 하는 일은 미국의 자본가들이 하는 일과 다를 것이라고 믿는지 묻는다. 젠슨의 주장에 따르면, 러시아의 공산주의자들 역시 비즈니스의 논리에 따라 경영 전략을 짜는 데 골몰할 뿐이다.

그래도 사고실험을 하나 해 보기는 하자. 예컨대, 하워드는, 마르크스가 꿈꾸었던 공산주의 이념이 온전히 실현되어서 사유재산이 아예 존재하지 않는 그러한 국가를 만드는 일이 가능할 뿐 아니라 바람직하다고 믿는 경우, 자유로운 주체가 될 가능성을 지니게 될까? 물론 이러한 물음에 대한 올바른 대답은 수많은 변수를 고려한 뒤에야 주어질 수 있다. 그래도 한 가지는 분명하다. 행복주의를 지향하는 정신은 이 경우에도 자유로운 주체일 수 없다. 욕망이 충족되지 않아 불만족스러워하는 정신이나 욕망이 충족되어 희희낙락하는 정신이나 욕망에 구속된 정신이기는 매한가지이기 때문이다.

미국식 자본주의를 반영하며 기호 체계적으로 구조화된 의식으로부터 이상주의적 공산주의를 반영하며 기호 체계적으로 구조화된 의식으로의 이행을 가능하게 하는 것은 무엇인가? 결국 행복을 실현하고자 하는 욕망이다. 이상주의적 공산주의에 관한 이야기를 접하면서 미국식 자본주의를 반영하는 자신의 구조화된 의식이 자신의 행복 실현을 위해 미국식 자본주의보다 이상주의적 공산주의가 더욱 바람직하다는 판단을 내리게 되면, 이상주의적 공산주의를 반영하며 기호 체계적으로 구조화된 의식으로의 이행이 일어나기 시작한다. 아니 엄밀히 말해, 자신이 당연시해 오던 세계관과 다른 세계관을 선전하는 이데올로기를 타당한 것으로 받아들이는 경우, 나의 의식은 이미 상반된 방식으로 구조화된 두 개의 의식으로 분열한 셈이다. 두 개의 의식 가운데 어느 것이 지배적이 되는지는 나의 주체적 선택이나 결단과 무관하다. 어느 의식이 행복 실현을 위해 바람직한지 판단하도록 하는 것은 결국 축적된 경험과 논리일 수밖에 없고, 한번 판단이 내려지면 행복주의의 정신은 행복의 실현을 위해 더 바람직한 것으로 판단된 의식으로 존재하는 것 외에 다른 선택지를 지닐 수 없다. 행복주의의 정신의 모든 사념과 판단, 행위를 결정하는 것은 결국 행복을 향한 욕망 외에 다른 아무것도 아니라는 뜻이다.

*

자유란 결국 망념에 불과한 것일까? 필자는 앞에서 기호학과 구조주의를 결정론을 극복할 가능성을 열어 놓은 사상으로 해석할 수 있음을 밝힌 바 있다. 기호학과 구조주의는 개별 사물 중심의 세계관을 극복하도록 할 단초를 제공함으로써 개별 사물들 사이의 인과율적 관계의 관점과 다른 관점에서 세계를 조망할 수 있게 하는 것이다. 그럼에도 기호학과 구조주의만으로는 결정론을 극복할 수 없다. 20세기 이후 철학의 전개 과정은 기호학과 구조주의가 결정론으로 고착될 위험에서 좀처럼 벗어나지 못하고 있음을 드러낸다. 이러한 문제는, 소위 포스트-구조주의식으로, 열린 구조의 개념을 도입한다든지, 실체 형이상학에 대한 단호한 부정과 거부의 제스처를 취한다든지 하는 방식으로 해결될 수 있는 것이 아니다.

필자는 결정론적 세계관의 한계를 넘어설 유일무이한 가능성은 감각의 성격을 새롭게 재규정하는 경우에만 가능하다고 본다. 감각이란 무엇인가? 통념적 관점에서 보면, 감각이란 그 무엇의 자극에 대한 몸의 반응 및 그 의식이다. 예를 들어, 장미 가시가 내 살을 찌르면 내 몸은 고통의 느낌으로 반응하고, 그 고통의 느낌을 나는 생생한 나의 느낌으로서 의식한다. 감각을 이런 방식으로 규정하면, 장미 가시가 내 살을 찌름은 고통의 원인이고, 내가 고통을 느끼고 의식함은 그 결과이며, 따라서 감각이란 나 자신과 외적 대립의 관계를 맺고 있는 사물의 능동적 작용을 원인으로 삼아 일어나는 나의 몸의 수동적 반응 및 그 의식을 뜻한다.

달리 생각해 보자. 현상학적 존재론의 관점에서 보면, 감각은 내 살 위에서 일어나는 것이고, 우리가 살면서 만나는 모든 것은 내 살 위에서 일어나는 감각의 요소들로 구성된 현상으로서의 성격을 지니기 마련이다. 감각을 통해 나를 자극하는 사물과 그 자극을 받아들이는 수동적 존재자로서의 나를 자각함은 사물과 내가 실제적으로 외적 대립의 관계를 맺고 있기 때문에 일어나는 일이 아니라 사물도, 나의 몸도, 나의 의식도, 감각의 통일적 장 위에서 그 개별화된 서술과 표현으로서 생성되는 것이기 때문이다. 우리가 이러한 진실을 망각하며 사는 까닭은 우리의 눈이 사물과 나의 몸과 의식의 존재를 생성해 내는 감각의 통일적 장 자체는 보지 못하고 눈앞의 사물에—이 눈앞의 사물에는 나의 시선에 의해 대상화된 나의 신체도 포함되는 바—매몰되어 있기 때문이다.

이러한 관점에서 보면, 결정론의 한계를 넘어서는 데 도스토옙스키적 의미의 연민은 매우 중요하다. 연민이란 눈앞의 사물에 매몰된 나의 시선이 분리해 놓은 자기 자신의 존재와 타자의 존재를 감각의 통일적 장 안에서 다시 하나가 되게 하는 감정이기 때문이다. 이 점에 대한 보다 상세한 언급은 이 책의 마지막 장이기도 한 다음 장에 나올 것이다.

*

형식주의는 흔히 예술 작품의 내용보다 형식을 강조하는 관점으로 소개된다. 맞는 말이다. 왜 내용보다 형식이 중요할까? 가장 간단한 대답은 예술 작품의 주제와 내용은 제한적이라는 것이다. 남녀 사이의 애틋한 사랑을 묘사하는 문학 작품에 대해 생각해 보자. 동서고금을 막론하고, 남녀 사이의 애틋한 사랑을 묘사하는 문학 작품은 대개 진실한 사랑의 아름다움과 소중함을 일깨우려는 주제와 내용을 지니고 있다. 그러니 주제와 내용만 중요하게 생각하면 이미 세상에 나온 문학 작품과 대동소이한 작품밖에 쓸 수 없게 된다. 결국 중요한 것은 형식이다. 주제와 내용이 같아도 형식이 새로우면 작품을 감상할 이유가 생긴다.

형식주의는 반드시 결정론적인 성격을 띠기 마련일까? 물론 그렇지 않다. 그러나 형식주의가 대체로 과학적이고 분석적인 성향을 지닌다는 점, 예술 작품이 감상자에게 안겨 줄 정서적 충격과 효과, 사회적 상황에 대한 새로운 각성 등을 가능하게 할 형식적 요소들의 구조와 체계를 강조한다는 점은 형식주의가 결정론으로 흐르기 쉽다는 것을 드러낸다. 과학과 구조의 관점에서 형식의 문제를 고찰하는 경우, 새로운 형식의 창조가 지니는 의미를 감상자에게 정서적 충격과 효과, 각성 등을 그 결과로서 지니는 원인으로서의 형식의 창조로 국한하기 쉽다는 뜻이다.

다음 장에서 도스토옙스키의 연민의 의미를 살펴보기 전에, 형식주의의 진정한 지향점이 무엇이어야 하는지 조금 생각해 보도록 하자. 신약성경 속에 나오는 '선한 사마리아 사람' 이야기와 도스토옙스키의 『카라마조프 형제들』에서 이반이 들려주는 '대심문관 이야기'는, 적어도 처음 듣는 사람에게는 형식적으로 매우 새로운 느낌을 주었을 것이다. 그런데 새로운 형식이 주는 느낌은 여러 종류일 수 있다. 하나는 새로운 형식의 아름다움 혹은 추함이 안겨 주는 쾌적한 느낌이나 불쾌한 느낌이다. 또 다른 하나는 새로운 형식의 힘으로 더욱 생생하게 이해된 작품의 내용과 주제에 대한 정서적 반응으로서의 기쁨, 슬픔, 우울, 절망 등의 느낌이다. 그 밖에도 작품 속에 등장하는 인물이나 사물에 대해 느끼는 연대감이나 반발감 등도 새로운 형식을 통해 생성될 수 있다. 이 모든 느낌은 인과율적 과정을 통해 생기는 것이고, 그런 한에서 감상자의 수동성을 드러낼 뿐이다.

물론 수동적으로 받아들인 감각적 느낌이 능동적 행동을 유발하기도 한다. 예를 들어, 불합리한 사회 현실에 대한 각성과 분노가 혁명을 추구할 동기로 작용하는 것처럼 말이다. 그러나 유발된 행동은 말 그대로 유발된 행동일 뿐이다. 설령 혁명을 위해 목숨을 바치는 자라고 하더라도, 자신이 수동적으로 받아들인 감각적 느낌을 원인으로 삼아 일어난 행동을 하는 자는 인과율적 상호작용의 한계 안에 머물고 있을 뿐이다.

　인간은 인과율적 상호작용의 한계 밖으로 나갈 수 있을까? 새로운 형식의 창조가 가능하게 한 감각적 느낌 및 정서적 충격을 결정론적 인간 이해를 해체할 그 근거로 삼을 수 있을까? 이러한 물음에 대한 긍정적 답변을 가능하게 하는 것은 오직 하나다. 자기의 삶과 존재를 개별성의 한계를 언제나 이미 넘어서 있는 것으로 발견함이 그것이다. 다음 장에서 우리는 바로 도스토옙스키의 연민이 이러한 발견을 가능하게 할 그 근거로서 제시된 것임을 알게 된 것이다.

힘에의 의지와 현대 문화:
형식주의, 기호학, 구조주의

프리드리히 니체의 『차라투스트라는 이렇게 말했다』(1885)

스탠리 큐브릭 감독의 영화 〈2001: 스페이스 오디세이〉(1968)

프리드리히 니체의 『차라투스트라는 이렇게
말했다』(1885) 초판본 사진[1]

1   https://en.wikipedia.org/wiki/Thus_Spoke_Zarathustra#/media/File:Also_
sprach_Zarathustra._Ein_Buch_für_Alle_und_Keinen._In_drei_Theilen.jpg

니체의 『차라투스트라는 이렇게 말했다』(1885)는 우화적 소설 형태의 사상서다. 참고로 조로아스터교의 조로아스터가 바로 차라투스트라다. 조로아스터는 차라투스트라의 그리스식 발음이다.

『차라투스트라는 이렇게 말했다』는 니체의 저술 가운데 가장 중요한 작품으로 꼽힌다. 그 이유 중 하나는 니체 자신의 진술이다. 자신의 마지막 저술인 『이 사람을 보라』(1888 저술, 1908 초판 발행)에서 니체는 "차라투스트라"를 창조함으로써 "나는 인류에게 지금까지 인류에게 선사된 것 중 가장 커다란 선물을 만들었다"라고 선포한다.[2] 실로 엄청난 주장이 아닐 수 없다. 솔직히, 니체의 이름을 둘러싼 아우라가 아니면, 제 잘난 맛에 사는 허풍선이의 과시처럼 들리기 쉬운 말이다.

니체에게 차라투스트라는 초인의 전형이다. 그런데 주의할 점은 차라투스트라는 결코 이상적인 인간으로 상정되지 않았다는 것이다. 『이 사람을 보라』에서 니체는 "차라투스트라가 도덕이라는 이 가장 재앙적인 오류를 창조했다"라고 지적하면서, 동시에 "결과적으로 그는 또한 그 오류를 알아차린 첫 번째 인간이어야 했다"라고 밝힌다.[3] 결국 차라투스트라는 도덕이라는 이름의 오류를 창조해 자신에게 부과했을 뿐 아니라, 그 오류를 인식하고 반드시 넘어서야 할 인간성을 상징하는 셈이다. 달리 말해, 차라투스트라로 대변되는 인간은 자신이 만든 도덕이라는 이름의 오류에서 벗어나 삶을 본래적으로 반-도덕적인 것으로서 발견하고 긍정할 운명에 처해 있다. 오직 이러한 운명을 긍정하는 인간만이 초인일 수 있는 바, 초인이란 본래 인간 위에

---

2   DGD, 259.

3   DGD, 367.

서 군림하는 자가 아니라, 삶에 대한 무조건적인 긍정과 사랑의 정신을 향해 부단히 나아가는 과정으로 실존하는 자를 가리키는 말이다.

*

　도덕은 왜 오류인가? 도덕이 없는 상태란 인간에게 재앙이지 않을까? 도덕이 없다면 '만인의 만인에 대한 투쟁'이 벌어지지 않을까? 사실 니체의 철학을 둘러싼 혼란은 대개 이러한 물음에 대한 그릇된 생각으로부터 비롯되는 것이다. '만인의 만인에 대한 투쟁'이란 대체 무엇을 뜻하는 말인가? 만약 투쟁을 개개인의 동물적 욕망과 이기심 때문에 생기는 것으로 이해하면, '만인의 만인에 대한 투쟁'이란 인간의 삶을 동물적 욕망과 이기심에 의해 인과율적으로 결정되는 것으로 전제하는 말인 셈이다. 그런데 실은 동물적 욕망과 이기심이라는 말 자체가 삶과 존재에 대한 오해를 담고 있다. 이러한 말의 바탕에는 사회에서 부와, 권력, 명예 등을 얻으려고 남들과 경쟁하는 상황에 놓인 인간에게서 발견되는 욕망과 이기심을 동물 일반의 것으로 자연화하는 오류가 깔린 것이다.

　물론 동물에게 동물적 욕망이 있다는 것은 의심의 여지가 없다. 그런데 동물은 인간과 똑같은 의미로 이기적인 존재일 수 없다. 동물을 지배하는 것은, 적어도 동물에게 지성적 사유 능력이 결여한다는 것을 전제하는 한에서는, 순수하게 자연적인 본능과 충동이다. 모든 동물은 인간과 마찬가지로 되도록 상처 입지 않으려 하고, 죽지 않으려 하며, 배고픔에 내몰리는 경우, 다른 생명체를 사납게 죽이기도 한다. 생존에의 본능과 충동에 따라 행동하기 때문이다. 그러나 새끼나 같은 무리의 구성원이 위협을 당하는 경우 고통과 죽음을 무릅쓰기도 한다. 이 역시 본능과 충동에 따른 행동이다. 원한다면 이러한 행동을 소위 '이기적 유전자'에 의해 유발되는 것이라고 말해도 좋다. 다만 필자는 '이기적 유전자' 개념을 받아들이지 않는다. 이런 개념은 과학을 사이비 종교로 변질시키는 데나 이바지할 뿐이다. 그럴듯하지만, 순수하게 사변적일 뿐, 결코 증명될 수도 없고, 반박될 수도 없다.

아무튼 중요한 것은 한 가지 진실을 분명히 하는 것이다. 새끼나 같은 무리의 구성원을 구하기 위해 고통과 죽음을 무릅쓰는 동물은 고립된 개체로서 행동하는 것이 아니다. 새끼나 같은 무리의 구성원이 위기에 처했음을 발견할 때 일어나는 그 어떤 감정의 격발과 충격 속에서 동물은 자기의 몸을 보전하려는 자연적인 본능과 충동을 넘어선다. 물론 그렇다고 동물이 그런 순간 비자연적인 존재가 되는 것이라는 식으로 생각할 필요는 없다. 중요한 것은 동물의 삶과 존재를, 인간의 사회를 지배하는 경쟁의 관점에서 바라보기보다, 자기를 보전하려는 본능과 충동 및 이러한 본능과 충동을 넘어서도록 하는 또 다른 본능과 충동의 길항작용에 의해 영위되는 것임을 이해하는 것이다.

간단히 말해, 동물은 자기를 보전하려는 본능과 충동에 따라 행동하는 경우 자기를 위해 싸우고, 새끼나 같은 무리의 구성원을 구하려는 본능과 충동에 따라 행동하는 경우 삶을 자기의 개체적 삶으로 한정하도록 하는 본능과 충동의 한계를 넘어서며 싸운다. 이러한 동물적 삶의 방식은 인간이 '이기적'이라는 말로 설명하는 삶의 방식과는 근본적으로 성격이 다르다. '이기적'이란 자기를 보전하려는 본능과 충동의 힘이 지나치게 강해져 다른 모든 본능과 충동의 힘을 압도하게 됨을 가리키는 말이다. 다만 살아남으려 할 뿐, 다만 즐거움과 쾌락, 사적인 행복을 추구할 뿐, 자신의 삶을 고립된 개체의 삶으로 한정하면서, 스스로 자기가 아닌 다른 모든 존재와 외적 대립의 관계를 형성한다. 이러한 방식의 이기적 삶은 순수하게 인간적인 현상이다. 이 점을 이해하지 못하고, 순수하게 인간적인 현상인 이기적 삶을 자연화하고 절대화할 때, 과학적 합리성의 외양을 두른 온갖 잡설들이 난무하며 인간을 비롯한 모든 생명체가 순수하게 이기적인 존재일 뿐임을 받아들일 것을 강권하게 된다.

도덕의 창조가 오류인 까닭은 도덕 자체가 이기적 행복주의의 산물이기도 하고, 동시에 이기적 행복주의가 끝없이 생산되고 또 재생산되도록 하는 그 원인이기도 하기 때문이다. 그 무엇을 배타적 개체인 나의 독점적 소유물로 삼고자 하는 탐욕 때문에 도둑질을 금하는 도덕적 규범이 생긴다. 아니, 실은 이러한 주장 자체가 난센스다. 도둑질이라는 말 자체가 배타적 개체인 나의 탐욕 때문에 생긴 것이기 때문이다. 배타적 개체인 나의 행복의 실현을 누군가 흉계를 꾸미며 훼방할지도 모른다는 두려움 때문에 '거짓말하지 말라!'와 같은 도덕적 규범이 생긴다. 물론, 이러한 주장 역시 실은 난센스다. 거짓말이라는 말 자체가 배타적 개체인 나의 탐욕을 근거로 삼아 생긴 것이기 때문이다.

피상적으로 보면, 동물들 역시 훔치기도 하고, 서로 속이기도 하며, 심지어 죽이기도 한다. 그러나 엄밀히 말해, 동물들은 훔치지도 않고, 서로 속이지도 않으며, 인간의 법과 도덕이 금하는 살인과 같은 범죄 행위를 하는 것도 아니다. 모두가 그저 자연적인 충동과 본능에 따라 행동할 뿐이다. 그 때문에 어떤 개체도 다른 개체를 향해 도둑질을 했다거나, 거짓말을 했다거나, 올바르지 못한 살해를 저질렀다는 등의 비난을 쏟아내지 않는다.

인간의 법과 도덕은 '도둑질을 하지 말라!', '거짓으로 남을 속이지 말라!', '살인하지 말라!' 등과 같은 명령을 규범의 형태로 확립해

스탠리 큐브릭 감독의 영화 〈2001: 스페이스 오디세이〉(1968) 포스터[4]

둔 것이다. 이러한 규범적 명령이 필요하다는 것 자체가 이미 이기적 행복주의로 인해 인간의 정신이 좀먹어 버렸음을 드러낸다. 도덕이란 좀먹은 정신의 산물이고, 정신이 계속 좀먹도록 하는 그 원인이다.

*

필자에게 스탠리 큐브릭 감독의 영화 〈2001: 스페이스 오디세이〉(1968)는 니체의 초인 사상에 대한 왜곡된 이해의 산물로 보인다. 오해는 하지 말라. 필자는 이 작품을 폄훼하려는 의도는 조금도 갖고 있지 않다. 사실 필자가 본 영화들 가운데 이 작품처럼 경탄스러운 작품은 별로 없다. 이 영화의 원작은 유명한 SF 소설가이자 미래학자인 아

---

4 https://en.wikipedia.org/wiki/2001_A_Space_Odyssey#/media/File:2001_A_Space_Odyssey_(1968).png

서 찰스 클라크의 동명 소설이다. 필자가 원작 소설 대신 영화 〈2001: 스페이스 오디세이〉에 대해 논하는 것은 이 위대한 작품에 대한 경의의 표시이다.

그럼에도 〈2001: 스페이스 오디세이〉가 니체의 초인 사상에 대한 왜곡을 자행하는 영화라는 것은 부정하기 어렵다. 사실 이 영화야말로 현대 문화의 데카당스적 본질을 가장 분명하고 집약적으로 드러내는 작품이라 할 만하다.

〈2001: 스페이스 오디세이〉는 리하르트 슈트라우스의 〈차라투스트라는 이렇게 말했다〉와 함께 시작한다. 웅장하게 울려 퍼지던 음악이 잦아들면서, '인류의 여명'이라는 제목의 프롤로그가 뒤를 잇는다.

먹고 마실 것이라고는 듬성듬성 난 풀과 혼탁한 물이 고인 작은 웅덩이뿐인 황량한 들판에서 한 무리의 원숭이가 살고 있다. 표범을 닮은 야수가 원숭이를 사냥하는가 하면, 다른 무리의 원숭이가 쳐들어와서 주인공 격인 원숭이 무리를 물가에서 몰아내기도 한다. 어느 날 아침 원숭이들이 잠에서 깨고 보니, 그들 앞에 정체 모를 검은색 장방형의 모노리스가 서 있다. 원숭이들은 두려움과 불안을 느끼며 시끄럽게 끽끽거리다, 이윽고 한 마리, 한 마리 모노리스로 다가가 손으로 만져본다. 모노리스는 무엇을 상징할까? 결론부터 말해, 도구적 지성을 상징한다. 돌을 만진 뒤 원숭이들은 사물을 단순한 사물로만 보지 않고 도구나 무기로 인식하게 되었다. 원숭이들이 도구적 지성에 눈뜨는 순간을 묘사할 때도 〈차라투스트라는 이렇게 말했다〉의 선율이 웅장하게 울려 퍼진다.

도구적 지성에 눈뜨고 나자, 원숭이들의 삶의 양태가 바뀌기 시작한다. 초식만 하던 원숭이들은 동물의 정강이뼈를 무기로 활용해서 살찐 짐승을 사냥해 잡아먹는다. 또한 자신들을 몰아내고 물가를 차

지한 다른 원숭이 무리를 습격해서 다시 물가를 되찾기도 한다. 이때, 인류의 조상으로 상정된 원숭이를 인간과 동일시하는 것을 전제로, 최초의 살인이 일어난다. 원숭이 한 마리가 자기보다 힘이 세고 용맹한 듯 보이는 다른 원숭이의 머리를 정강이뼈로 내리쳐서 죽인다.

결국 〈2001: 스페이스 오디세이〉의 프롤로그는 지성이란 인간을 유순한 존재로 교화하기는커녕 폭력적이고 잔인한 야수로 만드는 방향으로 작용하는 것임을 암시하는 셈이다. 최초의 살인을 저지른 원숭이는 포효하며 살인 도구인 정강이뼈를 공중으로 높이 던지고, 일정 고도까지 올라간 뒤 정강이뼈가 다시 떨어지기 시작하자 곧 정강이뼈처럼 길쭉한 우주선이 우주 공간에서 유영하는 모습이 포착된다. 요한 슈트라우스 2세의 〈아름답고 푸른 도나우〉의 경쾌하면서도 우아한 왈츠 선율이 흐르기 시작한다. 이런 식으로 세련되고 우아한 과학 문명의 밑바닥에 사나운 야수의 폭력성이 감추어져 있음이 표현된다.

*

〈2001: 스페이스 오디세이〉는 기본적으로 도구적 지성의 상징인 모노리스를 둘러싼 이야기이다. 어느 날 목성 부근에서 인류 문명의 기원을 알게 할 것으로 상정된 모노리스가 관측되었다. 참고로, 원작 소설에서는 목성이 아니라 토성 부근으로 나온다. 모노리스를 탐구할 목적으로 우주선 디스커버리호가 우주 공간으로 발사된다. 이후 우주선의 승무원들은 여러 가지 일들을 겪게 되는데, 중요한 것만 간추리면 다음과 같다.

첫째, 우선 달의 기지에서 모노리스를 찾게 된다. 인류의 조상인 원숭이들처럼 승무원들 역시 차례차례 모노리스를 만져본다. 그런데 갑

자기 모노리스에서 강력한 전파가 발산되고, 이 때문에 우주복 헬멧의 스피커에서 엄청난 고주파 음이 울리기 시작한다. 승무원들은 모두 미칠 듯 괴로워한다.

둘째, 우주선의 메인 컴퓨터인 HAL 9000이 승무원들을 살해하기 시작한다. 하지만 데이비드 보먼은 HAL의 간계를 알아차리고 HAL을 무력화시킨 뒤 혼자 살아남는다. 참고로, HAL은 IBM을 빗댄 명칭으로 보인다. HAL의 알파벳을 하나씩 뒤로 밀면 IBM이 된다.

셋째, 보먼이 우여곡절 끝에 목성에서 모노리스를 찾게 된다. 느닷없이, 고대 그리스 신전을 연상시키는, 완벽하게 정돈된 호텔 안에 보먼이 타고 있던 우주정이 정차한 장면이 나오고, 그 뒤로 논리적으로 설명할 수 없는 일들이 반복해서 벌어진다. 보먼이 어느 방의 문을 향해 다가가자, 방 안에서 식사를 하던 노인이 인기척을 느끼고 문 쪽으로 걸어간다. 노인의 얼굴은 보먼과 똑같다. 즉, 인공 지능의 간계를 물리치고 최후까지 살아남은 보먼이 바로 그 노인이기도 하다. 그런데 문 밖에는 아무도 없다. 느닷없이 승무원 보먼이 사라진 것이다.

고개를 갸우뚱거리던 노인은 다시 식탁으로 돌아가 식사를 하기 시작한다. 어느 순간 노인은 실수로 식탁 위에 놓여 있던 크리스탈 잔을 치게 되고, 바닥에 떨어진 잔은 산산조각이 난다. 조각난 잔을 물끄러미 노인이 보고 있자, 갑자기 가쁜 숨소리가 들린다. 숨소리가 나는 쪽으로 노인이 고개를 돌리자, 침대 위에 병든 노인이 마지막 숨을 몰아쉬고 있는 모습이 보인다. 식사하던 노인은 사라지고, 침대 위 병든 노인은 침대 발치에 우뚝 서 있는 모노리스를 쳐다보고 있다. 문득 카메라의 시점이 모노리스에서 침대를 향하는 시점으로 바뀐다. 그러자 침대 위에는 병든 노인은 간 곳이 없고, 빛의 강보에 둘러싸인 아기가 누워 있다. 리하르트 슈트라우스의 〈차라투스트라는 이렇게 말했다〉

의 거창한 선율이 흘러나오기 시작한다. 빛의 강보에 둘러싸인 아기
는 느닷없이 우주 공간 위에 둥실 떠 있고, 무구하고 해맑은 눈빛으로
우주를 둘러본다.

*

〈2001 : 스페이스 오디세이〉는 진화론적으로 각색되고 왜곡된 초인
사상을 담고 있다. 이 영화에서 지성은 생존의 수단이자 근거로 해석
되어 있다. 달 기지의 모노리스가 강력한 전파를 발산하는 것, 그리고
그로 인해 승무원들의 헬멧에서 고주파 음이 울리기 시작해 승무원들
이 괴로워하는 것은 문명의 발달로 인해 인간이 처한 삶의 상황이 매
우 복잡해져서 인간 지성의 한계를 넘어서게 되었음을 알린다. 디스
커버리호의 메인 컴퓨터인 HAL 9000에 의해 승무원이 차례차례 제
거되는 것은 인간 지성의 한계를 넘어서는 삶의 상황 속에서 인간은
결국 도태될 수밖에 없다는 것을 뜻한다. 인공 지능의 간계를 간파하
고 최후까지 살아남은 보먼은 마지막 인간이자 초인의 상징이다. 그
렇기에 그는, 마지막 인간으로서, 침대 위에서 단말마의 숨을 몰아쉬
며 죽어가야 했고, 죽음의 순간 빛의 강보에 둘러싸인 아기가 되어,
이제 막 탄생한 새로운 종류의 지성적 존재인 초인으로서, 우주 공간
위에서 만물을 굽어보아야 했다.
   프롤로그인 ‘인류의 여명’에 등장하는 원숭이들은 지성적 아기들
이다. 그들은 모노리스 덕에 지성적 존재가 될 수 있었고, 인류의 문
명사는 지성의 아기가 성인으로, 노인으로 발전하고 쇠퇴해 가는 과
정과 같다. 인류는 자신의 지성이 만든 새로운 삶의 상황에 적응할 수
없게 됨으로써 최후를 맞이하게 된다. 오직 인간 이상의 존재, 즉 초

인으로 진화한 최후의 인간만이 인류의 최후를 넘어 새로운 종족인 초인의 아기로서 삶을 연장할 권리를 얻게 된다.

〈2001: 스페이스 오디세이〉는 지성을 각각의 인간이 배타적 개인으로서 살아남는 데 필요한 도구로 제시한다. 끝없이 변화하는 삶의 상황에 잘 적응할 만큼의 지성을 지닌 자는, 지성이란 결국 생존을 위한 도구이므로, 살아남는다. 하지만 그렇지 못한 자는 멸망할 뿐이다. 이러한 관점에서 보면, 지성이란 결국 행복주의와 희생양 논리로 대변되는 데카당스적 삶의 지성 외에 다른 아무것도 아닌 셈이다.

*

니체의 초인 사상을 진화론적으로 각색하고 왜곡하는 것은 초인의 지성을 끝물 인간의 지성과 동일시하는 결과로 이어진다. 초인의 지성은 삶의 고차원적인 상승을 위해 스스로 자기의 몰락을 선택하는 자의 지성이다. 반면 끝물 인간의 지성은 배타적 개인으로서의 자기의 생존에 맹목적으로 집착함으로써 삶의 퇴락을 초래하는 자의 지성이다. 그런데 만인의 만인에 대한 투쟁, 맹목적인 생존경쟁의 논리를 자연화하고 절대화하는 진화론의 관점에서 보면, 지성이란 그 자체로 자기의 생존에 대한 맹목적 집착의 표현 외에 다른 아무것도 아니다.

물론 원한다면 자기의 생존에 맹목적으로 집착하는 것은 개체로서의 인간이 아니라 이기적 유전자라는 식으로 주장할 수도 있을 것이다. 그런데 이런 식의 주장은 자연을 맹목적인 생존경쟁의 논리에 의해 지배되는 것으로 간주하는 진화론적 관점을 계속 견지하려고 그 관점과 양립하기 어려운 삶의 현상을 그 관점과 양립할 수 있게 하려고 고안해 낸 임기응변에 지나지 않는다. 설령 이기적 유전자와 같은 개

넘을 수용한다고 하더라도, 지성을 생존에 대한 맹목적 집착의 표현
과 다른 것으로 보게 되는 것은 아니다. 다만 집착의 주체가 개별 인
간에게서 유전자로 옮겨질 뿐이다.

　필자는 서론에서 현대 문화의 본질은 데카당스라고 지적했다. 이때
데카당스란 무상하고 역동적인 비규정적 힘의 표현인 현세적 삶의 세
계를 부정하고 무화하려는 경향을 가리킨다. 그런데 현대 문화의 본
질인 데카당스는 때로 아름답고 섬세한 예술과 사상의 형식으로 드러
나기도 한다. 필자가 이 책을 기획한 것은 아름답고 섬세한 예술과 사
상의 형식에 취해 자기도 모르게 데카당스적 경향에 침잠해 가는 현
대인의 정신을 다시 건강하고 힘찬 정신으로 되돌리기 위해서이다.

　현세적 삶의 세계란 본래 무상하고 역동적인 비규정적 힘의 표현이
라는 것은 무엇을 뜻할까? 동물의 삶과 존재를 인간의 사회를 지배하
는 경쟁과 이기심의 관점에서 바라보아서는 안 된다는 것을 기억하
자. 자기를 보전하려는 본능과 충동 및 이러한 본능과 충동을 넘어서
도록 하는 또 다른 본능과 충동의 길항작용은 감각과 감정의 격발과
충격이 두 상반된 방향의 행동을 촉발할 원인으로 작용함을 가리킨
다. 자기를 보존하려는 동물의 성향을 인간 사회에서 나타나는 이기
적 성향과 혼동해서는 안 된다는 것은 전자가 자연적 충동과 본능에
의해 결정되는 것인 데 반해서, 후자는 인간이 처한 사회적 삶의 상황
에 의해 두 상반된 본능과 충동의 길항작용에 인위적 장애가 초래되
었음을 알리는 것이기 때문이다.

　이 점을 이해하면, 왜 니체의 차라투스트라가 사랑을 노래하면서,
동시에 단호한 투쟁의 정신을 강조하는지 잘 파악할 수 있게 된다. 차
라투스트라는 왜 사랑을 노래하는가? 오직 순수한 사랑의 정신만이
삶의 고차원적인 상승을 위해 스스로 자기의 몰락을 선택할 수 있음

을 알기 때문이다. 차라투스트라는 왜 투쟁의 정신을 강조하는가? 순수한 사랑의 정신의 결의를 훼방하는 모든 경향은 삶에 대해 적대적인 경향임을 알기 때문이다. 순수한 사랑의 정신은 삶의 고차원적인 상승을 훼방하는 모든 경향을 단호하게 거슬러야 한다. 그런데 순수한 사랑의 정신이 벌이는 투쟁은 자기를 보존하려는 투쟁이기도 하고, 자기를 보존하려는 동물적 성향을 넘어서려는 투쟁이기도 하다. 한편 그것은 순수한 사랑의 정신의 순수성을 잃지 않으려는 투쟁이라는 점에서 자기를 보존하려는 투쟁이다. 다른 한편 그것은 순수한 사랑의 정신이란 삶의 고차원적인 상승을 위해 스스로 자기의 몰락을 선택하는 정신이라는 점에서 자기를 보존하려는 동물적 성향을 넘어서려는 투쟁이다. 간단히 말해, 차라투스트라가 상징하는 초인의 삶이란 자기를 보존하려는 충동과 본능 및 이러한 충동과 본능을 넘어서도록 하는 또 다른 충동과 본능의 길항작용이 두 상반된 충동과 본능의 완전한 일치를 지향하도록 하는 방향으로 일어나는 삶이다.

*

〈2001: 스페이스 오디세이〉의 주인공 보먼이 상징하는 초인이란 어떠한 존재인가? 언뜻 빛의 강보에 둘러싸인 채 우주 공간 속에 떠 있는 천진난만한 아기의 모습은 진화론적으로 각색되고 왜곡된 이 영화의 초인 역시—니체의 초인과 마찬가지로—모든 것을 긍정하고 사랑하는 어린아이의 정신을 상징하는 것으로 여겨지기 쉽다. 그러나 〈2001: 스페이스 오디세이〉의 초인이 긍정하고 사랑하는 것은 삶의 완전한 몰락과 폐허가 일깨우는 절대적 공허일 뿐이다. 결국 그는 치열한 생존경쟁에서 최후까지 살아남은 승자일 뿐이다. 그는 삶의 고차원적인 상승을 위해 스스로 자기의 몰락을 선택하는 자가 아니라 자기보존을 위해, 오직 자기보존을 위해서만, 자신의 지성과 의지를 발휘하는 행복주의적 인간의 영웅이다. 그의 인생의 행로가 그럴듯해 보이는 것은 그 행복주의의 바탕에 깔린 희생양 논리가 진화론적으로 자연화되고 절대화되었기 때문이다. 각자는 자기보존을 위해, 오직 자기보존을 위해서만 사는 것이 자연의 당연한 이치라 달리 살 수는 없다는 자기기만적 체념으로 인해 행복주의의 폭력성이 자연적인 삶의 폭력성으로 포장된 것이다.

보라, 그는 일부러는 아무도 해치지 않았다. 그는 주어진 상황 속에서 다만 살아남기 위해 최선을 다했을 뿐, 악의는 조금도 품고 있지 않았다.

그런데 이런 식의 자기합리화는 행복주의의 바탕에 깔린 희생양 논리의 전형적인 형태이기도 하다.

나는 결코 악의를 품은 인간이 아니다. 나는 결코 악을 추구하는 자가 아니다. 내가 일부러 죽이지 않아도 자연세계는 결국 생존경쟁의 논리가 지배하는 곳이라 생존하기에 적합한 방식으로 강한 자가 아니면 결국 도태되기 마련이다. 그러니 설령 내가 최후까지 살아남는 일인이 된다고 하더라도 나는 다른 모든 인간의 비참한 고통과 죽음에 아무 책임도 없다. 나는 오직 자기를 보존하고자 최선을 다했을 뿐이고, 행복을 추구했을 뿐이며, 살아있는 것은 모두 저 나름의 방식으로 자기를 보존하려 하고 또 행복해지려고 한다는 점에서, 나의 삶은 철저하게 자연적인 것일 뿐이지 도덕적으로 비난받을 만한 것은 아니다.

〈2001: 스페이스 오디세이〉의 주인공 보먼이 상징하는 초인은 이러한 행복주의적 자기합리화의 영웅일 뿐이다.

*

우리가 행복주의의 한계를 넘어서도록 하는 것은 무엇일까? 니체의 차라투스트라의 관점에서 보면, 삶을 향한 순수한 긍정과 사랑의 정신이다. 그렇다면 우리에게 삶을 향한 순수한 긍정과 사랑의 정신이 되도록 하는 것은 무엇인가? 이러한 비밀을 풀기 위해서는 감각의 작용 원리에 대한 근본적인 숙고가 필요하다. 감각이란 무엇인가? 나의 정신이 그 무엇을 감각하면서 기꺼워하거나 반대로 역겨움이나 두려움, 불안 등을 느끼는 까닭은 무엇인가? 가장 손쉬운 설명은 인과율적 결정이라는 관념에 입각한 설명이다. 내가 아닌 그 무엇이 나를 감각적으로 자극할 때, 이러한 자극이 원인으로 작용해서 그 결과 내가 기꺼움, 역겨움, 두려움, 불안 등을 느끼게 된다는 것이다.

그런데 다르게 생각할 수도 있다. 인과율적 결정론에 입각한 설명은 암묵적으로 나를 감각적으로 자극하는 사물과 자신의 관계를 서로 외적 대립의 관계를 형성하는 개별 실체들 사이의 관계로 전제한다. 그러나 우리의 구체적인 체험연관에서는 서로 외적 대립의 관계를 형성하는 개별 실체들이란 본래 발견되지 않는다. 바로 이것이 부단한 체험연관의 흐름으로서의 의식만이 존재할 뿐 실체적 동일성의 이념에 의해 특징될 순수 자아도 없고, 의식 초월적인 실체적 사물도 없다는 현상학적 진실의 의미이다. 주의할 점은 현상학적 진실은 실체적 존재자의 존재에 대한 부정이 아니라는 것이다. 현상학적 진실이 우리에게 알려 주는 것은 다만 실체적 존재자의 존재의 무근거성이다.

무근거한 존재의 이념이란 긍정될 수도 없고, 부정될 수도 없는 것으로서, 그저 무의미할 뿐이다.

나를 감각적으로 자극하는 외물과 나 자신은 실은 감각의 순간 동근원적으로 일어나는 비실체적 존재로 감각의 순간마다 새롭게 생성되는 것일 뿐이다. 꽃을 보며 그 향기와 아름다움을 기꺼워하는 나의 의식은 꽃에 관한 의식이고, 부랑자를 보며 불쾌감을 느끼는 나의 의식은 부랑자에 관한 의식이며, 죽음의 위험 앞에서 두려워하고 불안해하는 나의 의식은 죽음의 위험에 관한 의식이다. 그런데 나의 의식은 그 무엇에 관한 의식으로 존속하는 것일 뿐, 고립된 실체로 존재하는 것은 아니다. 이러한 진실을 이해하는 데 명민한 지성 같은 것은 필요 없다. 의식이란 오직 의식할 거리, 사념할 거리, 느낄 거리와의 관계 속에서만 의식으로서 존속할 수 있다. 이 말은 곧 의식할 거리, 사념할 거리, 느낄 거리가 아무것도 없는 의식이란 형용모순에 지나지 않는다는 뜻이다. 그러니 나의 의식은 기꺼우면 기꺼운 대로, 역겨우면 역겨운 대로, 고립된 실체로서의 자기로 환원될 수 없는 그 무엇과의 실존적 관계 속에서만 존속하는 것인 셈이다.

이제 이러한 현상학적 진실에 대한 이해를 바탕으로 도스토옙스키의 소설 『백치』의 주인공 미슈킨의 연민에 관해 생각해 보자. 미슈킨의 연민은 기꺼움과 역겨움, 기쁨과 슬픔, 평온과 불안, 자신감과 두려움의 분별을 넘어서 있다. 이 점은 미슈킨이 연민하는 로고진과 나스타샤가 모두 미슈킨을 조롱하고 공격하는 인물이기도 하다는 점에서 드러난다. 미슈킨은 로고진과 나스타샤가 자기를 즐겁게 해도, 반대로 슬프게 하거나 자괴감에 시달리게 해도, 그들을 사랑하고 연민하기를 그치지 않는다. 로고진은 미슈킨을 살해하려 했고, 심지어 미슈킨을 살해하려던 바로 그 칼로 나스타샤를 살해했지만, 로고진과 나스타샤를 향한 미슈킨의 사랑과 연민은 조금도 줄지 않는다.

간단히 말해, 미슈킨은 타인이 자신에게 안겨 주는 감각이 긍정적일 뿐 아니라 부정적인 경우에도 연민과 사랑의 힘으로 타인과 자신을 그 근원적 통일성의 관계 속에서 헤아릴 힘을 지닌 특별한 인간이다.

미슈킨의 이 특별한 능력을 가능하게 하는 것은 무엇일까? 그것은 바로 삶이란 오직 고차원적인 상승의 운동이기를 지향하는 것일 뿐이라는 진실에 대한 직관과 이해이다. 이러한 진실을 알고 있는 자에게 자기보존에의 맹목적 충동과 본능의 한계를 넘어서서 삶의 모든 형식과 양태를 그 자체로 긍정하고 사랑하는 것은 당연한 일일 뿐 아니라 일종의 의무이기도 하다. 행복주의 및 희생양 논리에 바탕을 둔 일상의 도덕이 악하고 타락한 삶으로 낙인찍고 억압하는 인간의 삶조차 삶의 진실에 눈뜬 정신에게는 오직 고난받는 삶의 표현일 뿐이다. 악과 타락을 고난받는 삶의 표현으로 이해할 줄 아는 정신은 일상의 도덕이 악하고 타락한 삶으로 낙인찍고 억압하는 인간을 마땅히 긍정하고 사랑해야 할 의무와 더불어 실존하는 존재자로 자신을 발견하는 바, 이 의무는 인위적 도덕의 강제적 규범에 근거를 둔 의무가 아니라, 삶의 모든 형식과 양태를 그 자체로 긍정하고 사랑하려는 정신이 그 자신의 존재에 순수하고 충일하게 남으려는 자발적 결의에 근거를 둔 의무이다.

*

아마 명민한 독자는 지금쯤 필자가 왜 이 글의 제3장에서 제임스 조이스의 『젊은 예술가의 초상』을 현대 문화의 데카당스적 경향을 온전히 극복하지 못한 작품으로 평가했는지 알아차렸을 것이다. 오해는 하지 말라. 대학 시절의 나에게 제임스 조이스의 문학 세계는 무한한 경탄과 존중의 대상이었고, 그 점은 지금도 다르지 않다. 제임스 조이스는 인과율의 관점에서 헤아릴 수 없는 감각의 근원적 의미를 적확하고도 온전하게 파악한 희귀한 작가 가운데 하나이다.

『젊은 예술가의 초상』의 주인공 디덜러스가 돌리마운트의 해변가에 서 있는 아름다운 한 소녀를 보고 무엇을 느끼고 깨달았는지 기억해 보라. 디덜러스는 아름다움의 감각이 자신에게 아름다움을 느끼게 해 준 그 대상과 자신의 존재를 그 근원적 통일성의 관계 속에서 드러내는 것임을 밝히 이해했다.

"그녀의 이미지는 그의 영혼 안으로 영원히 들어와 버렸으며 어떤 말도 그 황홀경(ecstasy)의 성스러운 침묵을 깨트리지 않았다."[5]

이러한 깨달음은 동시에 참된 양심의 부름과도 같다. 그 때문에 디덜러스는 다음과 같이 결의한다.

"나는 백만 번이라도 체험의 현실과 만나 내 영혼의 대장간에서 아직 창조되지 않은 내 종족의 양심을 벼려 내리라."[6]

그러나 아름다운 한 존재자와 자신의 관계를 그 근원적 통일성의 관점에서 파악하는 정신은 아직 순수하고 온전하게 삶을 그 자체로서

---

5   POA, 150.
6   POA, 225.

긍정하고 사랑하는 정신이 아니다. 아름다움이란 거부할 수 없는 것으로서 기꺼운 것이며, 바로 그러한 것으로서 아름다움에 매료된 정신을 추해 보이는 삶에 대한 부정과 거부의 정신으로 만들기 쉽다. 물론 부정과 거부의 정신은, 어떤 종류의 것이든, 심판하는 정신이고, 심판의 대상이 되는 삶의 형식과 양태를 자신과 외적 대립의 관계를 형성하는 것으로서 파악하고 배척하는 정신이다.

디덜러스의 정신은 기어이 미슈킨의 정신이 되어야 한다. 그 까닭은 디덜러스의 정신이 부정되고 거부되어야 할 정신이라는 점에 있는 것이 아니라, 오직 미슈킨의 정신을 통해서만 온전히 완성될 수 있는 정신이라는 점에 있다. 미슈킨의 정신이 삶의 모든 형식과 양태를 무조건적으로 긍정하고 사랑할 줄 아는 참된 초인의 정신임을 이해하고 나면, 초인이란 본래 오직 한 가지 종류의 삶의 형식과 양태만을 부정하고 거부할 수 있는 존재자의 이름이라는 것 또한 알 수 있다. 그것은 바로 희생양 논리에 바탕을 둔 행복주의이다. 행복주의란 삶을 온전히 긍정하고 사랑하기를 부정하고 거부하는 정신의 실존 양태를 가리키는 말이기에, 삶의 모든 형식과 양태를 긍정하고 사랑하고자 하는 정신은 행복주의를 부정하고 거부할 수밖에 없는 것이다. 혹시 초인의 정신이란, 삶의 모든 형식과 양태를 긍정하고 사랑하고자 하면서도 행복주의의 양태만은 긍정하고 사랑할 수 없는 근원적 무능력과 함께 실존한다는 점에서, 일종의 자가당착적 망념에 지나지 않는 것일까? 그런데 이러한 의심은 삶의 진실을 온전히 이해할 수 없는 무능력의 소산에 지나지 않는다. 삶 일반 같은 것은 실존하지 않는다. 마찬가지로 행복주의의 삶 일반 역시 실존하지 않는다. 실존하는 것은 오직 행복주의의 정신으로 살아가는 개별자이며, 초인의 정신은 마땅히 삶의 퇴락을 예비하는 행복주의의 정신을 초극해 나갈 수 있도록 행복주의의 정신으로 살아가는 모든 개별자를 단호히 비판하고 거부해야 한다. 그렇기에 니체는 차라투스트라의 입을 빌어 행복주의의 한계를 넘어서지 못하는 다수의 인간에 대한 동정심 때문에 자신을 십자가의 희생양으로 내어 준 예수의 한계를 반복해서 지적하는 것이다.

　물론 신약성경 속에 묘사된 예수의 생애와 가르침을 알고 있는 자는 예수가 행복주의의 도덕에 대한 단호한 비판자라는 것을 이미 알고 있을 것이다. 바로 그 때문에 니체는 차라투스트라의 입을 빌어 "그[예수]는 너무 일찍 죽었다"라고 한탄하는 것이다. "그가 내 나이에 이를 때까지 살았더라면, 그 자신이 자기의 가르침을 철회했을 것이다. 그는 철회할 만큼 충분히 고귀했다."[7]

　필자의 생각에, 니체의 주장처럼 예수가 행복주의의 군중을 동정하는 마음 때문에 부질없이 자신을 십자가의 희생양으로 내어 준 것인지는 아직 열린 문제이다. 그래도 한 가지는 분명하다. 예수의 관점에서 보든, 차라투스트라의 관점에서 보든, 행복주의의 도덕은 오류일 뿐 아니라 인간이 자신의 삶에 스스로 가한 최악의 모욕이기도 하다. 그런 점에서, 현대 문화의 데카당스적 본질을 드러내고자 하는 이 책의 의미는 인간이라는 이름의 고귀함을 회복하는 데 있는 셈이다.

7　ASZ, 95.

참고문헌

Camus, A., L'étranger, Paris: Gallimard, 1957.

Dostoevsky, F., A *Writer's Diary 2*. 1877–1881, translated and annotated by K. Lantz, Evanston, Illinois: Northwestern University Press, 1994.

_____, *The Karamazov Brothers*, translated by I. Avsey, Oxford / New York: Oxford University Press, 1998.

Eliot, T. S., *Selected Essays, 1917–1932*, London: Faber and Faber Limited, 1932.

Freud, S., *Totem und Tabu*, in *Fragen der Gesellschaft. Ursprünge der Religion (Studienausgabe Bd. IX)*, A. Mitscherlich, A. Richards etc. (Hrsg.), Frankfurt a. M.: Fischer, 2000.

Gentile, G., *Origins and Doctrines of Fascism*, translated and edited by A. J. Gregor, New Brunswick (U.S.A.) / London (U.K.): Transaction Publishers, 2007.

Girard, R., *La violence et le sacré*, Paris: Bernard Grasset, 1972.

Hölderlin, F., *Gedichte / Hyperion*, München: Wilhelm Goldmann Verlag, 1961.

Jung, C. G., *Psychologische Typen*, Zürich: Rascher & Cie. Verlag, 1921.

Marx, K., *Das Kapital. Kritik der politischen ökonomie 1*, Berlin: Dietz Verlag, 1962.

Nietzsche, F., *Der Fall Wagner · Götzen-Dämmerung · Der Antichrist · Ecce homo · Dionysos-Dithyramben · Nietzsche contra Wagner (KSA 6)*, Berlin / New York: Deutscher Taschenbuch Verlag de Gruyter, 1988.

_____, *Also sprach Zarathustra (KSA 4)*, Berlin / NewYork: Deutscher Taschenbuch Verlag de Gruyter, 1999.

Richards, I. A., *Practical Criticism*, London: Routledge, 2002.

Ridley, M., *Keats' Craftsmanship*, Oxford: Clarendon Press, 1933.

Rilke, R. M., *Duineser Elegien. Die Sonette an Orpheus*, Frankfurt a.M. / Leipzig: Insel Verlag, 1974.

Sartre, J.-P., *La nausée*, Paris: Gallimard, 1938.

_____, *Situations 1*, Paris: Gallimard, 1947.

_____, *L'Être et le Néant. Essai d'ontologie phénoménologique*, Paris 1988.

Shakespeare, W., *Shakespeare's Tragedies. Hamlet. Othello. King Lear. Macbeth*, London: Arcturus, 2016.

Steinbeck, J., *The Grapes of Wrath*, New York: Penguin Books, 2002.

ASZ = F. Nietzsche, *Also sprach Zarathustra (KSA 4)*, Berlin / New York: Deutscher Taschenbuch Verlag de Gruyter, 1999.

DGD = F. Nietzsche, *Der Fall Wagner · Götzen-Dämmerung · Der*

Antichrist · Ecce homo · Dionysos–Dithyramben · Nietzsche contra Wagner (KSA 6), Berlin / New York: Deutscher Taschenbuch Verlag de Gruyter, 1988.

DUE = R. M. Rilke, *Duineser Elegien. Die Sonette an Orpheus*, Frankfurt a.M. / Leipzig: Insel Verlag, 1974.

EN = J.-P. Sartre, *L'Être et le Néant. Essai d'ontologie phénoménologique*, Paris 1988.

ETR = A. Camus, *L'étranger*, Paris: Gallimard, 1957.

GHY = F. Hölderlin, *Gedichte / Hyperion*, München: Wilhelm Goldmann Verlag, 1961.

NAU = J.-P. Sartre, *La nausée*, Paris: Gallimard, 1938.

ODF = G. Gentile, *Origins and Doctrines of Fascism*, translated and edited by A. J. Gregor, New Brunswick (U.S.A.) / London (U.K.): Transaction Publishers, 2007.

PST = C. G. Jung, *Psychologische Typen*, Zürich: Rascher & Cie. Verlag, 1921.

TGW = J. Steinbeck, *The Grapes of Wrath*, New York: Penguin Books, 2002.

TT = Freud, S., *Totem und Tabu*, in *Fragen der Gesellschaft. Ursprünge der Religion (Studienausgabe Bd. IX)*, A. Mitscherlich, A. Richards etc. (Hrsg.), Frankfurt a. M.: Fischer, 2000.

WD2 = F. Dostoevsky, *A Writer's Diary 2. 1877–1881*, translated and annotated by K. Lantz, Evanston, Illinois: Northwestern University Press, 1994.